JN245809

長寿社会を生きる

健康で文化的な介護保障へ

石田一紀／池上　惇／津止正敏／藤本文朗［編著］

新日本出版社

目次

はじめに

人は人として生まれ、育ち、働き、そして、人として最後まで尊厳ある日々を過ごす権利を有しています。しかし、現実はどうでしょうか。「孤独死」、「自殺」、「虐待」等、今の世の中は非人間的な状況が多く見られます。

他方、人間としての生涯発達に関わる対人格労働（介護・教育・医療労働等）への予算は、一握りの富裕層への優遇や対米従属の軍備増強等によって徹底的に切り捨てられ、人間の生活は、その特性をますます喪失してきています。

本書を企画しました基本的な思いは、「介護保険制度の谷間」の中で実質、無権利状態に置かれ、社会的に孤立している人々の声なき声を今こそ束ね、社会に発信していく必要があるのではないかということなのです。介護をめぐる家族や当事者の思い、実態がまとまって著されている書はまだまだ少ない、というより、声なき声として潜在化しています。それをまとめることによって、介護福祉をめぐる国民的運動につなげていこうという思いです。本書の第一部は、そうした目的から要介護者、家族介護者、介護職員等それぞれの立場で記された証言より構成されています。

もう一つの本書の意図は、第一部の証言もふまえ、人間としての基本的人権と発達保障の観点から介護福祉の本質を見直し、その社会的意義をあらためて提起することにあります。

二〇一八年の夏、知人が真夜中にベッドから落下し、七時間、放置されました。彼は脳性麻痺（まひ）による四肢体幹の重度障がいと言語障がいがあります。身体障害者手帳での障がい等級は一種一級です。一人暮らしをしています。不随意運動（自らの意志とは無関係に生じる・アテトーゼ）もあり、衣服の着脱から食事・排泄（はいせつ）まで介助を必要とします。猛暑のなか、全身の筋力も落ち、不安感がつきまとっていた矢先の出来事でした。ベッドから落下し、七時間、恐怖感、絶望感のなかで、全身に強い緊張を強いられながら、うつぶせのまま放置され、ホームヘルパーの訪問によって何とか救われました。

これが「介護の社会化」がなされているとされる今の日本の現実なのです。対して、二〇〇八年に和歌山の石田雅俊さんが、「二四時間の安心を！」「介護時間数の算出にあたっては当人の実情に即して個別的に積み上げていく」こと等を柱に注目すべき訴訟を起こしています。さらに、介護保険サービスの利用者による原則一割負担や障がい福祉サービスの不支給決定は「障害者自立支援法（現障害者総合支援法）七条の解釈・適用を誤ったもの」だとして「違法」とする訴訟が、現在では岡山（浅田達雄さん）と愛知（舟橋一男さん）そして千葉（天海正克さん）の三名によって行われています。二〇一八年三月には浅田さんの主張をほぼ全面的に認める判決が岡山地裁において下され、引き続き一二月には広島高裁が浅田さん勝訴の画期的な判決を下しています。

人間の尊厳、一人ひとりの人間の豊かさを育むことの大切さが見失われようとしている今、あらためて、「介護の社会化」とは何かが問われているのではないでしょうか。

書店では、あいかわらず介護のマニュアル本が書棚を占めています。私たちは、介護保険制度を現場の状況をふまえて論じるとともに、たんに政策批判の書としてとどまり、あるいは、介護保険制度の枠内での改善案の提起にとどまっていては発展的でないと考えています。展望が持てる論理をできるだけ具体的に、わかりやすく展開しなくてはならない——介護保険ではなく、介護保障として本質的に、かつ、具体的に政策を対置していくことが課題になっていると思います。

第二部、第三部は、こうした考えから、第一に、直近の介護保険制度の改悪案を提示し、そして、現状における保険料・利用料・要介護認定・介護サービス・介護労働者等、介護保険全般の実態を、いわば黒書として述べ、介護保険制度がいかに破綻(はたん)しているかを記します（第1章）。

第二に、今日、「介護福祉」は安上がりの「看護補助機能」へと、あるいは「生活援助」はボランティアによる「家事代替」へと変容してきていますが、そもそも問われている「介護福祉」とは何なのかを、人間の基本的人権、生涯発達の視点から解明していきます（第2〜4章）。

第三に、介護福祉を実践的に担う専門職の社会的養成が喫緊の課題となっていますが、介護の資格制度の問題点、専門職としての介護職養成システムとカリキュラム等、今、「人材養成」において何が本質的に問われているのかを、教育現場から問いかけます（第5章）。

第四に、第6章で視点を「家族介護者」に移して論じます。「働きながら、育児しながら、自らも通院通所しながら」の「ながら」介護をはじめとした「現状」とそれへの「支援」を、「介護はつらくて大変、だが、そればかりでもない」という「介護感情の両価性」に注目しながら、支援のネットワークづくりを模索していきます。

関連して、地域福祉の視点から、新たな「共同性」を地域においてどのように創造していくか、自治体と住民運動をめぐる実践的課題について論じていきます（第7章）。

第五、第8章は本書全体のまとめともなっています。この章は現代日本における「高齢者ケアのための財源原則」を主題としていますが、そもそも、「ケア」とは何かを問い、「ケア」とは、「人間的諸能力の発達・発揮保障労働」だと規定したうえで、高齢者ケアを保障する財源原則を「必要充足・応能負担原則」と要約します。そして、この原則に適合する「現物給付方式」を基本とした公的保障のための財政改革の視点を提示します。

本書の特長は介護福祉を経済学・教育学・社会福祉学のコラボレーションによって究明したことです。その理由は介護福祉が全人格的発達保障という普遍的な意義を担っているからです。憲法第二五条の生存権保障を、介護福祉において具体化するといってもよいでしょう。その展望を示したのが第三部です。

第9章は、執筆者自身の介護体験も交えながら、あらためて「社会保障とは何か」という問題を基軸に介護福祉の本質と介護保障への道を論じています。

第10章は、介護や福祉の現場を起点に、人間発達が保障される社会のために力を尽くしてきた運動にも注目しつつ、市民・ボランティアの学習の組織化の試みを紹介し、健康・学習社会への展望を記しています。

第11章は高齢者がいかに生き・発達するか、という問題に光を当て、人間発達に関する理論にもふれながら、そのために何が必要かを示唆してくれます。

社会はどう変わるべきなのか、住民運動において何が求められているのか、現場に注目しつつ大局的な視点で検討を試みた本書が、介護福祉の夜明けに向けて一助となることを願っています。

最後になりましたが本書は、新日本出版社編集部・角田真己氏の誠実で忍耐強い励ましと正確な編集がなければ刊行できませんでした。記して謝意を申し上げます。
なお、本書の執筆者でもある鴻上圭太氏は本書の立ち上げ当初から、実質、編集者としての実務を務めてこられました。あらためてお礼を申し上げます。

二〇一九年二月

石田一紀

第一部　当事者、家族、介護労働者の声から

パーキンソン病と共に生きる人生

端啓一郎

　私は昭和一八年一〇月、京都市東山区で、三人兄弟の長男として生まれました。家業は一三〇年続いた米穀店です。高校卒業後、すぐ家業を継ぎました。父親は私の高校卒業を待っていて、二人で頑張って、米穀店を営んでいました。最高六〇〇軒のお得意があり、月三〇〇俵のお米を販売していました。地域では町内会の役員や京都第一赤十字病院協力会もやっていました。

　登山、スキーや写真も楽しんでいました。車で行っていたので、新幹線にまだ一度も乗っていないのが残念です。このように六〇年間、商売一筋に、一生懸命働いてきました。

　平成二五年一〇月、七〇歳の時、腰や膝が痛く、手が震えて体調も悪くなってきたので、京都第一赤十字病院を受診し、平成二六年三月に検査入院をしました。

　医師から、一週間のデータをとり「血液検査のある数値が下がった場合はパーキンソン病ですよ」と言われていました。検査結果は数値が下がっていて、パーキンソン病のステージ三に差し掛かっていると診断されました。ハンマーで頭を殴られたようなショックを受け、頭は真っ白になりました。

父はすでに亡くなっており、母は九〇歳をこえて入院中で、告げることもできず、私は一人で家に帰り、絶望と悲しみで声をあげて泣きました。弟に知らせると飛んできて「そんなに重くない。がんばれ」と慰めてくれました。しかし調べれば調べるほど、大変な難病であり、治る薬がないということもわかりました。

ただ、筋肉の引きつりを和らげる薬や、こむら返りを治す薬はあり、その薬を飲んでいれば筋肉の痙攣（けいれん）や震えはないに等しいほど楽になります。早く治る薬が開発、発見されることを待っています。この病気に苦しんでいる国民が日本国内に人口の一パーセント以上おられるということです。早くなんとかならないものかと思っています。

応援してくれるのがうれしい

京都第一赤十字病院へ一週間入院して、一週間の血液のデータをとり、そして「ある種の数値が増えた場合は、単なる腰痛と膝痛ですが、その数値が少ない場合は確実にパーキンソン病です。間違いはありません。この検査方法が、いまヨーロッパ各国、またアメリカなどが実行している検査ですよ」と医師より説明を受けました。それ以後、病院やリハビリセンターへの通院が始まりました。リハビリの理学療法士の先生方も「パーキンソン病です」と言うと特別ていねいに診察してくれて、普通一時間のところ二時間のリハビリをしてくれます。私はたいへん楽をさせていただいております。それほど皆さん方がパーキンソン病に対して応援してくださるのがうれしいことです。

みなさんが「がんばりなさい」と言ってくださり、本当に心より声を掛けていただきます。私も大きな声で「がんばります」と答えています。本当にうれしいことです。

治療とお薬の効果といいますと、私はお薬の影響は大と考えます。といいますのは、定時にお薬を飲むのを忘れますと、手が震えてきてどうにもこうにも仕事やペンを持つことができません。また薬を飲むと一五分程で震えも止まり文字も書けます。毛筆も持てます。ということは、お薬で体が持っているということです。お薬だけは定時に飲んでおります。（と言っているこの時間は、お薬タイムですので、お薬を飲んで参ります。ちょっと失礼……お薬を飲んできました。これで四〜五時間は大丈夫です）

私がパーキンソン病だということが、周囲の人たちに広がりましたが、みなさん随分気を使っていただき恐縮しております。

お店は、惜しまれつつ、残念ながら廃業しました。この体では米穀店の商売はとても無理です。まず重さ二キロ以上のものが持てないのです。動きが悪いときは、あと一歩の動作に手が届かない。今までしておりました仕事や作業が一〇倍くらい時間がかかるのです。物をとる動作をしても、棚まであと一歩が進まない時、健常者の皆さんは、私たちパーキンソン病を患っている者をどのように見ておられるのか、と心配になります。普通ならさっさと進んで物を取り、また次の作業ができるのに、パーキンソン病の者はあと一歩のことが、体が、足が出ないのです。このつらさをわかっていただけますか？　苦しいのです。

病気との付き合い方と人生

そして今後のパーキンソン病との付き合い方と自分の人生は、あと十数年、この後何年生きるかわかりませんが、どう変わっていくかが問題です。動作一つを見ても、杖を持ち、手押し車が手放せないのです。限られた物しか食べられないし、今までのように「ごちそう」もそう何度も食べられなくなると思います。外食も行けなくなるでしょう。今、思うとなつかしい食べ物です。

もう一度行きたい外食書いてみましょうか。たとえば本町亭さんの大エビフライ、王将のギョウザ、ちゃんぽん、ニラレバいため、すし丸さんのお寿司、和食さとのさとすき特盛り・季節料理、ドンキホーテのハンバーグ定食など、いま思えば懐かしいです。配達してくださる店もあります。京料理高澤さん、うどん小松さん、キッチンいとうさん、本町亭さんのハンバーグ、ＣＯＣＯ一番カレー、などなど、出前をして下さるお店は大切にしなければ……。こう考えてみると自分の足では動けなくなるのだから、まず全面的に食生活が変わると思います。

外に出かけることもないですし、まず食事に出かけることは皆無です。外食をしていた頃が懐かしいです。今後は治療とリハビリには時間を惜しみなく使いたいと思っています。そして効果あるリハビリ運動をしたいです。以前も実行していた自転車漕ぎ運動や流水プール歩き、ヨガ体操もゆっくり時間をかけて実行したいです。その後サウナに入って疲れをほぐし、疲れを取って終わるというプログラムを考えております。もう一度最初から体つくりに挑みたいと思います。ちょっとつらいことがありそうです。でもがんばります。

前傾姿勢や小刻み歩行、すくみ足、動作の緩慢などが目立ち、治療が始まりました。平成二八年一〇月より、ＬＳＶＴ、ビッグ体操を開始。御所南リハビリテーションクリニックで、この体操を教える資格のある理学療法士に月一回の指導、治療を受けています。また週二回、京都テルサで鏡の前でビッグ体操のリハビリを受けてきました。このビッグ体操で身体の状態はよくなってきて、手の震え、小刻み歩行は三か月ぐらいで改善しました。現在ステージ2を保っています。しかし疲れると症状が出てきます。

薬はマドパーとコムタン一〇〇ミリグラムを一日四回、四時間おきに飲んでいます。飲まないと手が震えてくるのですぐわかります。この薬は平成二八年のビッグ体操開始からずっと飲んでいます。ＦＰ2,5という薬は一日三錠飲んでいます。一錠五〇〇〇円もする高価な薬で、まだ健康保険がきかない薬です。マドパー、コムタンはＦＰ2,5の効き目を延ばすためにのんでいるものです。あとニュープロパッチ13・5ミリという貼り薬を心臓の近くに貼っています。二四時間で貼り換えています。そのほか、寝る前にリリカカプセル、これは筋肉のこわばりを改善する薬を飲んでいます。今はビッグ体操とこれらの薬を飲んで安定しています。

日赤にはパーキンソンの専門の医師がまだいないので、Ｙ医師が研修に行っておられ、その間、Ｉ医師が担当してくださっています。阪大や横浜の医大のデータを参考にして治療をしている状態です。Ｙ医師が戻ってこられたら、日赤にパーキンソン科ができると聞きました。

家にマッサージを週一回～二回来てもらって受けています。介護保険は要支援1と認定されて、ヘルパーさんが週一回四五分だけ来てくれています。主に買い物をしてもらっています。

食事は楽しみでもあり、大切なことです。日に一五〇〇キロカロリーに抑えることが目標ですが、つい食べ過ぎてしまいます。ヘモグロビン関連のある数値が増えると糖尿病の固定化につながるとＷ医師から言われています。

食事は自分で工夫して作ります。昨日の朝食はパン一枚、牛乳、野菜サラダ、ヨーグルト、ゆで卵。昼食は麺類で、生協のうどんやラーメンと冷ごはん一〇〇グラム、おやつはスイカやメロンなどの果物。夕食は豚ヒレカツ、きゅうり、トマトのサラダ、大根おろしのじゃこまぶし、野菜ジュース、ごはん一〇〇グラムでした。大体このような食事をとっています。体重は六六キロで一定しており、体脂肪は減っています。

家も完全なバリアフリーに改装し、移動も電気三輪自動車に切り替え、どこでも行けるようにしました。病院への通院、リハビリの通所、不動産の管理や買い物にも行けます。近所の人たちは、私がパーキンソン病になったことをどのように思っておられるのか心配しましたが、みんな親切で「なんでも言ってください、手伝います」と励ましてくれています。時々、手料理を持ち寄って、食事会をしてくれています。また東山健康友の会は、三か月に一回、我が家で医療懇談会とお食事会を開催しています。二〇人近くの人が来てくれています。このような励ましが何より嬉しいです。

自分でできることは自分で

今後どう生きていくのか考えてみました。

①まず自分でできることは自分でやります。食事、家事、仕事、移動です。食事の用意は生協のおかずを利用します。レンジやボイルして作ります。おいしくて安全です。

コインランドリーの営業は、店の開け閉め、機械の点検、お金の回収をしています。掃除は近所の方にアルバイトで来てもらっています。不動産の管理と家賃回収業務の仕事もあります。家賃を一〇か月も滞納している人がいますが粘り強く集金に行きます。誠実に話をすると、ちゃんと払ってくれます。売上の計算と帳簿の記録は毎日します。これが商売というものだと思います。

また猫と金魚を飼っているのでその世話をします。

②今年（二〇一八年）中に豪華客船で世界一周の旅をすることが夢です。車椅子の人は一人では乗れないと断られましたが、いま親戚の人を誘っているところです。

③山中伸弥先生の研究が実って、新薬ができたら、万々歳です。一番先に治療してもらいたいと思っています。どんなにお金がかかってもいい。そのために働いてきたし、今も仕事をしています。私は山中先生の治験に手をあげましたが、七人しか枠がなかったので外れました。その時、山中先生は「二年待ってください」と約束してくださいました。一日も早く実現するのを待っています。アメリカの新薬を厚労省が今年（二〇一八年）の秋には許可することを決定しました。これも希望です。しかしこの薬は合う人と合わない人が出ると聞いています。パーキンソン病患者は全国に一〇〇人に一人いるといわれています。一日も早く、治る薬が開発され、みんなが使えるようになることを、心から願っています。

ヘルパーとして、そして介護保険利用者として

三輪道子

私は五五歳の時にホームヘルパーになり、京都福祉サービス協会に登録しました。当時は登録をしておき時間が合えば仕事をする、しかし利用者が急に入院した、入所したとなると仕事がなくなるという「登録ヘルパー」として働いていました。支給明細書には「〇月分の謝金を払います」とあり、「給料」とは書いてありませんでした。登録制は、ともすると無権利の状態になるので、そこから脱却すべく介護保険導入前後にホームヘルパー全国連絡会の結成に加わりました。

連絡会も順調に情報交換が進み、ヘルパーの働く権利が一定程度、整備されました。京都福祉サービス協会の発足二〇年が経った頃、「ヘルパーのOB会をつくろう」という呼びかけがあり、協会から「生涯現役八〇歳」というキャッチフレーズが出されました。定年（当時七〇歳）が過ぎても本人に働く意思があり、経験があり、家庭の事情が許せば京都福祉サービス協会で雇用しますよということになったのです。

現場ではホームヘルパーの実数が増え、労災制度や身分保障がゆきわたってきても若い働き手が集まらなくなってきていました。将来性の不安や働き口の有効性の魅力が薄れてきたのでしょうか。「やりがい」を感じる仕事であっても将来性が開けて見通しが立つ仕事でなければみんなは寄ってこないのです。

私の場合、七〇歳を過ぎても仕事はいろいろ入ってきたし、九〇歳～一〇〇歳近いお年寄りをかかえるご家族から、ヘルパーとして面倒をみてほしいという依頼がつぎつぎと入ってきていました。自分にとっては、対象者が年上だったり異性だったりと、いろいろ勉強になることの連続でした。

ヘルパーとして経験したことが社会活動でも役立つ場面がいくつかあって、それらを整理していくと私のささやかな経験もまとめて話をする機会がいろいろ与えられたりして、いろんな地域で講演をすることにもなりました。おかげさまで名古屋、岐阜、岡山、広島などへ出かけていき、逆に私が勉強する機会になりました。各地で仲間に出会い、見聞を広め、旅行気分を味わうこともできました。

広島で、宮島まで足を延ばしました。すると宮島の鳥居が海につかっているのではなく陸に上がっているではありませんか！　大潮だったのですね。鳥居の周りをぐるっと歩き回りました。一人で気楽に楽しむ経験でした。

ちょうどその頃、歩きづらいと感じる時が時々ありました。それは私が生まれつき持っている「心室中隔欠損」という病気のためだと考えていました。ただ、あるとき道路に溝がありそれを跨（また）ぎづらかったのです。その時もとっさに一呼吸してから跨ぐなど動作に気を付けて道を歩くときは急いで歩くことはなくなりました。

診断名を告げられて

お薬が元に戻っても回復の兆候はなく、そこで民医連の上京診療所の神経内科の平松まき医師に検査をしてもらい、数か月後「パーキンソン症候群」と診断名を告げられました。私はすぐに福永秀俊、長谷川一子編著『パーキンソン病がわかる本』（法研）を買ってきて読み始めました。わかりやすく書いてあり、具体的でいろいろな症例が載っていたので、一つ一つ、ああそういうことがあるなあと、思い当たる場面と照らし合わせて読み切りました。自分の実体験として重なるところと自分にはない症状もありました。

次に、「パーキンソン病友の会」の集まりに参加してみました。私はみんなの体験談を聞いてみました。自分はパーキンソン症候群ですという人も参加していて、薬の効果が切れた時の様子などが話されていました。

でもなぜ自分に限ってこの病気となったのか不思議でした。さらにパーキンソン病の四つの症状のなかで、一つ半しか思い当たらなかったのです。しかし、話を様々聞くうちにこれから症状が出るのかもしれないと不安も出てきました。パーキンソン病という名前は聞いたことはありましたが、症状を具体的に詳しくは知らなかったのです。ヘルパーとして訪問する先の利用者さんに、道路を横切るときに途中で足が止まってしまい、なかなか一歩が踏み出せなくて困るという体験談を聞いたことがあったくらいでした。

自分の生活を振り返って、症状など一つ一つ検討していかなければならないと考えました。いつまで今のように仕事を続けられるかを見積もりました。自分の身一つではありません。利用者さんの生活に支障をきたしてはならないのだと思い定めました。

そして自分自身の生活がこのままでは続けていけなくなるのだからと思い、私は考え方の順序を整理してみました。「友の会」での体験談を聞くと、思い切って家族と旅行に行けた人、自分の趣味を少しずつでも続けている人は趣味の発表会を楽しみに暮らしておられました。そうだ、「自分の生活」をきちんと立て直そう、今の生活をいっぺんに変えないようにしようと心に決めました。

さっそく平松まき先生にゆっくり相談してみました。結果、リハビリができるデイサービスが新しくできたことを紹介されました。家からも遠くないし、家まで送迎もしてくれるそうです。見学に行き説明をうけました。午前中は自転車こぎや足腰の運動のマシンを使います。午後からはレッドコードという天井からひもがぶら下がって身体全体を使って運動するメニューです。自分に合いそうな気がしたので申し込んで通うことにしました。以来、週二回ずっと通っています。

私にとって、これが介護保険の利用の開始でした。ケアマネージャーさんのアドバイスで、布団生活からベッドに切り替えました。わが家は玄関前が坂になっているので、私の歩幅にあわせて階段にして手すりを設置しました。これで出入りがスムーズになりました。

当時担当していたヘルパーの利用者さんは、一〇〇歳目前でしたが、老衰でお亡くなりになり、私のヘルパーの仕事は円満に終了をむかえました。自分の健康保持と病気の管理だけの生活に変わっていく中で、地域のうたごえサークルの活動が楽しくなりました。月に一回の練習と一年に一回のコンクールは楽しみです。また京都福祉サービス協会のＯＢ会の集まりも継続して参加できています。ＯＢ会は自分の経験を伝えられる貴重な場になっています。こうして自分の暮らしに専念することもできたし、身体を整えることのできる時間もたっぷりとできました。

病と共に生きていく

あるとき台所でしりもちをついて圧迫骨折をしてしまい、二か月、自宅療養で安静に過ごす羽目になりました。そのためベッドの業者を変えてベッドと車いす、手すり三点のレンタルをして、月の利用料が二万二八六〇円のところ、自分は要介護一の認定となったので一割負担で二二八六円の出費となったのです。骨折後は、デイサービスにて入浴も週二回は入れるようにプランが変更になりました。そして大事なリハビリは、縁あって、地域の恩人の運営される老人保健施設から理学療法士の先生に自宅に訪問していただき、受けられています。

パーキンソン病は静養する病気ではなく病と共に生きていく病気であることを理解しておく必要があることがわかってきました。また社会的な活動を行ったり、いろいろな人と会話をしたり、社会性を維持する努力が大切だなあとつくづく感じます。

最近、iPS細胞（人工多能性幹細胞）を使ってパーキンソン病への再生医療の治験を計画していた京都大学医学部附属病院が、二〇一八年八月一日から治験を開始するということが新聞で報じられました。まことにうれしい限りです。やはり長生きはするものだとつくづく思ったニュースでした。

医学の進歩に学んで介護保険制度の進歩もと思いますが、自分のことで精いっぱいの日々です。同じデイサービスの利用者さんが個々に直面している問題にも、社会制度で解決すべきことがたくさんあるのですが、共に歩んで解決するところまでは踏み込めません。利用者同士が分断されてしまう保険制度の弊害だと思います。課題の社会化が遅れているのは利用者として発信していく必要性を感じています。

母の介護は発展途上です

石神恭子

二〇一八年九月現在の母（前項の三輪道子さん——編者注）のケアプランは、一か月八回の機能訓練型デイサービス、一か月一二回の理学療法士による訪問リハビリテーション、福祉用具のレンタル（ベッドと玄関の段差解消の手すり、車いすの三点）、三年前に住宅改修を玄関の段差解消に利用しています。公的介護保険はこのような利用状況です。築五六年の木造住宅で私と私の子ども一緒の五人暮らしは静かに流れていきます。

月一回の神経内科への通院は、私の長女と次女が仕事をやりくりして付き添っています。仕事を休んで自家用車で送迎してくれています。日ごろはきょうだい三人がグループメールで話し合っています。

ケアマネージャーは、母の勤めていた京都福祉サービス協会の方にお願いしてきました。定期異動があり、今の方で三代目です。月一回の訪問ではじっくりと話を聞いていただけます。また、住んでいる小学校区の社会福祉協議会が運営する介護者の会にも参加したりして、地域の支えあいの輪にも加わっています。

介護保険の利用の際、私は初回アセスメント表が一番肝心だと考えたので、わざわざ事業所の方に無理を言ってアセスメント表を情報開示して読ませてもらいました（有料）。そこには、母が「今の家で暮らしたい」という思いがしっかり記載されており、それを支えるチームの共有した思いが表れていて安心しました。母を支えてくださるチームは医療（診療所、訪問リハビリ）から福祉用具、近隣ボランティアまで、それぞれが有機的に連携をして支えてくださっているという実感を日々新たにしています。

自分は、未熟ですが非常勤の訪問介護員と社会福祉士として働き、成年後見人などの勉強も家族の協力を得てしています。しかしフルタイムで働くには至っていません。自分の老後はたちゆかないことも覚悟しています。

母と私のこれまで

こんな今の生活にいたるまでを振り返ると、始まりは、母の広い意味での介護に直面した時――私が一〇歳の時のことでした。

今から四五年前に父が急逝（きゅうせい）したときの心境に立ち返ってしまいます　父は、一日仕事を休んだ夜に急性心不全で亡くなったのですが、その後に家族でどう暮らすかを話した時、母が「私は心室中隔欠損だから働けないのよ」と説明してくれました　子ども心に、母の心臓に穴があいていると知った日から、母の生活支援は始まったように思います。たとえば、父が作っていた家庭菜園の土を鍬（くわ）で掘り返すのも自分からやりましたし、薪（まき）でお風呂を沸かすことなどの家事もし始めました。高校卒業時の進路も、女性が経済的に自立して働くことができ、その上に母の老後も保障しなければと資格を基礎に働ける社会福祉分野を選びました。

就職したときに総務部に私の健康保険に母を入れることはできないか相談しましたし、私の仕事が安定したときに、母の内職の仕事から京都福祉サービス協会の登録ヘルパーに変わることを勧めたときも、母の社会的自立という観念がありました。

だからといって、母がすべてという生活をしてきたわけではありません。日本福祉大学を卒業するとき、児島美都子先生に「よい福祉実践をするにはどうしたらよいでしょうか?」と尋ねたら、勉強したりサークルに入ったりとおっしゃるかと思ったら、「あなたが幸せになることがよい仕事をすることになるのよ。あなたが幸せになりなさい」とアドバイスをいただきました。それを心がけてきました。

社会福祉法人で聴覚障がい者福祉の仕事やソーシャルアクションもしつつ、夫と結婚し、子どもが生まれました。交代勤務の都合上、母と同居してもらいました。聴覚障がい者の支援の仕事をしていた時、頸肩腕(けいけんわん)症で休職したりとつまずいたときもありましたが、正職員だったので収入が安定していました。母の部屋の畳替えのときに、思い切って敷居の段差解消やトイレを洋式に替える工事も老後のための準備としてしておきました。

母は七四歳までホームヘルパーを少ししながら京都ヘルパー連絡会の役割も生き生きとはたしていました。仲間と出会い、充実した前期高齢期だったように思います。七七歳の時に心臓病の薬が変わったころから、両手の振戦(しんせん)や小刻み歩行が現れました。

四年前に、ラクナ梗塞(こうそく)による入院をきっかけに介護保険を申請して、本格的な介護生活が始まりました。介護保険の利用に至る前から、女性が自立するとはどういうことかという話を、母とは折につけてしてきました。話題は、母の戦争体験だったり人生経験だったり、あるいは弁証法の哲学だったりしました。

社会全体の変化のなかで自分たちの暮らしの幸せもあることをよく話し合いました。母は高校の先生に反対されても法律を学びたかったそうです。偶然にも結婚した時の仲人が法学者の末川博先生でした。

「真の自由と平等は信頼と共感に結ばれた家庭のなかで二一世紀にむけて真に平和な歴史が刻まれる」。玄関の間に五六年間掲げられた、末川博先生のお祝いの色紙に描かれた言葉です。色紙の言葉は、時代の流れに流されてきた私たち家族を、どこかで支えてくれていたと思うので紹介します。

母は、小学生のときに心臓の雑音が発見され、四〇歳までは生きられないだろうと医師からいわれながらもよく生きてきたと思います。穏やかな人柄ながらも、権利保障は激しく求め続けたからこそ今があるのだと思っています。

高齢者も暮らしの主人公に

介護保険も社会保障の一制度です。ささやかな私たちと母との暮らしも、社会全体が安定して平和と民主主義が整っていないと笹船のように流されてしまうのではないかという思いです。人生のステージが介護の場面になると、淡々とした日常生活が少しずつ狭くなっていきますが、最近のパソコンなどの発達で、すべての可能性が閉ざされるわけでもないと、かすかに希望を持っています。現状の制度では、私はフルタイムで働くことができていません。これは今の制度では、三食の提供や買い物などは家族介護が前提になっているからです。また、労働時間も長時間の残業が当たり前の職場も多く体力的に持たないのが現実です。

病気に対する知識に限らず、ケアプランの様々な事例など情報がきちんと整えば、高齢者は自分の選択として暮らしを整える力を潜在的にもっています。母に限らず、人は情報をきちんとかみ砕いて理解して、意思決定を支援すれば、暮らしの主人公になれます。お金は支えをつなぐ媒介であって支えは道具であったり人であったりと、結局は労働で支えられます。

労働者を大事にする社会、家事労働を筆頭に介護労働を政府が保障する未来社会が来てほしいものだと思います。

最後までその人らしく生きるために

増本千佐子

非人間的な原爆投下から七三年。振り返ってみると、私たちの介護は、その日が起点になっていると思います。

広島にいた夫の家族は、海軍兵学校に在学中だった夫を除いて、みんなあの恐ろしい光の洗礼を浴びました。父親（以下、父と表記します）は、当時、国がつくった特別科学学級の教育のため授業中でした。弟は学徒動員として工場に向かう途上で奇跡的にビルの陰で一命をとりとめました。一人木造の自宅にいた母は焼き尽くされた家と共に命を落としたのです。

被爆後、家事を一手に担っていた夫は、その後、京都の高等学校に行きました。周りの方が見かねて、旧家で育った初婚の方を勧めてくれて父は再婚しました（以下、この連れ合いを義母と表記します）。

一方、私は、学生時代の恩師から、原爆で娘を亡くした友人の孫を引き合わせたいと紹介された夫と、昭和三二年に結婚することになります。

父は広島大学に勤務しましたが、原爆の後遺症だろうといわれた脳腫瘍で視力を失いました。病院で介護する私に、パリの留学中に生まれた夫のこと、フランス料理や刺繍（ししゅう）をやり日本画も描いた明るい母親の話を伝えてくれました。また被爆者への米軍の調査には協力を拒み、病の中でもユーモアにあふれ、私のことを娘ができて幸せだと喜んでくれました。

「あと三か月の命」、認知症の義母を引き取り

昭和三三年、広島大学教授の父が六一歳で亡くなり、当時六〇歳だった義母は、自立したいと父の退職金で熱海に介護付きマンションを買いました。しかし、気位の高い性格が災いして周りと融和できないまま腰痛で入院、病院でも看護婦さんに反抗していました。プラスチックの食器が気に入らないとお膳をひっくり返したりしたそうです。持て余した看護婦さんたちの署名運動により退院の宣告を受けました。そのときの体重は三五キロ。認知症といわれ、九〇歳でした。昭和六三年のことです。

結論的には、夫と私が引きとることになりました。関係者が病院に呼ばれ、「この性格では治療も難しい。どうか肉親に引き取ってほしい。多分あと三か月の命でしょう」と院長に言われました。義母は、血のつながった姪のところではなく、一緒に生活をしたこともない私たちの家に来ることを選びました。私は「選ばれた嫁」として介護を引き受けることになりました。

突然引き取ることになった義母（明治三五年九月五日生まれ）。何とか三か月、幸せな時間を過ごさせたいと試行錯誤の日々が始まりました。まだ介護保険制度はなく、土日を除き、毎日お手伝いを頼みました。昔のままの女中の感覚で対応するので次々お手伝いの方が辞めて、私は非常勤で勤めていた学校を辞めました。

認知症といわれて引き取った義母は、うつろな目をしてトイレの場所がわからず、「私のベッドはどこ」と台所や洗面所など、私のいるところに座っていました。子どもや孫にも厳しく対応するので、

「この人は子どもの頃かわいがってもらった経験がないのでは」と、息子たちが「おばあさんかわいがり運動」を展開しました。睡眠不足と下の世話で疲労が蓄積してきた時、音楽好きの私に、ＣＤが聴ける携帯のラジオを、家族がプレゼントしてくれました。毎日バッハやショパンを聴き癒（いや）されて、優しく介護できるエネルギーになりました。厳しいことを言われても、優しく寄り添い話しかけることで表情が穏やかになり、心が通じあえたように思いました。無意味な言葉で怒鳴る回数もだんだん減ってきたのです。

素晴らしい回復力

義母の体力の回復を考え、近くの開業医の先生に相談し、以下のように対応を考えました。

・水分が抜け切った皺（しわ）だらけの皮膚の回復のため、点滴に通っていただきました。

・ひと月ほど刻み食を食べていたので、やわらかいものから少しずつ離乳食のように工夫をして栄養価の高いものを増やしました。有田焼の懐石料理用の食器を使って、目にも楽しい献立を作ってみました。義母はとても嬉しかったのか、この時から自力で箸を持ち、会話を楽しみながら食事ができるようになりました。表千家の茶道をしていた義母には昔を思い出すきっかけになったようです。

・二か月余りで栄養もいきわたり、家の中で使っていた杖を使わなくなりました。

・食事も自分でお箸を持ち、刺身しか食べなかった状況から様子が変わり、野菜もお味噌汁も残さず美味しそうに口に運び、便通もよく、顔色がよくなりました。夜中の呼び出しベルが減ったので、介護者も睡眠時間がとれるようになりました。

・元気になってきたので、おむつを外すことを考えてみました。当時の紙おむつは赤ちゃんのように横から止めるようになっていて、ずれたり外れたり手がかかり、本人にとっても自尊心が傷つくものでした。時間を見て、おやつの前に、お庭の花を見る前に、などとお手洗いに誘うことで、おむつを外すことができました。「おしっこをするかどうかは私が決めることです」と抵抗しながらも、義母の表情が明るくなりました。

三か月の命と言われて緊張していましたが、息子から「まだ生きているみたいだね。体力すり減らさないようにあんまり頑張らないで」と励ましの電話がありました。義母の回復力は素晴らしく、次は何をしようかと楽しみになりました。

基本的な生活習慣を整えることにも気を配りました。

・洋服に着替えること。明るい色のブラウスを出して選んでもらいました。もっと気に入るものを買いに行きたいと前向きな気持ちが出てきました。

・顔を洗い歯磨きをすること（洗面所に花を生け　ヒーターを入れました）。

・食堂に移動し、朝の挨拶をして食卓に着き、食事の介助はしないで、ゆっくり自力で食べてもらうことにしました。

・新聞とテレビに関心を持つように促しました。義母は一日中新聞を読み、皇太子のご婚約発表を機にテレビを見るようになりました。

以前、障害者の作業所で見た紙のパンツがあるといいと思い、製造している会社を調べ取り寄せました。当時、薬局にリハビリパンツはなく、一般家庭には出したことがないと半畳ほどの大箱が届き、玄関から入れるのが大変でした。これを外出用に試してみようと、さっそく着用してもらいました。義母は時折尿漏れがありましたが、これで安心です。西武デパートの美容室に髪をカットしてもらいに行きました。老人病院で無造作に切られた髪を段々気にするようになっていたからです。美容師さんたちの丁寧な扱いが心地よかったようで、珍しく笑顔が見られ楽しそうでした。

認知症といわれた状態は、かなり改善してきたように思いました。その日のお昼は、希望通りお寿司屋にいき、メニューも読んで選んでもらったのです。何事も自分で決める力をつけるように努力してみようと思いました。優しい対応と人間としての尊厳を大切にすることが認知症の回復につながっているような気がしました。

宝物を残してくれた

さらに、生活を楽しむために、得意な能力を呼び覚ますことも努力をしてみました。

・義母は、昔、イギリス人に洋裁を習い、女学校で教えていたと聞いていたので、針仕事を始めてみました。目的がある方が楽しいと思い、福祉施設に雑巾を届けることにしましたが、始めて三枚目で、突然「なぜ私がこんなつまらないもの縫わなきゃならないの」と針が付いたまま私に投げつけました。自尊心を傷つけたことに気がつきました。

本人の気持ちに合った魅力的なものをと思い、キルティングにするお雛様のプリント布を出してみると、とても気に入ったようで楽しく縫い始めました。九〇歳とは思えない器用な手つきで、縫い目も美しいことに驚きました。私の友人も手伝ってくれて、お雛祭りに飾ることにしました。目標ができたからか、お茶を飲む時間も惜しんでとりくみ、生き生きした表情になりました。

お雛祭りの日に、ちらし寿司を作り、桜餅でお抹茶を点て、ご近所の方をご招待しました。お雛様の飾りと、新しい住人としてのおばあさんのお披露目ができました。このころからお化粧を始めるようになりました。

高齢者にとって、人とのふれあいは大切です。これは介護の社会化の持つ一つの意味だと思います。

・お世話になった先生に勧められデイケアに週一回行くようになりました。「何で私があんな家柄の悪い人達と同席しなければならないの」と機嫌が悪くなり家を出るのが難しいこともありました。しかし、施設の方たちの優しさに触れると参加するのが楽しみになりました。

・その後、ショートステイに行けるようになり、介護者にも自由な時間が与えられるようになりました。二四時間緊張の介護者にとって、心から解放される貴重な時間になりました。

少女の自立のための社会教育（ガールスカウト）で活動してきた仲間が、「折り紙」や「童謡」で義母を楽しませ、私の外出時間をつくってくれました。近くにいた私の母がお料理を差し入れてくれて、いつも同じことをくり返し話す義母の思い出話をやさしく聞いてくれたことも回復につながったと感謝しています。

九八歳を過ぎた頃から介護に手がかかるようになり、夫も時差介護で助けてくれたので、多忙な暮らしの中にも、春風のような安らぎがありました。いつも可能性を信じて希望を持てたのは、私がかって探究してきた障がい児教育の学びの中で　子どもたちの潜在能力が開発されることを実感させていただいたおかげだと思っています。

三か月といわれた義母の命は、九年四か月になり、難しい性格も変わり、時折「あなたは神様みたい」と手を合わせるようになったのです。九九歳七か月で、幸せに眠るように旅立ちました。

介護者の私にとっても、この経験の中でたくさんの仲間と出会い、人のやさしさとぬくもりに恵まれ、豊かな人生になりました。義母が残してくれた宝物です。今は、私の経験を通して見えてきた介護者の疲労、ご老人の悩みなどを解決したく、「大津市介護家族・要介護者を支える会」で微々たる活動を続けています。

介護者を孤独にしないことに努め、高齢化社会の先駆者として「人間の尊厳」「人権の保障」を大切に人間が人間らしく幸せに生きることを問い続けたいと願っています。

妻を介護したときのこと

富田秀信

人の命はあっけないものです。まさしく急逝というべき形で妻は旅立ちました。二〇一六年一二月一九日、この日は月一回の妻の検診日でした。主治医も「異常ないですね。体重も二キロ減りましたね」と話していました。それが午後六時過ぎ。検診日には、病院の目の前の中華料理店での夕食が恒例でしたので、この日も普通に食べ、七時頃に店を出る時、妻が「お父さん、戸が閉まらないわよ」と言い、私が「ああ、自動だからいい」と答えたのが夫婦の最後の会話でした。

いつものように、妻の手を引き一〇メートルも歩いたでしょうか。妻は突然崩れ落ちるように倒れこみました。それは何かにつまずいた感じと違っていました。路面に直撃せぬよう右手で必死に支えましたが、頭を少し打ち、何より口から泡を吹くようでした。

動かしてはダメと思い、妻の頭を腕で抱くようにして、通行人に「病院に知らせて！」と頼みました。やがて、ストレッチャーが来て、明るい病院内へ。妻の顔色はありませんでした。

二〇～三〇分後、医師の一報は「厳しいです」との言葉でした。数分後、部屋に呼ばれ、「心臓マッサージを続けたが、脈、心臓が回復しない。心肺停止状態です」。一時間前に診てくれた主治医を含め、複数の医師と看護師が努力してくれましたが、七時四六分絶命。最後の会話から四六分後のことでした。

在宅介護、多くの人にSOS出し

振り返ってみれば、妻は二〇年前、自宅で倒れました。それを後から知り、万が一の場合、「夫婦のあいさつ」もせずにと後悔しましたが、今度はしっかり私の腕の中。よく二〇年間生き続けてきたとの感謝の念で一杯です。

経過は次のようなものでした。妻・千代野（当時四九歳）は、一九九六年四月一九日に倒れました。カリウム低下による急激な心臓発作であり、酸素（血液）が脳に運ばれない無酸素脳症となり、記憶、言語、意識などの高次機能がやられました。一年四か月の入院生活（四つの病院を転院）後、「このまま入院していても意味がない」と通院リハビリに変わりました。

しかし在宅介護をどうするか？

私は当時四五歳の働き盛りで、家族は、妻のほか、専門学校の長男、高二の次男、中一の長女。福祉事務所に相談しましたが「お宅の奥さんは若すぎます」の一言でした。おおむね六五歳以上を対象にした京都市の高齢者福祉の対象外ということでした。私や子どもたちの勤務、通学を制限するしか道がないのか？　大家族でもなく、経済力もない庶民が「家族の甲斐性（かいしょう）」での介護を迫られました。

策は何か？――結局「人の力」に頼ることでした。男だからと職場で家族のことを隠さず、男だからと地域で妻を隠すことなく、多くの方に厚かましくSOSを出しました。すると、人間捨てたものではありません。「何曜日の何時間なら奥さんを看れます」との声をパッチワークのように集めることができました。無認可施設、精神障がい者施設、公民館、社会福祉協議会などに「特例」として通所しました。介護保険導入の二〇〇〇年四月までの対応でした。

制度のないこの二年七か月が、今思えば一番苦しかった時期です。逆にいえば、この時期、新聞投稿などで知り合い交流が始まった若年性認知症の方のご家族も、ここで試されました。結果、何とか家族生活が過ごせた人々と、そうでない人々が出ました。制度がなく「家族の甲斐性」での介護は酷でした。

私の妻の場合、家族、友人、知人総がかりでの介護となりました。一年四か月の妻の入院生活時は、夜のバイトの長男を除く、次男と長女と私の三人でローテーションを組んで、夕方、妻の病院へ行き、夕食介添をした上でその日の洗濯物を取ってくる係と、その日の我が家の夕食を作る係とで回しました。子どもたちもがんばったと思います。特に病院に行く係が夜七時三〇分頃帰ってくるまで残りの二人は待ち、全員揃ったところで妻の様子を語り、聞きながらの夕食でした。

九七年九月から、妻は自宅に戻りました。

私は、それに先立ち、子どもたちの夏休み中（八月中）に、最後の病院のケースワーカー共々、退院後の妻の居場所探しに奔走しました。何せ行政から「家族の甲斐性で」という無言の通告を受けています。妻の介護で私が離職するか、子どもたちの通学が制限されるか？　このままでは、家族崩壊の道をたどるとの不安がありました。

親友、友人、知人、最後は初対面の近所の方へも妻の介護を頼みました。「何曜日の何時間だけでも……」。これは通所施設へも同じでした。「何かあれば、責任はこちらが取ります」と、どう見ても、ハード、ソフト両面とも不安だらけの施設ばかりでしたが、とにかく預かってもらえればの一念でした。

幸い、私たちのこれまでのささやかな社会運動での夫婦共通の友人がいました。これが最大の力でした。遠慮せず、前置きの挨拶なしにいきなりの依頼が可能でした。日頃のつきあいの多さ、広さがこういうアクシデントには決定的です。各々が自分のできることを紡いでくれました。人々のパッチワークのようでした。率直にＳＯＳを出せば、必ず受け止めてくれる人がいる。人間捨てたものじゃないと思いました。

長女、次男のこと

長男は二〇歳すぎていましたし、さほど母親の様子に動揺はしていなかったので安心しましたが、高二の次男、中一の長女には注意を払いました。特に、倒れていた母親の第一発見者であり、中学入学後間もなくアクシデントを目の当たりにした娘のショックは大きく、学校の休憩時間、泣いてばかりだったそうです。

後日見た娘の手記に言葉がありませんでした。内容はこうです。「これまでの美味しい母親の弁当から、これまで弁当つくりをしたことのない父親の彩りもなく美味しくもない弁当。一人で食べるのなら我慢できたが、級友との昼食時間が辛い。しかし早朝出勤前に作ってくれる父親にそんな事言えない。なので、朝、弁当の蓋を開け、少し落ち込んでから学校へ出かけていました」。

しかし、この娘も中二の秋、バスケットクラブのキャプテンに選ばれたと笑顔で私に報告してくれました。その時は涙が出ました。級友に励まされてきた娘が、人を励ます側になったのですから。

次男は退院後から介護保険適用前まで、無資格の施設へ、夕方週二回、母親を迎えに行っていました。これも後日の本人の手記です。「二つの私鉄電車を乗り換えて、一七歳の僕が若年痴呆の母親の手を引く。電車内の視線は気にならなかったが、近鉄東寺駅で降りて、我が家までの十数分間が嫌だった。自分は母親の手を引いて東から西へ歩くのだが、西から東へ歩いてくる級友の目が辛く、遠回りして自宅まで戻っていた。母親が痴呆だと見られるのは嫌だった」。

現在四〇歳近いこの次男は、神戸で福祉施設に働いています。

二〇〇〇年四月からの介護保険導入で、広い意味での脳梗塞という判断で、当時五三歳の妻は第二号被保険者として、堂々と施策を受けられるようになりました。それでも月～金の朝八時～夕方五時までで要介護五の妻が利用できるサービスは上限になります。私が土日出勤、平日残業などになれば、この部分のヘルパー派遣などの費用は、全て一〇割自己負担になります。サービス内なら一〇〇〇円で済むものが一万円です。たまりません。残業すれば手当がつくのが一般的ですが、私の場合、仕事（残業）をすればするほど出費がかさむ現実にぶち当たりました。とにかく夕方五時には帰宅する日々でした。

五時にデイサービスの車で帰ってくる妻を迎えます。夕食を作って、二人で食べます。妻はモクモクと何でも美味しそうに食べるのでヤレヤレです。私にはその間、仕事の電話もかかってきますので、ゆっくりビール片手にとはいきません。一方、妻は八時には寝ないと体が持ちません。そして二時間後ぐらいに一度トイレに行くため起こします。私も就寝しての未明に、もう一度トイレに起こします。

腑抜けNO会の結成総会（2018年２月10日、京都市内）

なにせ「お父さん、オシッコ」と妻が言うタイミングでは遅いことが多いのです。昼夜トイレは促さないとダメなのです。

制度のない四年間、制度はできたが「十分な男性介護」ができる環境でなかった一六年間。制度は完全ではありません。日々の暮らしの中から、その不十分さを家族が指摘し、介護職の人々との対等で率直な意見交換からしか、改善は見られないことを、私の二〇年間の稀有な体験は教えています。

伴侶に先立たれた人が集まり

私は今、腑抜けＮＯ会という会をすすめています。

この名前に「?」と思われる方が多いと思います。妻の葬儀で聞いた言葉でした。「ふぬけ……」、何だろうと思いました。「どんな字を書くんだろう」とも。発した人は「富田さんは仕事があるから腑抜けにならんよ。一般的に奥さんを亡くした旦那がリタイア組ならまず腑抜けになる」と言いたかったらしいです。

独りぼっちになった感が強いのは洗濯物を干すときです。これまで、毎日のデイサービスでの汚れ物など、洗濯物は妻の物が大半でしたから。そんな心境を、年明けの地元紙に投稿すると、一〇人くらいの人から新聞社経由で連絡がありました。その年の春には数人の同境遇者と会い、交流会を企画した夏には、この新聞社報道もあり、何と二四人の人が集まりました。私は当初、妻に先立たれた夫の会をイメージしていましたが、問い合わせの電話はだんだん女性（夫を亡くした妻）が多くなってきました。その年（二〇一七年）四回の準備会を持ち、翌年二月、四五名の参加での発足総会となりました。

準備会の中でわかったことは、参加者には三分類あることでした。第一は、夫に、妻に先立たれた妻、夫の寂しさ、悲しさは性別、年齢、その歳月に無関係だという人。第二は、男性の最大の苦痛は食事だという人。つまり買物に慣れない、調理が下手。だから料理が不味く、独りなので美味しくない。それが嫌なので外食（偏食）で体調不良になる。第三は、先立った伴侶の衣類を処分したり、一緒に過ごした住まいから転居、気分一新して趣味を見つけ人生をやり直そうとする人々（まだ少数ですが）。

発足総会前後に新聞社が二回報道したり、関西の人気民放番組が放映したりで、問い合わせは京都のみならず、関西全域から一〇〇人を超えました。

男女が夫婦になる時は二人一緒ですが、夫婦の別れ（死別）は心中でもしない限り一緒にというわけにはいきません。どちらかが先に逝き、どちらかが残される運命です。二〇一八年、テレビ朝日の昼帯で放映されたドラマ「やすらぎの郷」も同じテーマでした。「先に逝った者、後に残った者、どちらがつらいか？　ならばつらい方を引き受けよう」。

私は今、男性介護を卒業した第二ステージに立っています。超高齢化社会、終活などという言葉をあちこちで聞きます。千差万別の夫婦の姿から、千差万別の悲しみ、寂しさがあり、それを乗り越える姿があります。そんな「腑抜けの会」から「腑抜けＮＯ会」への心境の変化を、お互いの交流、励ましあいの中から大事にしていきたいと思います。

ケア・マネージャーとして感じる介護のあり方

川端潤也

私は現在、居宅の介護支援専門員（ケア・マネージャー）として勤務しています。ある方の事例をもとに、介護保険サービスを利用する中で、本人や家族の人権や尊厳が失われる状況などを紹介してみます。合わせて私が思う今後の介護現場のあり方について述べさせていただきます。

Aさんは要介護三の八〇代の女性です。長女の方とマンションにて二人暮らしをしています。数年前から認知症を患い、少しずつ進行しています。日常生活ではキッチンやお風呂の水を止め忘れ、下の階の住民宅まで水漏れを起こしたこともありました。コンロの火を消し忘れ、何度もお鍋を焦がしてしまったり、一人で外出しては家に戻ることができずに、近所の人に家まで送り届けられることも頻繁にあります。最近では失禁が増え、排泄（はいせつ）にも介助を要するようになってきました。

一人では計画を立てて物事を遂行することは難しく、食事や家事、入浴、更衣等の日常生活の行為に支援が必要です。そのため、デイサービスやショートステイ、訪問介護の介護サービスを利用し、生活の支援を受けています。

同居している長女さんは、生活費や介護保険サービスの利用料を捻出するために、かけもちで朝から夜遅くまで就労しています。その間Aさんはデイサービスやヘルパーをほぼ毎日、介護保険サービスの区分支給限度額ギリギリまで利用せざるを得ません。時に区分支給限度額を超えてしまい、自費のヘルパーサービスを利用することもあります。
Aさんは毎日、「主人の分の食事用意しなあかんわ」や「今から子ども迎えに行かないと」と、夕方になると必ず外へ出て、入院中のご主人や、若くして亡くなったはずの息子さんの帰りを待っています。

制度、サービスの中で悪循環

Aさんの言動の中には家族に対しての思いがたくさん詰め込まれています。Aさんは家族といつまでも仲良く、家庭での役割を持ちながら穏やかに生活をしたいのではないかと強く感じます。しかし、その反面、普段の家族との関係では、長女さんとよく口喧嘩もされ、強く混乱されることが増えたと聞きます。ご立腹し、物を投げられることもあるそうです。長女さんも「日頃の仕事や介護で疲れが溜まり、些細(ささい)なことでお母さんに当たってしまうんです。母は認知症なのもわかっています。本人の言うことを否定することもよくないのはわかっているのですが……」と、落ち込んだように相談をされます。

生活のために就労しているにもかかわらず、介護サービスの費用のため、さらに働かなくてはいけない。その結果、家族が疲弊し、本人との関係も悪化する。また本人が一番望んでいるはずの、穏やかな生活が奪われていく――悪循環が生じています。介護サービスの事業所のスタッフの入れ替わりが激しく、なかなか馴染みの関係がつくりにくいという問題もあります。馴染みの関係や環境を構築できないということは、認知症ケアや認知症予防という観点からも弊害が生じると考えられます。さらに本人、家族が安心して生活する環境をつくるためのショートステイの利用についても、デイサービスとは人員配置基準等が違い、積極的な機能訓練の実施も難しいためか、一〇日以上のショートステイ後は歩行状態も低下しふらつきが多くなっています。本人の自立支援や家族のレスパイト（休息）機能を発揮するはずの介護サービスが、かえって重度化のきっかけをつくり、家族の負担も大きくなるという状況も見られます。

介護制度のあり方、介護が社会的に果たす役割とはどういうものだろう――そのようにしばしば考えさせられます。

介護保険法第一条には「この法律は、加齢に伴って生ずる心身の変化に起因する疾病等により要介護状態となり、入浴、排せつ、食事等の介護、機能訓練並びに看護及び療養上の管理その他の医療を要する者等について、これらの者が尊厳を保持し、その有する能力に応じ自立した日常生活を営むことができるよう」とあり、さらに第二条第四項には「被保険者が要介護状態となった場合においても、可能な限り、その居宅において、その有する能力に応じ自立した日常生活を営むことができるように配慮されなければならない」と示されています。つまり、要介護状態になったとしても、本人が住み慣れた環境の中で、できる限り自身の力を使いながら、当たり前の生活が継続できるようにするということです。

我々国民には憲法二五条である生存権、健康で文化的な最低限度の生活を営む権利が保障されており、介護保険制度はその権利を具体化させるものの一つであるはずです。保険料を払っているにもかかわらず、区分支給限度額の範囲でしか保険給付がされず、本人の望む生活が実現できない状況に矛盾を感じます。少し乱暴な言い方かもしれませんが、利用者のサービスを区分支給限度額の範囲の中で納まるように数字とにらめっこすることが本当に介護支援専門員の専門性なのかとジレンマを感じているのも事実です。

介護の役割とは、多種多様である利用者の生活が、制度によって縛られるのではなく、憲法二五条の生存権を大前提に個別に支援されるべきものだと考えます。憲法二五条の立場に立ってこそ、「介護の機能」が正常に発揮されることで、利用者が、その人らしく尊重され生活ができます。虐待や介護心中などの悲惨な事件、尊厳が失われる状況はなくなるのではないでしょうか。さらに重度化の予防ができれば，健康寿命が延び、医療的な支援を必要とする人も減少すると思います。介護をしている家族も安心して就労でき、介護離職も減り、経済の活性化にもつながると思われます。

介護現場はどう変わればいいか

介護現場は今後どのように変わればいいのでしょうか。利用者を取り巻く状況から、私が思う介護の現場の展望として、以下の三つを挙げさせていただきます。

一つ目は、介護保険サービスにおける区分支給限度額を廃止し、利用者や家族の状況に合わせた柔軟な支援をできるようにすることです。そのことで、Aさんのように、生活や介護サービスのために家族が働き疲弊するケースや、様々な悪循環を緩和できるのではと考えます。そこには我々、介護支援専門員をはじめ、介護従事者の介護過程における専門性の向上がさらに必要になると思います。すべてのケアに根拠を持たせ、評価しながら支援を継続出来る力がさらに必要になってくると考えます。

二つ目は、柔軟なサービスの組み合わせを可能にすることです。利用者の生活は様々な環境や状況が影響し合っています。Aさんのようにショートステイを利用し、一時的に家族の負担を軽減しても、その期間、活動量等が減ることでかえって介護量が増えてしまっては本末転倒です。ショートステイ中にも保険給付で別サービスを受けられるよう（訪問リハビリが受けられたり、日中、馴染みのディサービスに行ける等）本人の状況に合わせた支援体制の変革が必要だと考えます。

三つ目は、介護従事者の人員の確保です。どんなによい環境でよいケアをしていても、人員が集まらず継続できなければ意味がありません。馴染みの関係の支援者ができにくい状況であれば、利用者が安心して生活できるための支援に弊害が出てしまいます。介護職の処遇の改善のために私たちが専門性を確立しながら国に訴えていくことはもちろんです。その他に人材を確保するために福祉施設・事業所の横のつながりを利用し、就労に関する情報を共有できるシステムがあればとも思います。

退職をされた人にはそれぞれの事情があります。たとえば、通勤や勤務形態が合わず○○の事業所を退職した人が、他の△△の事業所では働き続けられるかもしれません。福祉施設・事業所同士が横のつながりを利用することで、わざわざ、事業所が求人広告を発行せずとも、また、働く場所を探しにハローワークに行かなくてもスムーズに職員の確保や転職が可能になるのではないでしょうか。

「介助屋」か専門家か――介護福祉士として

佐々木政布

介護福祉士の養成校を卒業し現場に出てから一六年。介護労働者を取り巻く環境は、介護保険制度の改正と共に、大きく変化してきたと感じています。介護の専門性とは何か、介護の魅力とは何か――実際に介護現場で働いている労働者さえも、それらを失いつつあるのではないかと危惧（きぐ）しています。

「サービス業」へと変化？

介護保険が始まって以降、株式会社の参入もあり、介護事業所の数、種類は大幅に増加しました。介護事業所の増加は、利用される方にとって、「選択できる」といった大きなメリットを生みました。しかし、事業者の立場からすると、事業所の増加は、競争を生み、その競争の中で生き残るために、利用者を獲得しなければならず、競争に対応できない事業所は倒産せざるを得ないのが現

図1　老人福祉・介護事業の倒産件数（2017年度版）

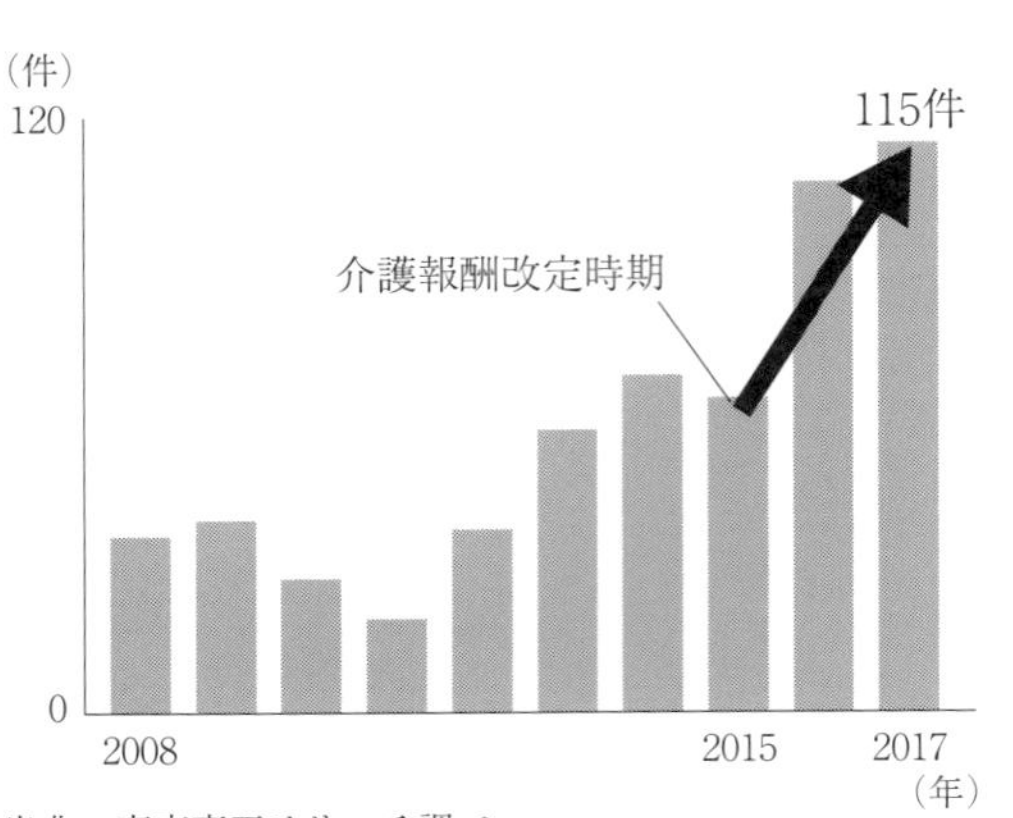

出典：東京商工リサーチ調べ

状です（図1）。その競争こそが、本来福祉労働であるはずの介護が「サービス業」へと変化している大きな原因だと感じています。

介護保険制度改正のたびに、引き下げられる介護報酬の影響もありますが、倒産する事業所が増加している現在、利用者獲得は、事業所にとって最優先の課題となってしまっています。

たとえばデイサービス。「昼食一年間無料」等といったキャンペーンを掲げ、利用者獲得に動いたり、有料老人ホーム等では、「〇か月間家賃無料」といったキャンペーンを目にすることもあります。これらは全て、利用者の本質的なニーズに沿ったものでなく、また介護の専門性でもありません。利用者獲得のためだけの手段だといえます。利用者獲得の手段の背景には、必ず利益追求があり、まさにサービス業の形そのものだと思います。介護事業を展開している某大手株式会社は、「介護は究極のサービス業だ」と、掲げてしまっているありさまです。

利用する側も、介護がサービス業であるような感覚に陥り、コストパフォーマンスがよいところを選択されることがあります。本来なら、お金でなく、利用者が自分らしく生活できる環境で選ばなければいけないはずが、「安いところに」といった心理が働いているのではないでしょうか。

利用者本位の介護からサービスの介護へ——この流れをくいとめるためには、制度の大幅な転換が必要だと感じています。お金がなくても、利用者が自分らしく生活できる制度への転換が何よりも求められます。

図2　養成施設の入学定員・入学者数の推移

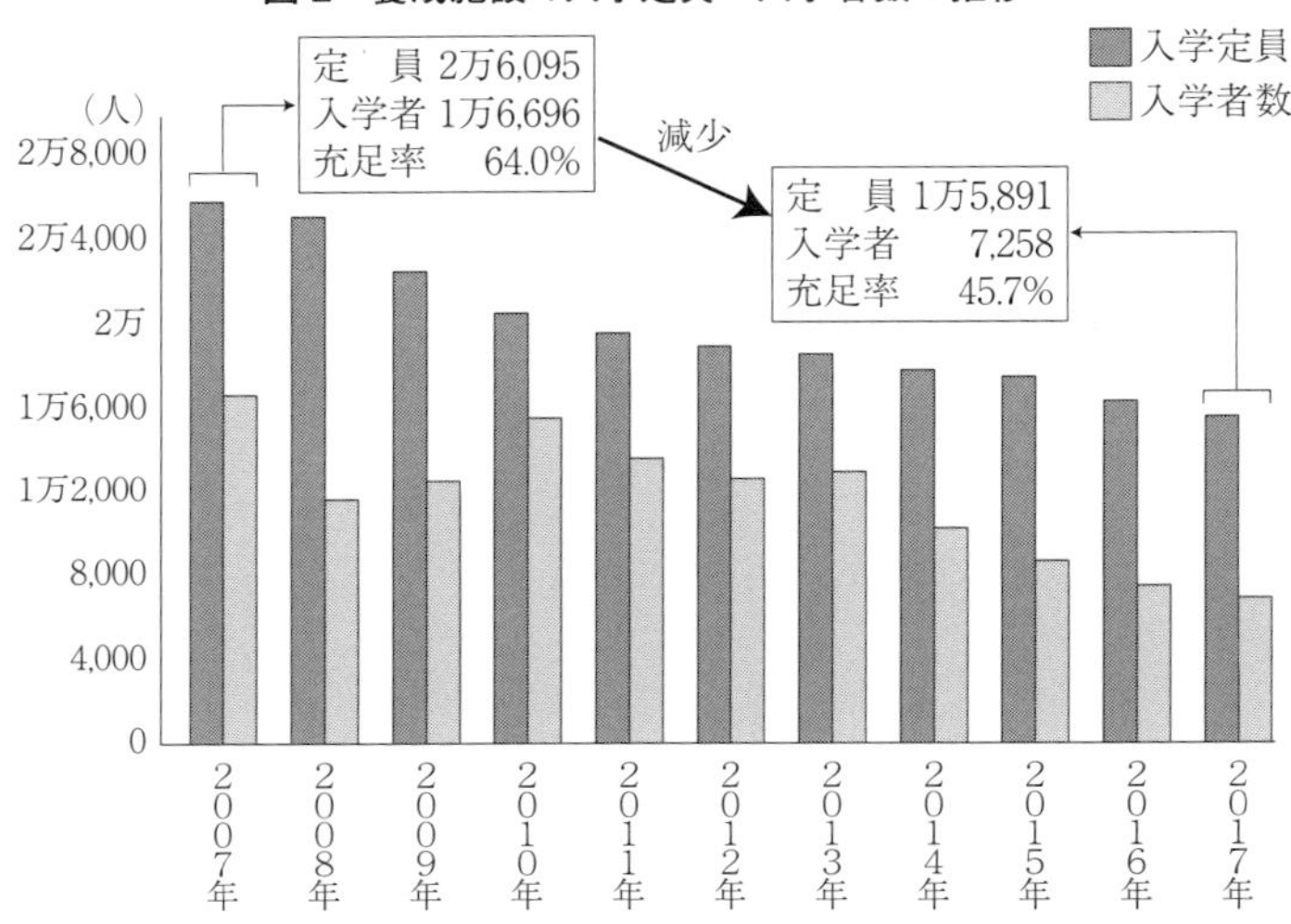

出典：日本介護福祉士養成施設協会

「介助屋」になることの弊害

労働者の視点で見た場合、利益追求を過剰に行うということは、当然人件費の抑制につながります。人件費の抑制をするということは、給与水準の低下や、労働者の非正規化、人員の削減などが考えられます。人件費の抑制は、働く労働者にとって、モチベーションを下げる大きな原因となり、離職を誘発させるだけでなく、介護を目指す人をも減少させる形となっています（図2）。

また、現場の職員の専門性を考えても、今の介護保険制度の中で、内容が変化してきている状況があります。たとえば特別養護老人ホーム（特養）の介護職員の専門性で考えてみましょう。特養の介護職員は、生活全般を支援しながら、その人らしい自立した生活の実現に向けて努力するのが主な役割です。しかし、二〇一五年度の介護保険改正を受け、特別養護老人ホームは、原則、要介護三以上の方が対象となりました。その改正の影響を受け、どこの特別養護老人ホームも、軒並み平均要介護度は上昇しています。

介護度が上昇するということは、簡単にいえば、「どの場面においても、介助が必要」な方が増加するということ。現場では、直接介助に翻弄(ほんろう)され、生活といった面で捉える余裕がなくなり、生活全般の支援者ではなく、「介助屋」になってしまっている現状があるのではないでしょうか。果たして、「介助屋」でやりがいを感じることができるでしょうか。

また、「介助屋」を全うしていると、もう一つの弊害が生まれることがあります。それは、考えることをやめてしまうことです。言い換えれば、何も考えなくても、「仕事ができる」ということです。次から次へと、やるべき介助がある中で、やるべき介助を行っておけば、仕事が終わってしまう。それ以外のことをやろうと思えば、時間外でサービス残業といったサイクルに陥ってしまいます。果たして、介護福祉士の養成課程で教わる、介護過程の展開など、どれほど現場が実践できているのか疑問です。

相談員の専門性についてはどうでしょうか。在宅サービス等事業所数の多い事業の相談員になると、営業活動に勤(いそ)しまなければなりません。ケアプランセンターへの訪問、電話での問い合わせ等、営業活動が中心的な仕事となり、利用者確保のために翻弄されます。営業活動の手段等は、介護福祉士等の養成課程でカリキュラムには存在しません。営業のノウハウは、介護の専門性ではないはずですが、営業成績がよい相談員が、「できる相談員」なんて、本当にばかげた話だと思います。

ケア・マネージャーの専門性についてはどうでしょう。本来のケア・マネージャーの専門性は、在宅でその人らしい生活を継続するための支援を行うことが役割ですが、現状はどうでしょうか。

利益を過剰に追求しているケアプランセンターでは、要介護に比べ報酬単価が低い要支援の方を受けないといったことが、当たり前のようにあります。実際に、要支援の方は受けないとはっきりと断るケアプランセンターも存在します。利用者のことを考えるのではなく、利益追求している典型的な形といえるのでないでしょうか。また、サービス付き高齢者住宅など、入居できる施設数が増えたことによって、ケア・マネージャーが、施設紹介業になってしまっている可能性も十分にあります。

介護保険制度改正のたびに引き下げられる介護報酬を受け、介護の専門性までもが奪われようとしています。事業所は、制度改正のたびに、どう加算を取得し、経営を維持していくかに振り回され、経営方針のしわ寄せが現場で働く労働者にくる。そうしたネガティブなイメージだけが、マスメディアによって取り上げられるといった選択をする。現実とのギャップに疲弊した職員は、介護から離れ報道される――この負のサイクルを何とかしなければ、介護の未来は明るいとはいえません。そのためには、現在介護に従事している職員一人ひとりが、自分たちの専門性とは何かを、しっかりと確認し理解しなければならないと考えています。

利益だけに走るのではなく、専門職を頼ってこられた、目の前の利用者のことを考えられる介護従事者が増えれば増えるほど、「サービス業」ではなく、福祉労働としての価値が高まっていくのではないかと思います。

第二部　現場の背景にあるものと課題

第1章　形骸化が加速する介護保険制度

矢部広明

1　首相の意向で縮小・削減される社会保障

二〇一六年一一月一〇日の未来投資会議において、安倍首相が、「これからは、高齢者が自分でできるようになることを助ける『自立支援』に軸足を置」く、「介護が要らない状態までの回復をできる限り目指して」いくと宣言したことから、厚生労働省から全国の自治体に至るまで一斉に「介護は自立支援と重度化防止に資するものでなければならない」と打ち出しはじめました。

介護保険制度創設以来、「自立支援」がキーワードとして使われてきましたが、安倍首相の指示する「自立支援」とは、内閣総理大臣の名においてケアの目的、定義を変更し、介護保険制度の目的は要介護者を「介護が要らない状態までの回復」に至らせることであり、同時に介護従事者の責務はその目的に向けて支援することとされたのです。「自立支援」に到達できない者は介護保険制度の本来の対象ではないと宣告したに等しいものです。

要介護状態が改善せず、老化の当然の摂理として、心身の重度化傾向が避けられない高齢者は介護保険制度から原則排除していくことを意味する重大な変更です。老人ホームの業界団体である全国老人福祉施設協議会も、「要介護度改善の義務化を課すことは、もはや虐待」と抗議しています。[◆1] さらに政府、財界挙げて介護業界に要求し、同業界を席巻し始めたのが、これまで介護現場に求めてきた「効率性」をさらに進めた「生産性向上」「科学的介護」のキーワードです。介護ロボット、ITなどの導入をはじめとする業務の「合理化」、改善効果を求める介護などを介護現場に持ち込み、介護産業大手の収益性を高めると同時に介護給付費増を抑制するねらいです。もっとも人間的な労働である介護の現場が、「生産性向上」一色に染められるならば、介護現場は「老人処理工場」になりかねない危険性を内蔵することになります。

少子高齢化を「国難」と

安倍首相は第一九六回国会の施政方針演説（二〇一八年一月）では、「日本は、少子高齢化という国難とも呼ぶべき危機に直面してい」ると述べ、つぎの第一九七回国会の所信表明演説（二〇一八年一〇月）でも「少子高齢化という我が国最大のピンチ」との表現で人口高齢化に対する国民の危機感を煽（あお）りました。この安倍首相の意向に沿い、財務省等は、「少子高齢化」による生産年齢人口の減少など社会保障の支え手減少、高齢者の医療・介護費等歳出増圧力を前面に掲げて、社会保障制度の縮小・削減構想を次々に打ち出してきています。

厚生労働省は『平成29年版厚生労働白書』で、「我が国における医療及び介護の提供体制は、世界に冠たる国民皆保険を実現した医療保険制度及び創設から18年目を迎え社会に定着した介護保険制度の下で、着実に整備されてきた[◆2]」などと自賛していますが、巷（ちまた）に目を移すと老老介護、認認介護、介護難民、介護自殺、介護心中、介護殺人、介護地獄、介護崩壊、介護離職、孤独死・孤立死といった深刻な実態を表すキーワードが溢（あふ）れています。国民の老後にこのような社会が待っているとすれば、この日本でだれも安心して一生を送ることはできません。

二三年前の一九九六年四月、老人保健福祉審議会は「高齢者介護保険制度の創設について」（最終報告）の冒頭で、「高齢者の尊厳と幸せを大きな目標とする社会の実現が今こそ求められている」と宣言しました。しかし、このフレーズと今日の介護の実態とを引き比べるとき、その言葉の空虚さに愕然（がくぜん）とするしかありません。いまこそ、介護問題をキーワードに社会のありようを見直すことが求められています。

2　追い詰められる「介護する者、される者」

「社会的介護」の言葉とはうらはらに介護保険制度創設以来、今日に至るも主な介護者は家族です。「平成二八年　国民生活基礎調査」によれば、介護者は同居の家族が六割、別居の家族を含めれば家族が主な介護者の七割であり、老老介護の割合は年々上昇しています。同居介護者の四人に一人はほとんど終日、要介護者のもとを離れることはできず、要介護四、五の重度の要介護者となれば、二人に一人は、終日、要介護者のもとを離れることができません。精神的不安も含め、自分の健康の不安、介護がいつまで続くのかとの不安のなかで介護にあたっているのが実態です。家族に依存した介護により、ストレスが限界に達して高齢者虐待につながりかねません。二〇一六年度の家族による虐待件数は一万六三八四件、相談・通報件数となると二万七九四〇件に及びます[3]。

「老老介護」も社会問題の一つになっていますが、介護をしている高齢者は二〇一七年に一九七万二〇〇〇人となり、二〇一二年の一五六万人と比べ四一万二〇〇〇人（二六・四パーセント）の増加となっています[4]。

表1－1　特養入所者に2015年改定でどのような影響が出たか（複数回答可）

回答項目	回答数
① 利用料支払いの滞納	206
② 支払いが困難を理由に退所	101
③ 多床室へ移った	222
④ 日用品などの買い控え	124
⑤ 配偶者の生活苦	311
⑥ その他	116
⑦ 特に影響なし	813
NA	39
UK	1
合　計	1933

出典：全国老人ホーム施設長アンケート結果（2017年8月）。21世紀・老人福祉の向上をめざす施設連絡会

二〇一五年度からの介護保険制度改定で、所得により自己負担二割化、預金保有高により低所得入所者への特別養護老人ホーム食費・室料補足給付見直しなどが行われましたが、「全国老人ホーム施設長アンケート結果」によると、その結果、特別養護老人ホームを「支払いが困難を理由に退所」せざるをえなかった入所者、いわば「介護難民」が一〇一人にも及んだといいます。同調査では、その他、「多床室へ移った」が二二二人、「利用料支払いの滞納」二〇六人、「配偶者の生活苦」は三一一人に上っています（表1―1）。

小竹雅子氏は、介護殺人が二〇〇八年に五三件、二〇一四年には四二件発生していることを挙げ、毎週のように介護殺人が起きていると指摘していますが[5]、「看護・介護疲れ」による自殺も多いのが実態です。二〇一七年中の「看護・介護疲れ」による自殺は二〇六人、このうち五〇～五九歳が四六

人、七〇～七九歳は五一人、八〇歳以上は四一人に及んでいます。[6]

介護保険制度はそもそも、保険料という形で国民の増税への拒絶反応を巧みにかわしつつ、公的責任を回避し、「共同連帯」の名のもとに介護に要する費用を国民の相互扶助で捻出させる仕組みであり、それはとりわけ低所得者の生活を圧迫するものとなっています。

たとえば、二〇一五年度からの保険料段階での厚生労働省の推計値によると、第一号被保険者三四三〇万人中、市町村民税非課税の高齢者は二一一〇万人で六二パーセントを占めています。このような生活保護受給者も含めた低所得高齢者からも容赦なく保険料を徴収することによって財源を捻出させているのです。

負担を強化し利用をさらに抑制

その結果、二〇一六年度においても、年金額が月額わずか一万五〇〇〇円以下しかない六五歳以上の高齢者三七七万人から直接徴収する介護保険料の「普通徴収」額の一二・五パーセントが未納であり、未収額は二八一億円にのぼっています。[7]

平成二九年度介護保険事務調査によると、保険料滞納者への差し押さえは五四三市町村が一万六一六一人に対して行っています。そのほか、制裁措置として保険給付を償還払い化された者二五五九人、保険給付が一時差し止められた者五七人、三割自己負担を課せられた者一万七一五人に上ります。そして今、介護保険制度は、保険料引き上げだけではなく、所得による自己負担二割化、三割化、さらには原則二割負担化など利用者への自己負担増を連続的に打ち出すことによって利用抑制策が強化されています。

3 「持続可能性」を前面に給付抑制

介護保険制度には巧妙に給付抑制装置がセットされています。制度改定のつど、政府が国民の反発を抑制するために持ち出してくるキーワードが、「制度の持続可能性」、すなわち、介護保険制度の存続や量的質的拡充と「国民の負担増か制度後退の受容」が表裏の関係にあることを前面に押し出した〝脅し〟の論理と仕組みです。

政府は、医療療養病床入院患者から光熱水費相当額を徴収することに関し、「介護保険施設や在宅介護との負担の公平化を図る観点」からとしています[8]。特定入所介護サービス費給付要件に二〇一五年八月から資産要件を付したことについては、「在宅で暮らす方や保険料を負担する方との公平性の確保の観点」を持ち出しました。「介護サービスはその必要性に応じて給付が行われるため、サービスを利用していない者から利用者への所得再分配が行われているといえる[9]」などと、利用していない者と利用している者との不平等感や不満を煽ります。

設定された多様な利用抑制装置

利用の上限設定をするための要介護度の仕組み設定、審査、認定という利用にあたっての関門、それに連動した必要な介護を抑制する区分支給限度額設定、利用を抑制する応益負担などが給付抑制装置として機能します。これらは低所得者ほど利用抑制機能を発揮する性格を持っています。これらの給付抑制装置により、建て前にすぎなかった利用者の「自己選択」、「自己決定」の形骸化をさらに促進してきたといえるでしょう。

これに安倍内閣は、「消費税増税」というさらなる「給付抑制装置」を加える予定です。医療介護連携の推進、地域支援事業の充実、低所得高齢者の保険料軽減などは消費税増収分で行うとされ、今後は「介護制度拡充には消費税増税が要件」という論法で、国民は繰り返し「増税」の受け入れを迫られることになります。

4 介護現場から介護労働者が消えていく

介護労働者数は現在一八三万人（二〇一六年度）とされますが、介護現場では深刻な不足が叫ばれています。職員の高齢化でその存在が消えるのではと危惧（きぐ）される訪問介護員は、七割が非正規職員で六〇歳以上が四割を占めています。訪問介護員以外の介護労働者でも非正規職員が四割となっており、三〇代、四〇代が中心で二〇歳代は一五パーセントしかいません。[◆10] このような状況を背景に、両者とも「採用が困難」が人手不足の要因の九割となっています。[◆11、12]

「人手不足」、「採用困難」の最大の理由が、介護労働者の賃金、労働条件が一貫して劣悪なまま据え置かれているためであることはいうまでもありません。厚生労働省は二〇〇九年以降の処遇改善加算等で総計月額平均五・七万円の改善を行ったと繰り返していますが、介護労働者でこれを実感している者はほとんどいません。実際に厚生労働省の統計でも、賞与込み給与は産業全体で三六・六万円なのに対し、介護労働者は二七・四万円と月額で九万円以上低額であり、ホームヘルパーでは二六・一万円とさらに低額となっています。[13] 介護労働者の離職率も一六・二パーセントで、産業計の一四・九パーセントより高くなっています。[14] この結果、一五六万人（二〇一七年度）の介護福祉士有資格者の半数程度しか介護現場に就労していないという結果も招いています。

一方、厚生労働省は高齢者人口の増加に対応するため、第七期介護保険事業計画の介護サービス見込み量等に基づき、二〇二〇年度末には約二一六万人、二〇二五年度末には約二四五万人の介護労働者が必要となるとし、二〇一六年度の約一九〇万人に加え、二〇二〇年度末までに約二六万人、二〇二五年度末までに約五五万人、年間六万人程度の介護人材を確保する必要があるとしています。

この目標を達成するため、介護労働者の処遇改善加算のほか、現役職員には介護プロフェッショナルキャリア段位制、実務者研修などを、離職した介護労働者には呼び戻すための再就職準備金貸付、介護福祉士養成施設学生には修学資金貸付、国家試験受験対策費用の貸付、その他、介護ロボット・ICTの活用推進、キャリアアップのための研修受講負担軽減・代替職員の確保支援、中高年齢者等の介護研修創設といった施策を打ち出しています。さらに二〇一八年一月に、消費税一〇パーセントへの引き上げ財源をもとに、介護事業所で勤続年数が一〇年以上となる介護福祉士に月額平均八万円相当の処遇改善をわざわざ閣議決定しています。消費税一〇パーセントへの増税分を財源とするとしており、国民に消費税増税を受容させるためのパフォーマンスでもあります。[15]

しかし、国は、介護労働者不足の要因の根幹である賃金・労働条件の抜本改善には、決して踏み込

図1−1　現在の仕事を選んだ理由

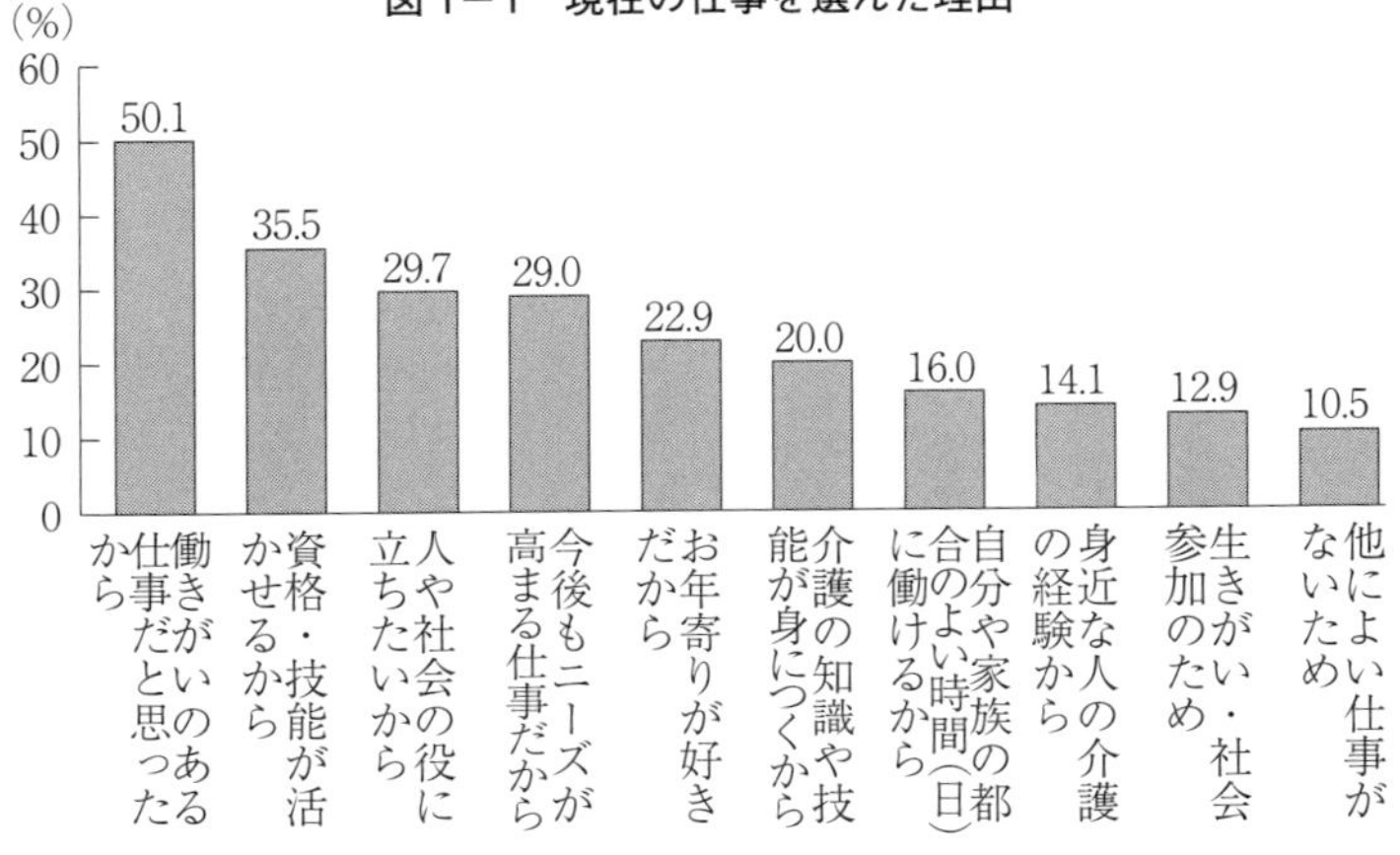

出典：平成29年度介護労働者の就業実態と就業意識調査〈公財〉介護労働安定センター

もうとはしません。今、国を挙げて、「元気高齢者」にインスタント研修を行い、施設等での雑役専門の「介護助手」を養成、従事させるということを進めています。これによって介護職が「本来の業務に専念」でき、専門職化することで「若者があこがれの職業にする」ことができるという「三重県方式」の普及をめざすというのです。◆16 自治体でも、インスタント研修で中高年齢者を生活援助専門のヘルパーに養成するなど、低賃金構造の従事者養成、「互助」の理念を普及し住民をボランティアとして無料で献身させる方策が進められています。

図1―1は介護労働安定センターの「平成29年度介護労働実態調査」の対象となった調査事業所の介護労働者二万一二五〇人を対象に行った意識調査結果です。「現在の仕事を選んだ理由」についての回答では、ほとんどの介護労働者が誇りと働きがいを支えに、劣悪な賃金と労働条件のなかで働いており、それゆえにこそ、彼らの置かれた過酷な状況を社会

が放置していてはならないことを示しています。

5　始まった次期介護保険制度改定構想

二〇一八年四月一日から、介護保険制度や後期高齢者医療制度などで利用者負担増などを中心にした改定が実施されましたが、それから一か月も経たない同年四月一九日、財務省主計局ははやくも次期の制度後退に向けた構想を「資料　社会保障について」（以下「資料」）という形式で公表し、それらと軌を一にして官製の審議会等で検討が始まっています。そこでの検討内容と問題点を以下に紹介します。

社会保障制度改定にあたってまず持ち出されるのが「改革工程表」です。そもそも、わが国の社会保障政策は、国民を代表する国会ではなく、安倍首相が自らトップに座る〝会議〟〝審議会〟等で国民不在のまま、勝手に決められています。

それらの会議等の委員は、財界の代表や政府委嘱の学者、自治体代表や政府との関係が密接な団体の代表が中心であり、政府、財界寄りの色合いを若干カムフラージュするために当事者団体の代表を一部加えるというのが共通したパターンです。

それらの〝会議〟〝審議会〟等で承認され閣議決定した「経済財政運営と改革の基本方針２０１５」に盛り込まれたのが、「経済・財政再生計画」であり、その計画にのっとり策定されたのが「改革工程表」です。各省庁や自治体さらには国民にも有無をいわせないために「決定済み」として活用されます。
そして「資料」は、「改革工程表上の主な制度改正等検討項目」のうち、二〇一七年に「既に対応済みのもの」として介護保険制度に関しては、「保険者努力支援制度の具体的な仕組み」「介護保険の利用者負担の在り方」「介護納付金の総報酬割導入」「軽度者に対する福祉用具貸与・住宅改修に係る給付の適正化」などを挙げ、「一部対応したが、引き続き対応が必要なもの」として、

・地域差分析を活用した介護保険事業計画のPDCAサイクルの強化
・給付費の適正化に向けた保険者へのインセンティブ付けなどの制度的枠組みの検討
・生活援助サービス等その他の給付の在り方、負担の在り方

を挙げ、「今後対応していくもの」のなかに「軽度者に対する生活援助サービスやその他の給付の地域支援事業への移行」「介護の調整交付金の活用方策についての検討」を挙げています。

本章では、これらのうち、介護保険制度の次期改定で標的とされている事項に絞って以下に紹介します。

例年の通り、今後、運動や世論の動向を見ながら厚生労働省が財務省等に抵抗するかのようなパフォーマンスを見せつつ、落としどころを探り合う〝政策劇〟が展開されるものと見られます。安倍首相の「少子高齢化社会」を「国難」とする意向に応え、財務省は、二〇歳から六四歳の若年者や前期高齢者は減少していく一方、後期高齢者が急速に増加していくことに対する危機感を煽(あお)ります。「後期高齢者になると一人当たり医療・介護費は急増するため、二〇二五年にかけて、医療・介護費用は大きく増加していくことになる」ことを強調します。

（1）総合事業「国基準サービス」の一掃を要求

二〇一五年度から、三年間で要支援者に対する訪問・通所介護は、介護予防・日常生活支援総合事業に移行し、「地域の実情に応じた多様な主体によるサービス」としての「基準を緩和したサービ

図1−2　総合事業への移行状況

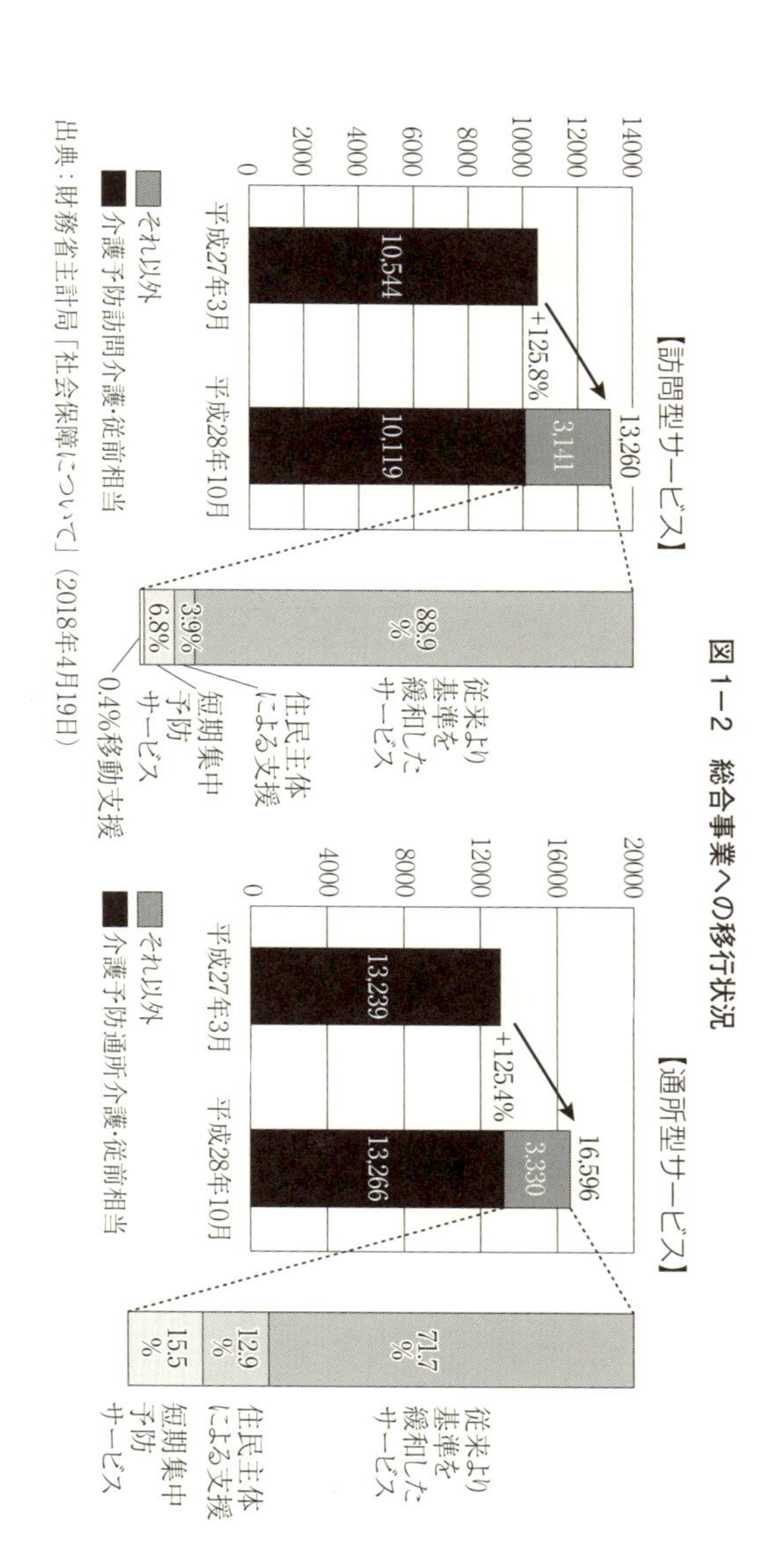

出典：財務省主計局「社会保障について」（2018年4月19日）

図1－3　総合事業への移行のイメージ

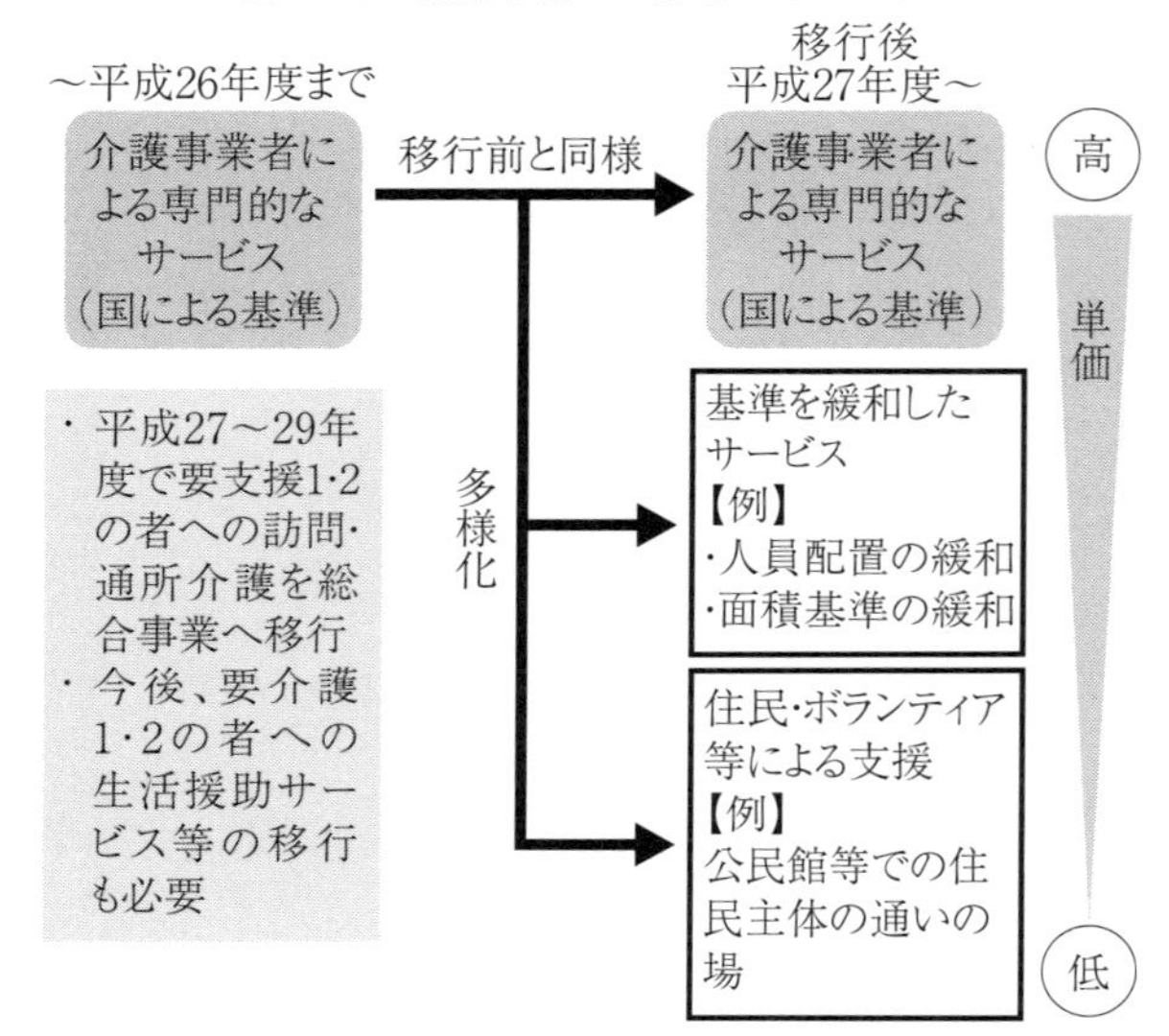

出典：財務省主計局「社会保障について」（2018年4月19日）

ス」や「住民主体のサービス」を実施する方向になりました。しかし、財務省は、全国の総合事業を実施している事業所でみると、まだ八割の事業所が移行前と同様の「国による基準に基づくサービス」の実施にとどまっていると問題視、今後、基本的に低レベルの「緩和型」や「住民主体のサービス」に移行するよう国が定め、推進を図るべきとしています（図1―2）。そして、移行が困難な自治体、「単独では緩和型サービスの基準や住民主体の取組の企画・策定が難しい自治体」に対しては、「都道府県が積極的に支援することにより、複数自治体にまたがる事業の実施も検討する必要がある」とあくまでも低レベル化を推進する方針です（図1―3）。

（2）多床室の室料徴収を特養以外の介護保険施設にも拡大

二〇一五年度介護報酬改定で特別養護老人ホーム多床室入所者にも室料を課すこととされました。これに引き続き、介護保険施設である介護老人保健施設、介護療養病床、新設される介護医療院の多床室についても、「在宅と施設の公平性を確保する等の観点から」入所者に負担させることを求めています。

（3）調整交付金も保険者へのインセンティブとして活用へ

国は二〇一八年度予算で「都道府県・市町村の保険者機能強化のため」として、実際には各自治体（保険者）に介護給付費縮減を競わせるため（図1―4）、保険者機能強化推進交付金（二〇一八年度予算額二〇〇億円）を創設しました。今後、こうしたインセンティブを活用し、介護費の「地域差縮減」を名目に、限りなく介護給付費の低い市町村に合わせていく努力を競わせるという手法を取ると思われます。第八期介護保険事業計画期間の始期である二〇二一年度からは、調整交付金までもインセンティブ資金としての活用を進める方針です。

（4）「生活援助」利用規制

これまでも「生活援助」に対しては自民党などから「ホームヘルパーを家政婦代わりに利用している」などと攻撃がされてきましたが、二〇一七年には財務省が、月一〇〇回を超えて利用されているケースを問題として社会にアピールするに至りました。しかし、生活援助中心型の利用回数が月九〇

図1−4　保険者機能強化推進交付金の仕組み

【市町村向けの評価指標：合計61指標】

(1) PDCAサイクルの活用：8指標
　地域の特徴・課題の把握など

(2) 自立・支援、重度化防止等に資する施策：46指標
　要介護認定・認定等基準時間の変化など

(3) 介護保険運営の安定化に資する施策の推進：7指標
　ケアプラン点検の実施割合など

【都道府県向けの評価指標：合計20指標】

(1) 管内の市町村の状況把握など：6指標

(2) 自立・支援、重度化防止等の保険者支援：11指標

(3) 管内市町村の評価指標の達成状況：3指標

評価指標の達成状況の「見える化」

総合順位		指標1	指標2	指標3
1位	A市	10	10	10
2位	B町	10	5	10
3位	C市	10	5	10
4位	D町	10	10	0
⋮				
	Z市	10	0	0
1300位	W町	5	5	0
1400位	K町	0	5	0
1500位	I市	0	0	0

交付額　多　…　少

出典：財務省主計局「社会保障について」(2018年4月19日)

回以上のケースの利用状況を保険者が調査した結果、不適切ケースは四八件中わずか二件にすぎず、多くが必要上から利用され、在宅生活が維持されていることが明らかにされたという経緯があります。財務省等は、そもそも「生活援助」は介護保険制度の対象ではないとして、二〇二五年には廃止をめ

表1－2　厚生労働省が示した生活援助中心型ケアプランの介護度別回数

要介護1	要介護2	要介護3	要介護4	要介護5
27回	34回	43回	38回	31回

図1－5　標準的な介護サービスの方法（イメージ）

利用者の状態像：要介護度、認知症の状況
独居か否か　など

標準的なサービス例：
週○回　訪問介護
（身体介護＋生活援助）
週○回　通所リハ
月○回　訪問看護

標準的な内容と異なる部分についてはケアマネージャーが保険者に対し説明責任を持つ。

出典：財務省主計局「社会保障について」（2018年4月19日）

ざしていると推測されます。

①一定回数以上の生活援助中心型ケアプランを規制へ……二〇一八年一〇月一日から「全国平均利用回数＋二標準偏差」の生活援助中心型ケアプラン（表1－2）については、ケアプランを作成した介護支援専門員に保険者への届出を義務づけ、保険者によるケアプランの点検や地域ケア会議における検証を求め、不適切な事例については是正を促すこととされました。利用者の生活を維持する必要性からこの基準に抵触するケアプランを作成した介護支援専門員には届出という無言の圧力がかかり、「生活援助」の利用抑制の効果をあげることとなります。今後、利用回数制限、ケアプランチェックが次第に拡大されていくとみられます。

京都ヘルパー連絡会がこの利用規制に

ついて、二〇一八年六月～七月にアンケート調査を行い、「生活援助」の果たしている重要な役割について検証しています。「生活援助週六～七回以上」の利用者では、独居世帯が七割を占め、別居家族の訪問がきわめて少なく、身体の状態では骨関節疾患、認知症などの家事を行うことが困難なケースの割合が高く、ヘルパーの訪問でかろうじて在宅生活が可能となっているといいます。生活機能低下のため声かけが必要な事例が多く、「生活援助」が利用者の生活意欲の回復、心身機能の向上に有効なものとなっており、「生活援助は単なる家事代行ではない」とし、同調査は「高齢者の生活全体を理解せず、生活援助を否定することは決して認められません」と結んでいます。

②ケアプランの標準化……ケアプランについては、今後さらに、利用者の状態像に応じたサービスの利用回数や内容等についての標準化（図1―5）を国として進める方針です。利用者の「自己選択」の権利をさらに縮小し、介護支援専門員は利用者の必要性をふまえたケアプランづくりではなく、ルーティンワークとしてケアプランを作成するだけになりかねません。

③要介護一・二の生活援助サービス等の地域支援事業移行めざす……財務省等が再三、提起しているのが要介護一・二の者の生活援助サービス等の地域支援事業への移行です。「生活援助サービス等」と提起していることから、訪問介護、通所介護利用等の地域支援事業への移行も打ち出してくるとみられます。

(5) 利用者負担設定で居宅介護支援利用抑制

二〇一八年四月の財政制度等審議会で、「制度の持続可能性を高めていく観点」と「ケアマネジメントの質の向上を図る観点から利用者負担を設ける必要」があると打ち出されました。利用者からのケアプラン作成後の変更依頼が二割以下、すなわち、八割が介護支援専門員の作成したケアプランをそのまま受け入れているのは、「利用者負担がないことで利用者側からケアマネジャーの業務の質についてのチェックが働きにくい構造になっている」ためであるとし[17]、ケアプラン作成に利用者負担を課すことによって「利用者が、より一層ケアマネジャーの質のチェックを行っていくことに資する」としています。有料化された場合、現在の介護保険利用者約六〇〇万人の利用者負担は、一人月平均約一四〇〇円となり、国の介護給付費は年間五〇〇〇億円削減されるとされます[18]。

日本介護支援専門員協会は利用者負担が導入され、これを嫌う利用者・家族が任意でセルフケアプランを作成することとなった場合、「サービス担当者会議」を経ることやモニタリングもなく、さらには特定のサービス事業者に偏ったケアプランになる、あるいはケアプラン作成代行事業者まで現れるなど、そのプランが自立支援型とはならないと反対の意見表明をしています[19]。

一般市民が介護保険サービスの利用を開始する場合、居宅介護支援の利用から始まるのが一般的であることから、国はこれまでも居宅介護支援を規制し、介護サービスの利用抑制につなげてきました。介護報酬改定のたびに区市町村介護保険担当課を通した実地指導が厳しくなり、いまや「ケアマネージャーは実地指導に萎縮（いしゅく）し[20]」てしまっていると指摘されます。二〇一八年度の第二一回介護支援専門員実務研修受講試験の受験者は受験資格を国家資格保有者に限定したとはいえ、二〇一七年度の約一三万人から半減しました。たび重なる介護支援専門員及びその制度への締め付けにより、今や介護支援専門員は魅力のない資格になりつつあることを反映しています。

図１—６　訪問介護・通所介護の給付額の分布

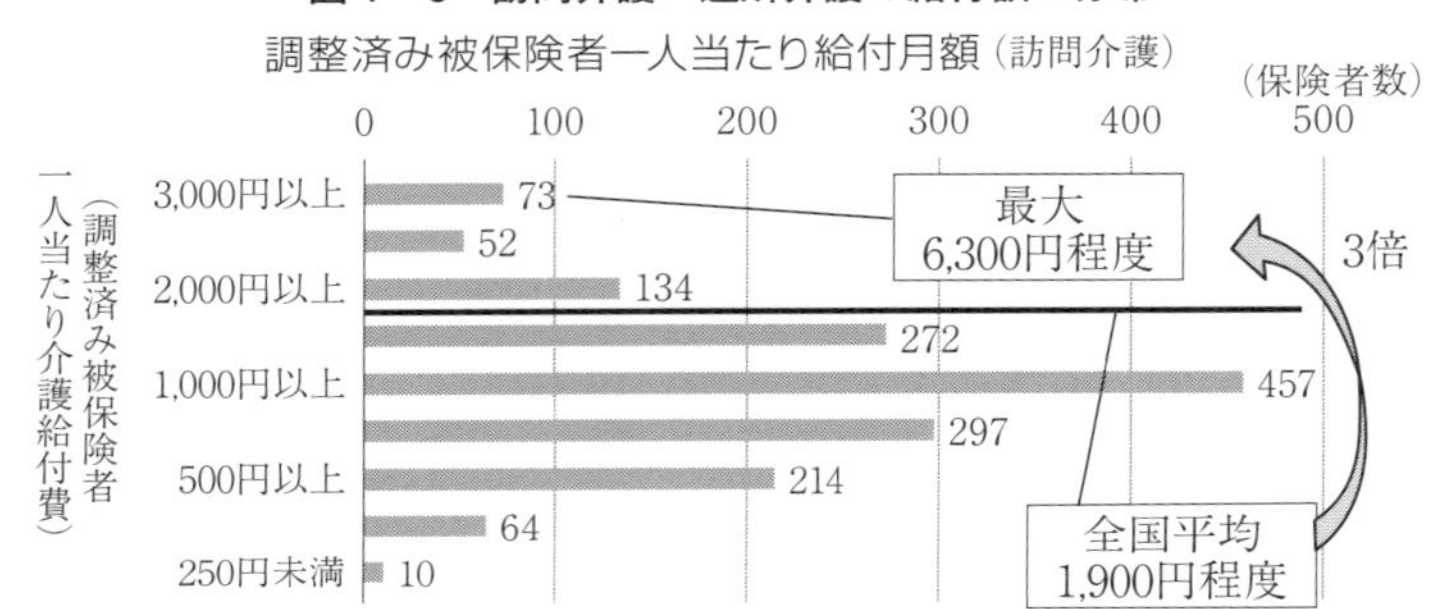

出典：厚生労働省「地域包括ケア『見える化』システム」（平成27年度）

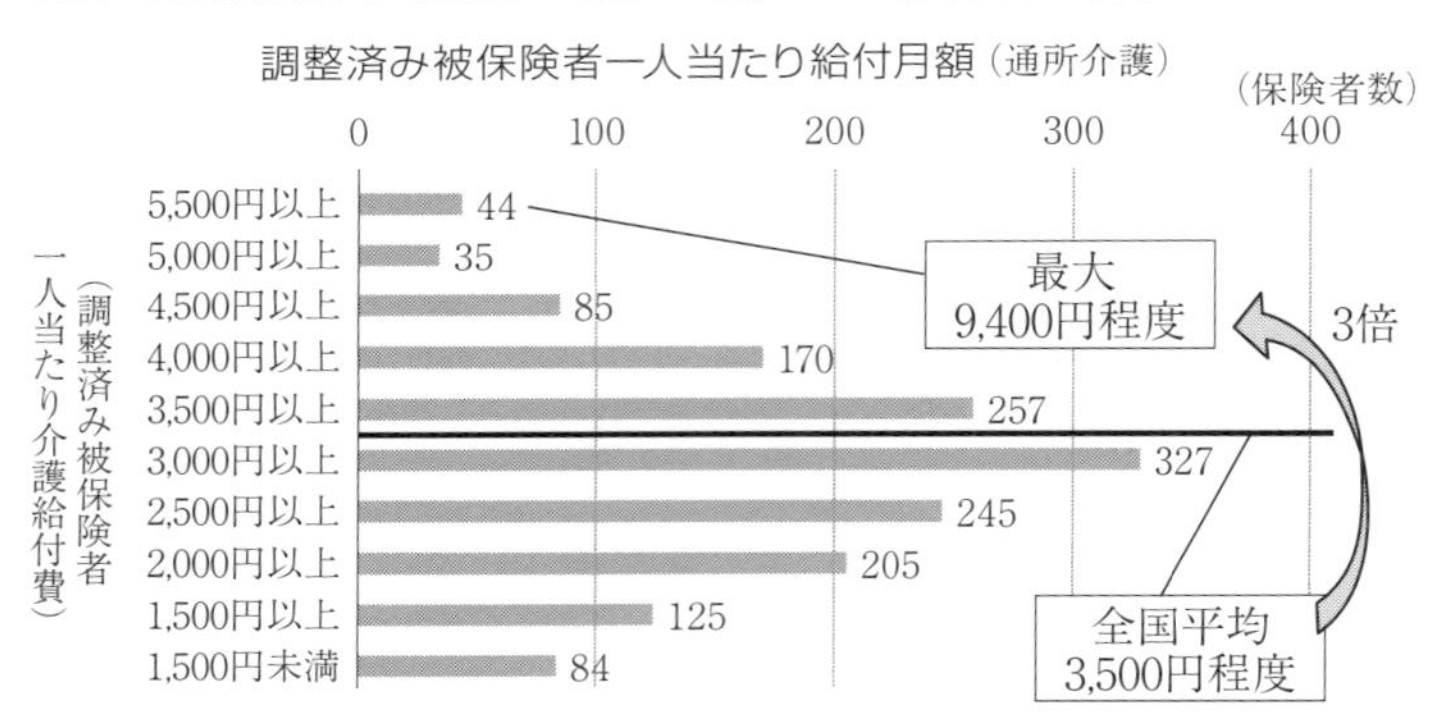

出典：厚生労働省「地域包括ケア『見える化』システム」（平成27年度）

（６）居宅サービス事業所増加抑制を強化

訪問介護・通所介護の被保険者一人当たり給付費については、性・年齢階級（五歳刻み）・地域区分を調整してもなお、全国平均と最大値との間で三倍程度の差がある（図１—６）と問題視しています。今後、介護費の地域差縮減に向けて保険者機能を強化し、在宅サービスについても総量規制や公募制など、自治体がサービスの供給量をコントロールできる仕組みを導入すべきとしています。

図1―7　経営主体の大規模化に向けた施策イメージ

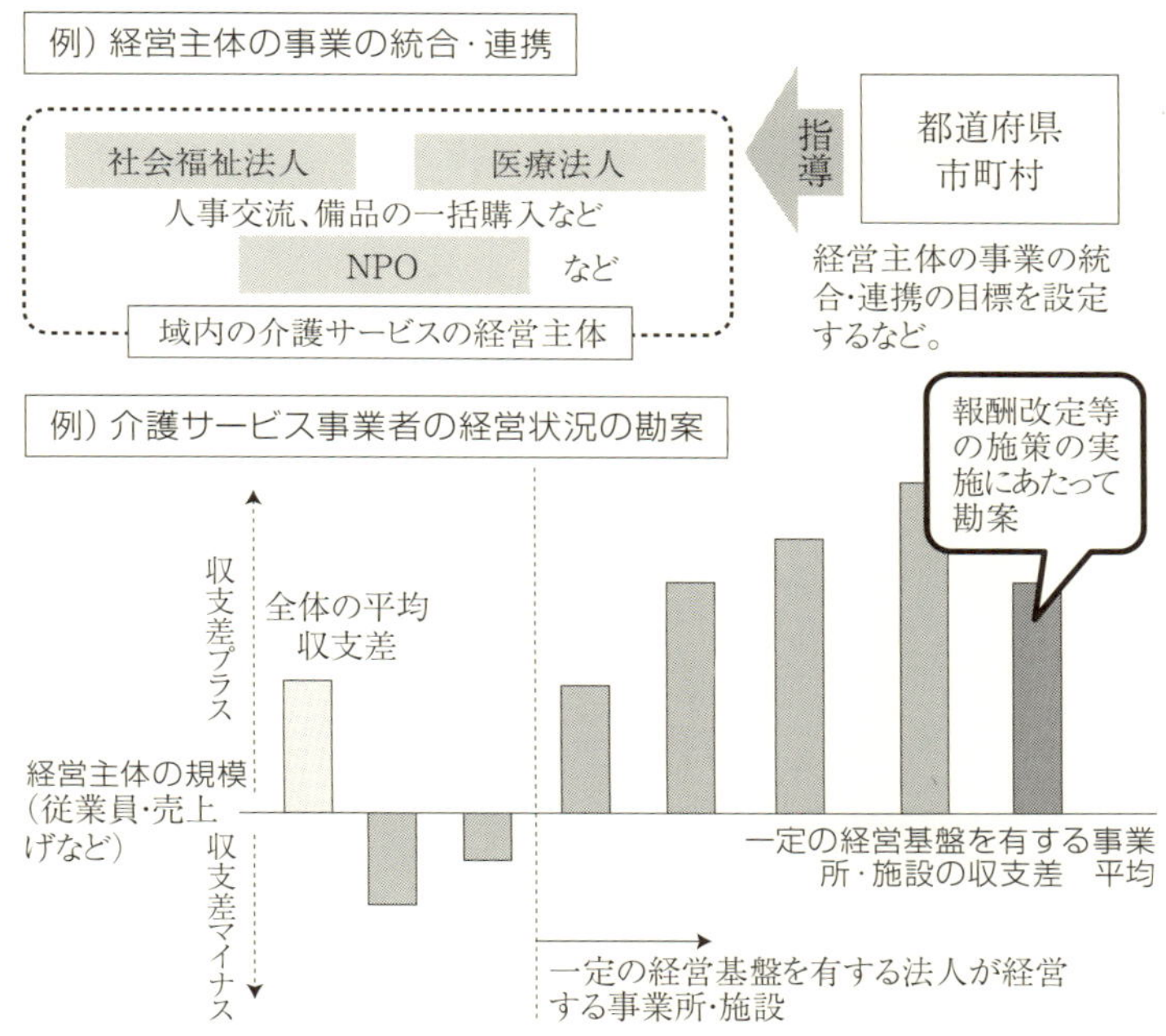

出典：財務省主計局「社会保障について」（2018年4月19日）

（7）介護サービス事業者大規模化を上から主導

介護サービス等の事業を行う複数の法人が、人材育成・採用などの本部機能を統合・法人化し、ケアの品質の底上げや研修・採用活動のコスト減を図っている事例もあるなどとして、介護サービス経営主体の大規模化を進めるとしています（図1―7）。こうした介護サービス事業の人事や経営管理の統合・連携事業に自治体が介入して上から進めさせるほか、「一定の経営規模を有する経営主体の経営状況を介護報酬などの施策の決定にあたって勘案すること」などを提起しています。つまりは、小規模事業者には不利、大規模事業者には有利な介護報酬を設定して小規模事業者を経営面から追い込むことで、経営主体自体の合併・再編を推進するという露骨な誘導策です。

さらに、経営者を大規模化に追い込むために経営主体が一定の経営規模以上であること、小規模法人については人事や経営管理等の統合・連携事業への参加を指定・更新の要件とすることで、追い詰めることも提案しています。なお、東京商工リサーチは二〇一八年の老人福祉・介護事業の倒産件数は一〇六件で「高止まり」としていますが、人手不足の深刻化で介護職員の離職を防ぐために人件費が上昇し、それに耐えられない小規模事業者の淘汰の動きが加速しているとしています。きめの細かい介護を提供する小規模事業者の減少は看過できません。

(8) 利用者負担を原則二割に

「資料」は、介護保険サービスの利用者負担を原則二割とするなど、段階的に引き上げていく必要があるとし、問題点の一つとして「六五歳以上の者の要介護認定率は二割弱であり、介護サービスを実際に利用している者と保険料のみを負担している者が存在」することを挙げています。さらに「今後、介護費用は経済の伸びを超えて大幅に増加することが見込まれる中で、若年者の保険料負担の伸びの抑制や、高齢者間でのサービス利用者と保険料負担との均衡を図ることが必要」、「制度の持続可能性や給付と負担のバランスを確保する観点から」と、ここでも「利用している者と利用していない者」との〝不公平〟論を展開しています。

6　国主導の看取り推進策

(1)〝死に場所難民対策〟

罹患率(りかんりつ)や要介護率が高くなるとされる七五歳以上高齢者の人口は、二〇一八年九月一五日現在で一七九六万人(総務省統計局)ですが、今後、団塊の世代が七五歳以上となる二〇二五年には二一八〇万人と、二〇一八年より三八四万人増加することになると推計されています。◆21

二〇二五年問題といわれ続けてきたように、二〇二五年までにわが国の医療・介護体制も強化しなければならないはずですが、厚生労働省は「地域医療構想」により、逆に二〇二五年に向けて、二〇一五年比一四万床の病床削減計画を推進しています。その一方で、厚生労働省は二〇三〇年には年間死亡者が約一六〇万人と、現在より約四七万人増加し、その人たちの〝死に場所〟がみつからず、〝死に場所難民〟になる可能性があると警告し、二〇三八年に特別養護老人ホーム等の施設での死亡も含めて病院以外での〝在宅〟での死亡を、現在の約一三パーセントから四〇パーセントに引き上げる必要があるとしています。

中央社会保険医療協議会の「医療と介護の連携に関する意見交換」(二〇一七年三月二二日)では、「超高齢社会の進展に伴い今後さらに死亡者数が増加することに対して、医療介護従事者や国民の看取りに関する理解がまだ不十分」として、「看取り」を死亡者数増加に対応する「死に場所」への対応策として推進しようとしています。

厚生労働省は二〇一七年に、「人生の最終段階における医療の決定プロセスに関するガイドライン」を作成し、そのなかで、「患者本人による決定を基本」とし、「患者の意思決定」、経過に応じた「患者の意思の再確認」、患者の意思が確認できない場合の家族からの患者の意思の推定などによる「人生の最終段階における医療」の方針の決定プロセスを提示しています。このような政策動向や、とりわけ医療機関が高齢者受け入れを敬遠する状況から、特別養護老人ホームなどの高齢者施設では入所者が入院を要する状態になっても「介護」で対応せざるを得ません。そして、その延長線上に「看取り」も行わざるを得なくなっています。

高齢者施設における看取りについては、告示で、職員体制、研修など厚生労働大臣が定める施設基準や、死亡日の三〇日前から日額で施設に給付される看取り加算の算定要件として定められています。そのなかで「看取りに関する指針を定め、入所（入居）の際に、入所者又はその家族等に対して、当該指針の内容を説明し、同意を得ていること」が要件とされ、入所と同時に文書で看取り期における対応について意思確認の署名を求めています。その内容は、全国老人福祉施設協議会の「看取り介護指針・説明支援ツール」[22]がモデルとして示している作成例「急変時や終末期における医療等に関する意思確認書」には「病状が悪化した時の対応」として「救急搬送」「入院治療」の希望の有無、同じく作成例「看取り介護同意書」には「危篤な状態に陥った場合でも病院への搬送は希望しておらず、当施設にて最期を看取」ることを求めるか否かの意思確認を明示する文面となっています。

しかしながら、高齢者の長期入院は高額な患者自己負担の上からもきわめて困難な状況にあり[23]、しかも介護保険法上、これらの施設の入所者が医療機関に入院した場合、即日、契約解除、退所となるため、退院となった場合は生活の場を失うことになります。このような状況のもとで、入所者は施設から病状悪化で二者択一を求められれば「入院」の選択肢は取りえず、「看取り」を選択する以外の道はありません。人の死の尊厳を守る看取りは、医療費削減を目的とした看取りとは相反するものであり、国の看取り推進策には国民的監視が必要です。

（２）特養における看取りの現状

現段階で看取り介護加算を算定できるのは、特別養護老人ホーム（地域密着型施設も含む）のほか、グループホーム、特定施設入居者生活介護（地域密着型施設も含む）です。特別養護老人ホームでは、入所者全体の重度化の進行、国の医療費削減政策を背景にした〝看取り推奨方針〟もあり、二〇一六年度の調査で「希望があれば看取る」とする割合は七八・〇パーセントとなっています。[24] 一か月の看取り加算算定日数でみると、二〇一二年五月の死亡日加算が一五〇〇日（人）分であったのに対し、二〇一七年四月には二八〇〇日（人）分となっており、看取り加算が算定された看取りに限っても、約一か月間に少なくとも約三〇〇〇人は施設で看取られる状況となっているとみられます。

実際には、特別養護老人ホーム入所者重度化に伴い、実質的には看取りを行ってはいるものの、医師や看護師の体制が確保できないため、加算を取得していない「看取り」も相当数あるといわれます。いまや、看取りのレベルになった状態や看取り前提で受け入れる医療機関がきわめて少ないなかで、介護施設で介護労働者が看取りを担っています。

図1―8　看取り介護加算　（2018年度改定）

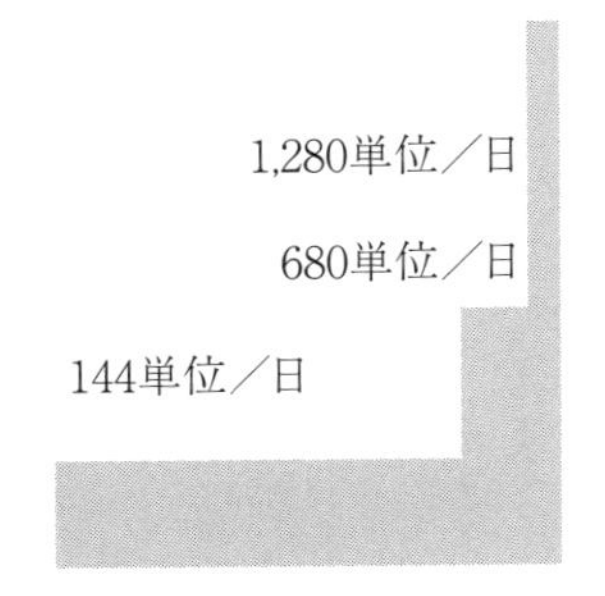

看取り介護加算Ⅱ
1580単位／日
780単位／日
144単位／日
死亡日
以前30日
死亡日
以前４日まで
死亡日

（３）国による特養ホームの看取り推進策

二〇一八年四月からの介護報酬改定で特別養護老人ホームには「特養内での看取りを進めるため」として、配置医師緊急時対応加算が新設されました。複数の医師を配置するなどの体制を整備し、配置医師が施設の求めに応じて早朝・夜間に施設を訪問し入所者の診療を行った場合は六五〇単位／回、深夜の場合は一三〇〇単位／回が算定できます。さらに看取り介護加算は、二〇一八年度からこれも「施設内での看取りをさらに進める観点から」、「施設内で実際に看取った場合、より手厚く評価する」として、看取り介護加算が算定される看取りを行った場合、施設に加算として給付されることになりました（図1―8）。財政的に厳しい運営を強いられる施設にとっていまや看取り加算は貴重な収入源でもあります。

（４）貧弱な特別養護老人ホームの医療体制

特別養護老人ホームが施設として入所者の「看取り」を

することに関して、多くの市民は少なくとも看取りに至るまで入所者にはそれなりの手厚い医療が提供され、その延長線上に看取りがあると考えていると思われます。しかし実際には「特別養護老人ホームには医療がない」のが実態です。

そもそも重度の介護を要する高齢者を受け入れる特別養護老人ホームに手厚い医療体制が欠かせないことは、一九六三年の老人福祉法制定に向けての施設体系の論議でも再三指摘されながら、結局は財政的観点から組み込まれなかったという経緯があります。介護保険制度に移行するため、一九九九年に介護職員及び看護職員の人員配置が、四・一対一から三対一に変更された際も、医師、看護職員の役割、機能は「健康管理」のまま変更されず、その後も入所者を重度者へ重点化するなどの施策が推進されても変更されませんでした。特別養護老人ホームの医療過疎の問題点はいまもって解消されていません。

このため、現在でも特別養護老人ホームの運営基準では、配置医師の役割は「医師又は看護職員は、常に入所者の健康の状況に注意し、必要に応じて健康保持のための適切な措置を採らなければならない」と規定されたままで、その必要人数は、「入所者に対し健康管理及び療養上の指導を行うために必要な数」と規定され、業務内容も治療や死亡診断等は求められていません。看護師についても、入所者の定員が一〇〇人の場合でも、「常勤換算方法で、三以上」が必要とされているにすぎません。

また、上記の基準について、厚生労働省は通知で[25]、「健康管理が、医師及び看護職員の業務であることを明確にしたものである」として、配置医や看護職員の積極的な医療行為は求めていません。しかも、特別養護老人ホームの入所者については、医療保険の給付が行われるのは末期の悪性腫瘍(しゅよう)であ

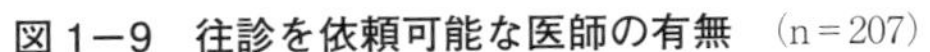
図1−9　往診を依頼可能な医師の有無　(n＝207)

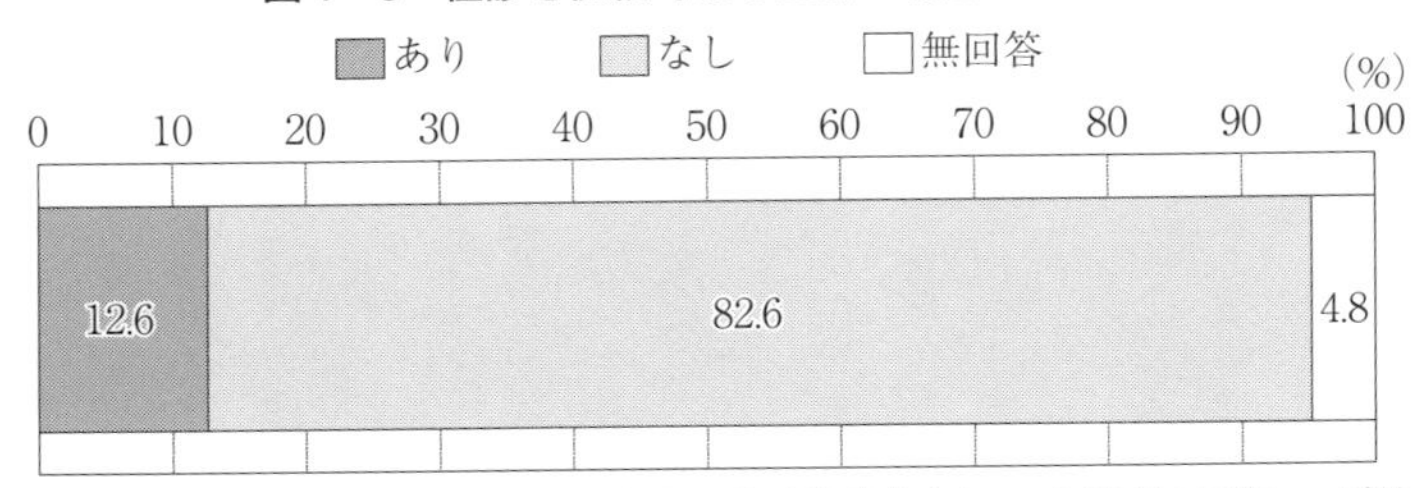

出典：平成28年度老人保健健康増進事業　特別養護老人ホーム入所者の医療ニーズ対応のあり方に関する調査研究事業報告書（エム・アール・アイリサーチアソシエーツ㈱）

る場合のみです。

　社会保障審議会介護給付費分科会（二〇一七年七月一九日）に示された参考資料によれば、常勤の配置医が置かれている施設は一・一パーセントにすぎず、非常勤医師が九五・三パーセントを占めています。医師が定期診療に施設を訪れる回数は、週一回が四割、週二回が三割、施設に滞在する時間は、一週間で四時間未満の施設が七割、他に往診を依頼可能な医師がいるかといえば、八割以上がいないという実態です◆[26]（図1―9）。看護職員の夜間勤務については、「原則、看護職員の夜勤・当直はない」施設が九割を占め、その多くが「夜間はオンコール体制をとっている」ものの、「看護職員のオンコール体制をとっていない」施設が六パーセントもあります◆[27]。

　このような実態があることは、さすがに中央社会保険医療協議会も認めざるをえません。「多くの特別養護老人ホームでは看取りに積極的に取り組んでいる一方で、一部の特別養護老人ホームでは、看取りに際して入所者を医療機関に搬送している」としたうえで、「なお、特別養護老人ホームには施設基準で医師の配置を求めているが、八割以上の配置医は、外部の医療機関等に勤務する非常勤の医師である」と背景に医療体制の不備があることを認めています。[28]

以上のように、特別養護老人ホーム入所者は事実上、〝医療過疎〟の状況に置かれたまま看取りを迎えざるを得ないことを国民は知る必要があります。

＊

介護保険制度創設の骨格を提言した厚生労働省の高齢者介護・自立支援システム研究会報告書「新たな高齢者介護システムの構築を目指して」（一九九四年一二月）は、「市場における適切な競争を通じて、サービスの供給量の拡大と質の向上が図られる」「質の確保や利用者保護が十分なされている限り、営利法人についても、サービス提供主体として一層の活用を」などとして、介護の商品化、市場化に道を開きました。それから約二〇年を経過し、介護業界では「一〇兆円市場」として営利企業が国の支援のもと、介護業界専門のＭ＆Ａ業者なども通じて日々小規模事業者を吸収・合併してさらに大規模化し、要介護高齢者から得た介護費用は巨額な収益となって株主に還元されていく構図ができあがりつつあります。

低年金、高期高齢者医療など貧しい社会保障制度のもと、高齢者の多くは低所得者が占めています。そうした高齢者は、生活費を削って最小限の介護サービスを購入せざるを得ません。このことは、介護保険によるサービスが、平均して区分支給限度額の五〇パーセント前後しか利用されていないことからも明らかです。一方では、東京都豊島区が、富裕層向けに国家戦略特区モデル事業による「混合介護」を開始し、高級デパートや美容院にも介護職員が有料でつくなど、介護の内容にも格差が持ち込まれることとなりました。

介護現場では、利用者が「カネで雇っている」との認識から、介護労働者へのセクハラ、パワハラなどハラスメントが増え、深刻な問題となっています。UAゼンセン日本介護クラフトユニオンが行った調査[◆29]によれば、介護従事者四人のうち三人が、利用者からハラスメント被害を受けているといいます。

すべて、医療や福祉、介護など本質的に市場化、商品化してならないものまで商品化した結果ではないでしょうか。われわれは、国民が現役引退から最期まで、必要とする者には経済的にも福祉的にも公的な支援が保障され、尊厳ある人生を全うできる国民のための国づくりを、いまこそはじめなければなりません。

◆1　公益社団法人全国老人福祉施設協議会「いわゆる『自立支援介護』について（意見）」（二〇一六年一二月五日）。
◆2　「平成29年版厚生労働白書」三一二頁。
◆3　厚生労働省「平成28年度『高齢者虐待の防止、高齢者の養護者に対する支援等に関する法律』に基づく対応状況等に関する調査」。
◆4　総務省統計局統計トピックス№113「統計からみた我が国の高齢者――『敬老の日』にちなんで」（二〇一八年九月一六日）。ここでいう「介護をしている」とは日常生活における入浴・着替え・

トイレ・移動・食事などの際に何らかの手助けをする場合をいい、介護保険制度で要介護認定を受けていない人や、自宅外にいる家族の介護も含まれる。

◆5 小竹雅子「ハスカップ・レポート2016～2018」五五頁。

◆6 厚生労働省「平成29年中における自殺の状況」(二〇一八年三月一六日)。なお、二〇一七年中の六〇歳以上の自殺者数は八五二一人であるが、このうち八〇歳以上が二二五六人に上ることも注目する必要がある。

◆7 厚生労働省「平成28年度介護保険事業状況報告(年報)」。

◆8 平成29年度厚生労働白書一〇五頁。

◆9 同右一一二頁。

◆10 社会保障審議会介護給付費分科会(二〇一八年九月五日)資料2。介護労働安定センター「平成29年度介護労働実態調査」によれば、訪問介護員の七五・六パーセントは時間給である。

◆11 「従業員の不足感」は、前掲「平成29年度介護労働実態調査」では六六・六パーセントと約七割に及んでいる。

◆12 生活協同組合・東京高齢者協同組合は、東京都内に七つの訪問介護事業所を運営しているが、求人難から、「新規の募集をかけてもなかなか人が集まらない状態」であるため、「新しいヘルパーさんを紹介してくれた方へ、謝礼として入職時に一万円、六か月経過後に一万円をお支払いする」とチラシでよびかけている。

◆13 社会保障審議会介護給付費分科会(二〇一八年九月五日)資料2。

◆14 同右。

◆15　社会保障審議会介護給付費分科会（二〇一八年一〇月三一日）資料1。
◆16　第四回介護人材確保地域戦略会議（二〇一六年二月一日）三重県資料。
◆17　財務省主計局「社会保障について」（二〇一八年四月一九日）。
◆18　横田祐「居宅介護支援『有料化』はなにをねらい、なにをもたらすか」、『月刊ゆたかなくらし』二〇一八年一〇月号。
◆19　一般財団法人日本介護支援専門員協会「居宅介護支援費の利用者負担導入論についての意見表明」（二〇一八年四月二六日）。
◆20　横田祐前掲論文。
◆21　国立社会保障・人口問題研究所推計。
◆22　公益社団法人全国老人福祉施設協議会「看取り介護指針・説明支援ツール」（二〇一五年三月）。
◆23　二〇一八年一一月一四日の中央社会保険医療協議会で厚生労働省が報告した資料によると、「差額ベッド代」は一人部屋で一日当たり平均七八〇〇円、したがって一か月約二三万円である。このほかに食費、おむつ代、洗濯代等が徴収されることとなる。
◆24　社会保障審議会介護給付費分科会（二〇一七年七月一九）参考資料。
◆25　厚生省老人保健福祉局長「特別養護老人ホームの設備及び運営に関する基準について（平成一二年三月一七日）」。
◆26　社会保障審議会介護給付費分科会（二〇一七年七月一九日）参考資料。
◆27　同右。
◆28　医療と介護の連携に関する意見交換（第一回）資料2（二〇一七年三月二二日）。

◆29　二〇一八年四月から五月にかけ、介護クラフトユニオンは組合員約七万八〇〇〇人を対象に「介護現場での利用者・家族からのハラスメント」についてアンケート調査を行った。

第2章　介護福祉とは何かが問われている
——介護福祉の成立と変容

石田一紀

いのちの「選別」

ここ数年、単身高齢者の方から自宅に相談の電話がくることが多くなりました。電話の内容はきまって「このままでは死んでしまう」という切実な訴えです。その多くは、安倍内閣のもとで急速に進んだ介護保険制度の改悪、とりわけ、訪問介護やデイサービスの利用が打ち切られたことによるものです。

長年、妻を介護してきた男性が怒りをこめて次のように語ってくれたことがあります。「私たちには排泄(はいせつ)権がないのか。妻は私がいないと、尿で濡れたまま、お尻が便だらけになっていても、誰かが枕元に来てくれるまで待っていないといけない。私がいないと、妻は誰かが来てくれるまで便を出すのを我慢しなくてはならない。そんな社会って豊かな社会っていえるのか」。

介護保険制度はすでに限界にきている——これが今の多くの国民の声ではないでしょうか。〝人のいのちも金次第〟がまかり通り、老後や障がいに対する「安心」が見えてこないのです。見えてくるのは「自己防衛」をますます強いられていることであり、感じられるのは閉塞感です。だからこそ、いったい介護福祉とは何なのか、その展望が今、問われているのではないでしょうか。

介護要求は人間の尊厳に関わります。介護福祉は人格に直接働きかけ、その成否は生命と直結します。したがって、介護要求は選別されたり、支払い能力によって制限されてはいけないのです。

しかし、介護保険制度は介護要求の特性やそれを保障する労働の特性とは真逆の方向に舵(かじ)を切ったのです。周知のごとく、介護サービスの「利用者」は要介護認定によって政策的に選別されてきました。さらに、利用料というサービスの対価を支払って利用権が発生します。そのためどれだけ多くの高齢者や障がい者が〝人間として生きていくこと〟を奪われてきたか枚挙にいとまがありません。

「孤独死」「介護心中」

介護保険制度のもとでは、要介護状態になった場合にどのような介護サービスを利用するか、その内容をどのように選択し、契約し、かつ、受益者負担（保険料・利用料）をどうしのぐかは当事者の自己責任とされます。ゆえに、これらに対応できない低所得者はセーフティネットからはじき出され、自助努力ないしは相互扶助が強いられてきました。

介護保険制度により切り捨てられた幼、老、病者は地域の片隅に集積され、「社会制度の谷間」に置かれていきました。問題は、そうした人々が無権利に近い状態で地域社会の中で潜在化していくことです。

無権利に近い状態と心身の状態悪化が両輪となって、人々の生活空間は狭まり、人間関係は疎遠となり、在宅で閉じこもる時間が多くなります。通院、買い物といった日々の生活条件から切り離され、最後の頼みである人々からの支援、つながりも希薄になっていきます。その一つの結果が「介護心中」や「孤独死」という、あってはならない社会問題の増大です。

介護保険から介護保障へ

介護保険制度は限界にきています。もうこれ以上、介護の営みにおいて国民の命と安心が脅かされてはいけません。国民の生存権を保障するために何が必要かを、介護の現実を直視しながら考えるべき時に来ていると思います。介護福祉とは何かを国民一人ひとりがあらためて問い直し、国民の要求に根差した介護を社会保障制度として打ち立てていく必要があるのです。そのための一考として、本章では介護福祉の本質とその社会的意義を人間の生活という視点から考えていきましょう。

1　介護福祉と共同性

(1) 生きていることから生きてゆくことへの喜び

脳血管障がいによる四肢麻痺（ししまひ）の状態と闘っている女性が、私に次のように語ってくれたことがあります。

「わかりますか。一日中、ベッドから天井をみて何もできない私を。朝、行ってきますと学校に出かけていくわが子に、私は何もしてやれないのです。心配なことや、してやりたいことはあっても、何もできないのです。母親として、妻としても何もできず、ただ一日中、寝ていることしかできない、こんな私は家族に迷惑をかけているだけなのです」。

こうしたケースは多いのですが、この場合、介護福祉はどのような実践を行うのか、事例を挙げて説明していきましょう。

事例は、脳血管障がいによる四肢麻痺で「寝たきり」になられた五〇歳代の女性・Kさんの家庭に（発病後6年目に）派遣されたホームヘルパーの実践です。[1]

Kさんの夫から家事援助を依頼され、ホームヘルパーが訪問します。ヘルパーがこの家庭を訪れたとき、家族はどのような状況であったのでしょうか。夫は、「妻は頭がだめだから、何をやっても意味はない」という理解でした。高校生と中学生になっている子どもたちも、「寝たきり」の母親といっしょに食事をする機会もありません。Kさんご本人は、「夫の考案したトイレ付きベッドのコーナーで、日中は一人で」生活しています。

ヘルパーは、「思考はしっかりとし、言葉もほとんど通じるのに、無気力である」ことに気づきます。「自分は家族の荷物になっていると考えて」いるようです。「家族は、最低限のことはやってくれるが、精神的には温かな交流は少ないようでした」。週二回の訪問ですが、ヘルパーは「なんとか、楽しみを持ってほしい」と考えます。Kさんに「何かしたいことはないかと」と尋ねますが、答えは返ってきません。

さて、こうした場合、夫の依頼を受けたかたちで「調理・洗濯・清掃などの家事代替に従事するのがヘルパーの仕事」というのが一般的理解でしょう。しかし、それはきわめて誤った家事援助への理解なのです。

事例を見ていきましょう。ヘルパーはまず、次のような目標を立てます。「生きている喜びを取り戻してあげたい」というのがヘルパーの考えでした。そしてその目標を具体化する段階で、「家族に対する主婦の立場」を表現することにつながる「食事」に注目するのです。何の楽しみも持つことができず、趣味もこれといってなく、そのような欲求も表さないKさんに、まず、食事の喜びを取り戻してもらおうということで、「全介助により」「具だくさんの野菜スープ。濃厚な味のレモンミルクなどを適温にて」味わってもらいます。

さらに、Kさんの思考、視野が内にこもりがちであることを察して、天気の良い日には車椅子を庭に持ちだし、外の空気の中で食事をとることも試みます。「ベッドで寝ているのが一番心地よいのです」と言っていたKさんでしたが、やがて、時間いっぱいまで庭にいるようになります。

(2) 当事者から家族に働きかけるための援助

目標に向かって、食事を手がかりにしたヘルパーの実践は次のように展開します。それまでは夫に、「何でも適当に」と頼まれて作っていた夕食の調理方法をやめて、妻のKさん自身が夫に食べたいものを聞いて献立を立てる方法へと変えていくのです。そのための実践へと転換していくのです。本人に直接働きかける援助から、本人から家族に働きかけるための援助へと転換していくのです。

とかく、「本人に聞いても答えが返ってこない」ということで、家族の中でも強い立場にあり、依頼者でもある夫の意向に従いがちなのですが、この事例では、ヘルパーは当初から要介護者本人としっかり向かい合い、要介護者の意向に沿って動いています。そのうえで、本人から家族に働きかけるための援助を実践していくのです。

もう何年も調理などしたことがない妻から「何を食べたいですか」と聞かれた夫は戸惑いながら、何と答えたでしょうか。答えは、いつも赤提灯で食べている「切り干し大根の煮付け、ひじきと油揚げの煮物、肉じゃが」などの「おふくろの味」でした。

注文を聞いたヘルパーは車椅子を押してKさんを台所に連れていきます。依頼があれば冷蔵庫や戸棚を点検してもらいます。さらに、図書館から調理の本を借りてKさんに渡します。やがて、Kさんの要求は、「削り節を買ってください」とか、「片栗粉を買ってきてください」というふうに、より具体的になります。ヘルパーは、たとえば「この胡瓜を刻んでください」と言われれば、そのように刻み、鍋を火にかけた後も「今、里芋を入れてください」と言われてからでなければ芋を入れることもしません。「魚もそのくらいで裏返して」と言われてからそうするというように、「妻の手足」になって動くことで、Kさんが「主婦としての役割」を取り戻していけるように援助し続けます。

やがて、彼女は一〇年前までよく作っていた子どもや夫が好む料理（鳥肉のピカタ・肉じゃが・竹輪の中華風炒め・オムレツ・煮しめなど）を、次々に思い出しました。子どもは「最近、母の味が楽しみ」というようになります。

「主婦としての目」を取り戻し始めた彼女は、夫や子どもに洗濯物の干し方やベランダの掃除などを指示するようになります。洗剤が切れていることなどに気がついて買い物を依頼し、子どもがそれを忘れると、催促をするようになりました。子どもは「以前の母は僕に何も言わなかったが、最近は僕の行動にうるさい」「ママは寝ていて家の中が見えないのに、何でも知っていて不思議」と語ります。当初、「家族の世話になっているくせに、大きな口をきくな」と妻の要求をたしなめていた夫も、自分から、妻を散歩に連れ出します。ある日、子どもが食事に不平を言いました。「こんなのいやだー、嫌いだ、食べない」。すると、父親が言うのです。「ママのつくったものを残してはいけないよ」。依然として、障がいそれ自体の改善はみられません。しかし、彼女は、一人の女性として主体性をもった生活を取り戻したのです。生きていることから、生きてゆくことへの喜びを取り戻していったのです。

(3) 生活経験を主体的に意味づける――自発性

さて、注意していただきたいのは、ホームヘルパーはただ単に、衣食住、あるいは身体というモノに働きかけているのではないということです。母であり、妻である一人の人格とその可能性に働きかけ、生活問題に取り組んでいるのです。

「あきらめ」と「適応」の日々にありがちな要介護者と向きあいながら、ホームヘルパーは、指示される家事援助を通じて、その人ならではの過去の生活経験、生活文化、生活技能面での特性を見直していきます。そして、見きわめた要介護者の特性を生かした生活の場を要介護者とともに創造・共有しあうことで、要介護者の生きる力を引き出し、より主体的な生活行動を広げていくのです。たとえ動けなくても、生きているということを自分で実感しながら生きていく。その可能性に注目していくのです。「要介護者がみずからの生活経験を主体的に意味づけしていくための生活援助」と、ここでは表現しましょう。

（4）共同性という家事労働の本質

介護福祉労働は、主婦による家事行為の延長として理解される場合が少なくありません。しかし、介護福祉労働を主婦の家事行為が専門分化したものであるととらえると、共同性という介護福祉の本質を見失ってしまいます。

家事労働とは、一言でいえば、成員の生命の再生産と発達を目的に行われる共同体的労働であり、介護福祉労働は、その共同体的労働の一部が高次に専門分化した労働なのです。◆2 介護福祉の実体は労働にあり、その本質は家事行為ではなく、共同性にあるのです。

まず、家事労働の共同性から説明していきましょう。家事労働は、日々、繰り返されていくことにより、家族の歴史を築き、生活文化を伝承し、創造していきます。そして、繰り返される家事への「手伝い」を通して、子どもは人間教育としての生活教育を学び、生活能力や人間性を身につけてきました。今日の家族の姿とは必ずしも合致しない部分もありますが一般論として次のような家族の生活を想定することはできるでしょう。

たとえば、子どもはネギを刻むという母親の家事を傍からながめ、その技に魅入られます。黙々として野菜などを刻む手元、来客への対応、これらは、そばで見ている子どもに大人の世界へあこがれを抱かせます。子どもはその思いを「ごっこ遊び」という形で遊びに取り入れ、模倣します。それは、「手伝い」へとつながり、その途切れることのない、終わることのない日々の実践を介して、子どもは人への観察や共感、コミュニケーションを培い、そして、家族という共同体の一員としての責任を自覚していくようになります。

祖母が自宅で寝たきりになったとき、子どもは介護というものを目のあたりにします。日々、繰り返される母の祖母へのおむつ交換、その苦痛を与えない手際の良さに感心します。母の笑顔が絶えないことに驚嘆します。祖母の便が「赤ん坊と違い、臭くてたくさんあって色も変だ」。子どもはそう思って見ていると、母が「今日も、たくさん出てよかったね」と微笑みます。「ばあちゃん、薬を飲んでるからね、こうなるのよ」と後で教えてくれます。祖母が寝たきりでなかったころを思い出しながら、自分も母に代わっておむつ換えに挑戦しようと思います。やがて、「私にまかせて」と笑顔でその子は母に言うのです。

介護をするようになってしばらくたったある日、子どもは祖母のおむつを取り替えながら、ふと、認知症である祖母の目線に気づきます。その目線の先に俳画があり、かつて「俳画は誰にも負けない」と言っていた祖母のつぶやきを思い出します。そして、「一つでも多く描いてほしい、残してあげたい」とあらためて感じるのです。

繰り返し、途絶えることのない家事労働を積み重ねていき、子どもは人格発達の基礎である生活教育を学び、生活能力や人間性を身につけていきます。

(5) 家事労働と介護福祉

前記の例を出したのは、決して、家族介護を一面的に肯定したいからではありません。そこに認知症の専門家の支援があれば介護はより充実したものになるでしょう。言いたいのは、家事労働は生命の再生産と発達を目的に行われる共同体的労働であるということです。

今は、家族が分かれて生活することが多くなりました。掃除や洗濯も一人で自分のためにやる、家族は同じ屋根の下にいません。そこでは、共同性が何かということも、その喜びを得ることも少なくなりました。

多くの親は、生活教育の基盤となる家事労働の時間そのものを、生計費の補助のための賃労働の時間に置き換えねばならなくなりました。家族の共同性は解体され、生活は自助を基本とした、賃金による私的生活が強いられてきています。

もとより、賃金による個別的な、自助的な生活は限界があります。◆3 人間的な生活を維持していくためには、医療・教育・保育所・公園・文化・スポーツ等、共同して消費する生活関連諸施設（社会的共同消費手段）の公的保障がきわめて重要になってきました。

（6）賃金と社会的共同消費

個人の賃金では、これらの消費手段は充足できないからです。「お金がすべてだ、お金で買えないものはない」という、資本主義社会を反映した言葉があります。しかし、たとえば、お金があって、子どものための広大な芝生の庭があっても、それは集団的な保育により豊かな発達が保障・実践される生活空間にはならないでしょう。

つまり、人が人として生まれ、育ち、働き、その人らしく生を全うしていくためには、その前提条件として、①日常的な必要生活手段、あるいは、個人的消費のための所得、②住宅などの生活基盤、そして、③人間の生命や発達に関わる教育・医療・介護等の対人サービス、関連して、住民が共同して運営する公共施設サービス、これらが三位一体となって、社会的に保障されていくことが必要なのです。現金給付だけでは限界があります。現金給付は、対人サービスを「お金で買う」という市場原理に適合した給付形態です。しかし現金は生命や発達を直接保障するための労働と同じではありませんし、すでに見たような家族の生活史や文化をふまえたものになるかどうかもわからないものです。何よりも、支払い能力によって介護要求は制限されてはならないのです。介護をはじめ、その保障が現金次第となっている今日、現物給付の重要性をあらためて確認したいと思います。

そのうえで、以下、介護（労働）の社会化が、生活様式において、賃金による個人消費から、社会的共同消費による生活様式（高次な共同性）へと変化していく過程において、いかに形成されていくかを概観していきましょう。

2　生活の社会化と介護福祉

家事労働が社会化し、介護が社会制度化していく時期は、二〇世紀の資本主義社会、いわゆる重化学工業[◆4]の段階を待たねばなりませんでした。一八九四年、ロンドン東部で慈善活動を行っていたモデル（Modell.A）は、母親の出産や病気に伴う生活援助を行う〝Sickroom Help Society〟を設立しました。いまでいうホームヘルプ事業です。ただし、モデルによる生活援助は慈善活動の一環でした。ホームヘルプが公的保障として位置づけられたのは一九四六年の「国民保健サービス法」（ＮＨＳ）の制定でした。

以下、イギリスやアメリカ、日本などの国の介護福祉の形成過程をふまえて、①介護が社会制度として確立していくための条件が総合的に出そろうのは重化学工業の形成と発展であること、②介護福祉の形成過程を、共同性に焦点をあてながら概観していきましょう。まず、①の課題を五点に分けて述べていきます。

（1）労働過程

資本主義的生産様式を確立した産業革命により、衣類や食品、家具などの生活手段が商品化していきます。しかし、家事労働においては、労働手段は「道具」という伝統的生活手段が支配的でした。調理、裁縫、洗濯掃除など、家事労働の成否は、「道具」を扱う個人の技能に依拠していました。同様に、この段階における介護の実践も、慈善を基本とした、その人だからこそやれるという実践だったのです。救済のための費用の源泉は自助、相互扶助、富裕階級の慈善でした。

さて、重化学工業の発展により、社会的生産力は飛躍的に増大していきました。そして、重化学工業が消費財の生産部門でも展開されていくとともに、労働手段は質的に変容していきました。家事労働における労働手段は「道具」から電化製品をはじめとした「機械」へと変化していきます。かつての個人に依拠した熟練にかわって、その熟練を客観化した「技術」が中心になります。労働はそれまでの手工業者のような個人的な労働ではなく、分業と協業にもとづく労働へと変化していくのです。労働は個人的な分散した労働から、技術的に編成される社会的な労働に転化していくのです。

（2）社会的共同消費による生活様式への移行

労働の社会化に伴い、消費のあり方も変わっていきます。個人的な消費が社会的に結合していき、生活手段は共同して利用する公共施設・サービス、すなわち、社会的な共同消費手段が必須な生活様式へと変わっていきます。家事・育児における社会的施設の利用や、街路・緑地帯・公園・上下水道・清掃施設・文化・スポーツなどコミュニティにおける共同の利用施設・生活空間が増大し、その必要性を高めていきます。

このように労働の社会化は、個人的な消費を社会的に共同して消費する形態へと部分的に移行していくのです。

（3）労働の社会化

労働の社会化とは、第一に、家族、住民の賃金労働者化であり、第二に、個別的諸労働の社会的労働への統合であり、第三に、社会的労働が専門化していくことなどといえるでしょう。労働の社会化は、けっして、人々が一つの場所で労働するということにあるのではありません。労働は、社会全体の分業と協業の進展により専門分化し、その労働は、かつての熟練や経験によるものではなく、系統的な教育や学習によって育成される労働になるのです。

家事労働は商品による代替と共に、家事そのものを専門的に代行していく企業労働、あるいは、生活協同組合のような協同組合による労働、そして公務労働によって担われていくようになります。

介護や育児など家族員を直接の対象とする家事労働が、社会的分業の一環として専門分化していくのですが、実際の歴史においてはその過程は同時に、労働者の貧困化という過程を伴っていきました。

（4）労働、生活過程全般にわたる貧困化

都市に生産手段が集中し、労働力が集積される一方、労働者に長時間労働、過密住宅が強制され、児童・母体の健康悪化が広がりました。労働力の再生産のための物質的条件たる共同消費、自然環境、さらに衣・食・住等の個人消費に至るまで「貧困化」が労働―生活過程全般にわたって広がります。しかし、資本家は、労働者が確保できれば、個々の労働者や家族の健康、生活に関心は持ちません。困窮した労働者は個人的負担による生活しか道はないのです。いかに老齢や心身の障がいを持つ人であっても、あるいは、母子家庭であろうと事態は同様です。社会的平均的な生活水準を維持していくためにはとても足らない賃金ゆえに、父親は深夜まで働き、母親も働いて生計を維持せざるを得ません。

介護や育児など、家族の生命と再生産に直接関わる生活機能が危機的状況になります。貧困化に対する国民の要求は高まっていきますが、いうまでもなく、国民の要求がそのまま社会制度へと反映されるわけではありません。内実は、健兵を目的とした軍事政策に組み込まれたり、治安対策だったり、労働力政策であったことは歴史的に検証されています。介護福祉の現実を規定する決定的要因は労働者をはじめとした国民の民主主義運動なのです。

（5）主体的条件——国民の権利要求と運動

重化学工業を基盤とする資本主義段階においては、労働者階級が社会に占める割合は飛躍的に増大していきます。それは単なる量的増大ではありません。問題の社会性を客観的に把握できる社会関係の下で組織された労働者階級の増大です。その量的・質的到達点という変化が、国民の民主主義運動を前進させていきます。

それはまた、国民の認識を広げ、ひいては介護福祉の労働対象を社会化していくという相互作用を生んでいきます。これらは結果として、国家の持つ二つの機能（権力機能、公共機能）のうち、公共機能としての国家の役割を余儀なくさせ、介護福祉が公的保障として進展していくのです。[5]

以上、介護福祉が社会制度として確立していくための基本的条件を述べてきました。この点をふまえて、以下では、先述したその次の課題である②介護福祉の形成過程を共同性に焦点をあてながら概観していくことにしましょう。

3　介護福祉の変質

今日に至るまで、「介護の社会化」をめざす道のりは、決して平坦ではありませんでした。むしろ、介護福祉における共同性からみて、きわめて矛盾した過程を経ながら歩んできたといってよいでしょう。以下、この点を辿（たど）っていきましょう。

介護福祉が社会的な問題とならざるを得ない要因の一つに、私たちが生活している資本主義社会では、人間の再生産の基本的な単位である家族そのものが、きわめて萎縮（いしゅく）して再生産されていくことがあります。たとえば、父親は単身赴任し、子どもは都市で一人暮らしをして、母親は夜遅くまで働きに行く。生活水準を維持していくためにはそうせざるを得ない――商品化された生活手段の大量消費が大企業によって主導され、恐ろしくお金のかかる生活が強制されます。それどころか、月々決まって支払わなければならない電気代、水道代、ガス代、税金、保険料等で家計は硬直化し、生活に余裕などありません。

そこへ、たとえば父親が長期入院となる、あるいは、遠方にいる親の介護が長期化する、といったことになれば、母親が介護のためパートをやめる、場合によっては父親が転職せざるを得ないなどの事態になってしまいます。いざというとき社会的に誰が何をどう支えてくれるか。この点が見えなくなってきているのです。

（1）財源負担の現実

「介護していて家計が苦しい実感は正直あるが、国は大変な赤字をかかえているから仕方がない」という意見もあるかもしれません。しかし、財源負担の現実は労働者や国、資本家が負担し合うというより、労働者が互いに負担し合う「再分配」が支配的になってきているのです。

所得の再分配とは本来、税と財政によって働けない人や低所得の人々に対する福祉の充実を図るものですが、日本では、むしろ、所得の再分配によって、かえって貧困層が増えるという信じられない事態が生じています。その要因の一つに、日本では、所得が低ければ低いほど、所得に占める社会保険料負担の割合が、高くなるということがあります。それだけ、日本の労働者は消費税や保険料の重圧にあえいでいるのです。

さらに、利用料の問題です。日本では保険料に加えて利用料が収奪されます。日本の国家は、「健兵」と「労働力育成」を目的に、一九三八年、国民健康保険制度を制定しました。制定後、戦費調達のために、保険料に加えて利用料という新たな収奪を制度化しました。その歴史は、今日、日本の介護保険制度へと継承されています。利用料、それも「応益割」という、所得にかかわらず一律に自己負担がかかる制度は、日本ならではの貧困な社会保障制度の特徴を端的に示しているのです。

一方、労働者から集めたお金は国家によって、どのように再分配されるのでしょうか。それは国家権力を握る人に都合のよい形、たとえば大企業の産業基盤への投資に回され、さらに、あろうことか軍事費等に流用され、介護は二の次、三の次に置かれ、国民の命と暮らしは、むしろ、破壊されているのが現実です。

国家は、国民の介護をはじめとした最低限の生活要求を逆手に取り、税や保険料・利用料を徴収する一方、財政を大企業の利潤追求、生産規模の拡大手段へと転化していきました。それは、労働者の自己責任を基底においた自由競争の激化と、他方における、社会的弱者の生存権の剝奪（はくだつ）を伴っています。◆6

(2) 財政と供給の分離――〝買うサービス〟への転換

問題は、それで終わりません。再分配された財源による介護サービスをどのように供給するか、その政策が具体化していきました。介護保険制度の導入以降、従来、公的責任のもと一体であった財政と供給が分離します。介護サービスの供給において、国の責任は大きく後退し、供給の主体は「民」であり、その実施においては市場原理が優先するようになりました。

介護保険の「利用者」にとっては、たとえば介護ベッドなど現物給付がなされているように思えます。しかし、よく考えてみますと、民間の事業所から介護サービスを買って、現物を自宅に届けてもらっています。

国は何をするか。「利用者」が介護サービスを買うための、いわば市場参加のための費用を、保障というより、民間保険でいう「補償」をしていくことへと後退しているのです。それも、国の政策に合致した「利用者」を要介護認定によって選別し、かつ、「補償」は、必要介護費の全部ではなく支給限度額内での支払いです。

介護保険制度によって、介護福祉は〝買うサービス〟へと、そのための現金「補償」へと、私的保険原理に傾斜した制度へと質的に転換していったのです。

(3) ソーシャルワークの分断

市場原理による現金給付の主流化にともないソーシャルワークは分断されていきます。一方のソーシャルワーカーは、現金給付による要介護者の生活管理・マネジメントを担い、他方は、「入浴、排泄、食事」をはじめとした身体介助に特化していく――ともに共通していることは、ソーシャルワークの特性である生活問題に働きかけ、要介護者の生存権と発達権を保障するという実践が希薄になっていくことです。

たとえば、今日、ケアマネージャーは、要介護者の生活の実態に即したケアプランの「立案」・「実施」・「評価」というより、国家が定めた介護サービスの利用制限、たとえば、要介護者のホームヘルプサービスの利用回数、デイサービスの利用からの排除などを徹底する政策的機能を担わされています。他方、介護福祉士は、身体介護に特化したというより、看護補助機能をますます担わされてきています。

二〇一一年六月の介護保険制度一部改正により、要介護者への経管栄養や痰（たん）の吸引など、医療職しか認められてこなかった医行為の一部が、「介護職の業務」として制度化されるなど、「介護」の規定（社会福祉士及び介護福祉士法第二条第二項、第四八条の2）は変質させられてきています。

（4）「商業化」していく介護サービス

「これからの介護は、サービスを充足して客を集めること、そのための創意あるメニューを考えなくてはなりません」。こうした意見を施設管理者の人々から聞く機会が多くなりました。きわめて低い介護報酬のもとで競争させられている現状の中で生まれた言葉でしょう。

介護福祉が本来持っている共同性は、市場原理においては、顧客拡大のための活動へと転化していきます。いつごろからでしょうか、研修において「接遇」が主流となり、「利用者」という呼称とともに「様」をつけることが一般化したのは。その一方で、介護職が働きかける対象が、汚物（おむつ交換等）・食材（調理等）というモノであったり、身体の一部であったりと、生活の主体である要介護者への人格への働きかけが見失われていることがあります。

周りの人々から見ても、例えば、ヘルパーさんは掃除や調理などの家事援助をやってくれる人、あるいは、オムツ交換や清拭をやってくれる人など、介護福祉労働としての本来の労働目的が、逆立ちに反映されて捉えられることもあります。

(5) 人格的関係が金と金との関係に

こうした現象は介護福祉労働が商品化することによってもたらされたものです。かつての共同体において、労働は、行為それ自体を目的として行われる活動であり、労働対象と労働目的は結びついていました。

しかし、労働力が商品化すると事情は異なってきます。何のためにモノを作るのかを軸とする人間の合目的的な活動から、労働力をどう使うかは基本的に雇用したものに帰属するという賃労働へと、労働の内実が変化します。労働対象と労働目的の一体性はなくなっていきます。結果はどうか、介護福祉労働者と要介護者の人格的関係が金と金との関係に物象化して現れていきます。

たとえば、要介護者の状態はたえず変わります。ですから、対面したその瞬間、労働目的が絶えず見直されていき、その見直されていく過程が大切なのですが、現実はそうではありません。介護労働者の実践は政策的にさまざまに制限されています。たとえば、利用者との契約内容におむつ交換が入っていない場合、訪問時、利用者が失禁していても、契約にない介護行為は禁止されています。見かねて実践したとしても、「介護報酬」として認定されません。現実は、利用者の状態より、事業所にとって収入になるかどうかが問題になるのです。さらに、訪問時間は制限され、かつ三〇分などときわめて短時間です。利用者の人格と向き合う、コミュニケーションをしっかり取ることも許されない状況です。介護労働者は、要介護者の現実の状態より、契約された介護内容を時間内にいかに済ませるかという問題に追い詰められているのです。訪問介護時間が制限されているため、調理することなく、スーパーで既製品を購入して提供するケースもあります。現実に提供される介護は、先に要介護者の状態ありきではなく、要介護者の支払える金額によって、なおかつ、契約というしばりのもとで提供される介護サービスになっているのです。

(6) 競争・自己責任・格差

「利用者」にどのような「サービス」がどのように提供されるのか。要介護者のニーズと実際に提供される「サービス」は別問題です。

支払い能力によって供給できる「サービス」とその内容が「情報」として与えられ、実際に、どの「サービス」を受けるかは「利用者」の「選択」により行われます。ここにおいて、介護が本来持っていた、人と人との共同性は金と金との関係に置き換わっていくのです。その「利用者」がどのような「サービス」を必要としているか、そこにコミュニケーションが存在するとすれば、「サービス」提供者と「利用者」本人との、受益者負担能力を前提とした、「サービス」の選択・開発のためのコミュニケーションということになるでしょう。

結果において、「サービス」利用に格差が生まれます。「サービス」を提供する側にとっては選ばれるための競争が展開していくことになるのです。

その点だけを見れば、一般の市場で売買される、対人という共通性を持った「サービス」を提供する労働と介護福祉労働は〝同質化〟していくのです。

介護福祉は資本主義のもとで社会問題化し、社会制度として成立していきました。しかし、その発展過程はきわめて矛盾したものでした。介護福祉はその共同性が解体され、市場に取り込まれ再編されていくのです。そして、現在のように、介護福祉をめぐる状況がきわめて危機的な中において、介護福祉とは何なのか、その本来の姿があらためて問われているのです。次に章をあらため、この問題を、そもそも人間の生活とは何かを手掛かりに検討していきましょう。

◆1　石田一紀『介護における共感と人間理解』（萌文社、二〇〇二年）第3章参照。

◆2　家事労働については主に以下の文献を参考にしてください。今和次郎『生活学』（ドメス出版、一九七二年）、光信隆夫編著『家族関係の社会科学』（垣内出版、一九七八年）、一番ケ瀬康子『生活学の展開――家政から社会福祉へ』（ドメス出版、一九八四年）、成瀬龍夫・小沢修司編『家族の経済学』（青木書店、一九八五年）、大森和子・好本照子・阿部和子・伊藤セツ・天野寛子『家事労働』（光生館、一九八三年）。

◆3　高齢や障がいにともなう生活費が賃金に含まれるか否か、議論のあるところです。ただ、賃金はもともと、資本によって搾取される労働力（商品）の再生産費を表すものであり、その限り、老齢や障がいに伴う生活費は入らないと考えた方がよいでしょう。
◆4　主として鉄鋼・機械などの生産手段を生産する部門を重工業と称し、合成樹脂・肥料・合成繊維などの化学工業と一括して重化学工業と総称します。
◆5　介護福祉（労働）の成立と発展に関して本稿では大枠で記しています。介護福祉に関わっての政策や労働、教育、運動の詳細については拙著『人間発達と介護労働』（かもがわ出版、二〇一二年）、第二部を参照していただければ幸いです。なお、介護福祉をめぐる実践、たとえば、障がいがある子どもたちの労働とそれによる発達保障を目的とした親たちの共同作業所づくりの実践、そこから育っていった介護福祉労働者とその専門職化、こうした介護福祉労働者が社会的に成立していく主体的条件をふまえて、介護福祉労働の形成過程を理解していく必要があります。紙幅がありませんので、この点も合わせて読んでいただければ幸いです。
◆6　安倍内閣による二〇一八年度予算案は、一般会計の総額九七兆七一二八億円のうち軍事費が当初予算としては過去最大の五兆一九一一億円と突出していました。公共事業費は一七年度に比べ二六億円の増額。増額は六年連続でした。「生産性革命」の看板で三大都市圏環状道路等の整備加速に二二八三億円、国際コンテナ戦略港湾の機能強化に七六六億円など、不要不急の大型プロジェクトが盛り込まれたのです。一方で社会保障費は抑制されました。医療・介護などの自然増分は概算要求段階から一三〇〇億円削減され、安倍政権の六年間で一・六兆円もの大幅削減となりました。介護対策の対前年伸び率は二〇一二年六・四パーセント、二〇一四年四・六パーセント、二〇一六年二・一パーセント、二〇一八年二・一パーセントと、介護報酬マイナス改定の影響により後退の一途を辿っているのです。

第3章　人間の生活と介護福祉の社会的意義

石田一紀

人間の生活とは、動物一般ではない人間の特性を具体化していく過程です。人は人として生まれ、育ち、働き、そして、最後まで人として尊厳ある日々を過ごす権利を有しています。介護福祉はこの人間の特性である生活に立脚し、たとえ、障がいがあっても、その人の人間的特性が発揮されるよう、すなわち、生活を支援していくのです。

なぜなら、介護福祉は人間としての生命の再生産と発達という類的本質そのものを担っているからです。それゆえ、人間の生活をどのように考え、実践していくかが問われてきます。

以下では、人間の生活を人間の特性である目的意識性や社会的存在、発達という視点から把握し、そこから介護福祉の社会的意義を事例を通して考えていきます。

1　人間であること

(1) その人らしい生活の復元

①生命活動・生活意欲を引き出す……人間の生活は、まずもって日々の生理的・文化的欲求を充足

させていく過程です。しかし、たとえば、ある人が好物の「肉じゃが」を食べたいと思っていても、手足に障がいがあれば自力での調理は不可能です。歩行がおぼつかない、背筋を伸ばすことができないなど身体的な老化による機能障がいによって、洗濯物を干すなどの日常生活行為が困難な場合もあります。

貧困や障がいは、生活において、その人が主体であるということを奪います。どのようなものを、どのように食べるかを選択したとしても、お金がなければ買い物にも行けません。お金があっても障がいがあれば、自分に代わる手足となるものが現れるのを待つしかありません。その「手足」も、自分の手足とまったく同じような動きをしてくれるわけではありません。

生活において主体でありえないことは、人間から目的意識性を奪い、「あきらめ」と「適応」を強いることにもなるのです。介護福祉が衣食住という生活の基本的な崩れを、その実践の基点とするのは、生活問題の入り口にある家事労働のつまずきです。その改善の足がかりが潜んでいるからです。介護福祉において、その実践過程は単に生理的・文化的要求の充足に意味があるのではなく、その過程において、要介護者の主体的な行動が社会的に広がっていくことにこそ意味があるのです。

たとえば、「部屋中、塵（ちり）が積もっているけれど、これでいい、しようがない、訪ねてくる人もいないし」とあきらめ、家に閉じこもりの状態になっている「利用者」に対して、「どのように社会性を取り戻すかを目的に掃除をはじめる」ホームヘルパーと、その点は見ないで「清掃それ自体を目的とする」ホームヘルパーとでは大きな違いがあるのです。

②生活文化……人間の生理的欲求には生活文化が反映しています。動物は自然そのものの中に対象

を見いだしますが、人間は欲求を満たす対象をたえず創造していくのです。

食においても、その欲求は食文化として現れます。たとえば、ホームヘルパーがお年寄りに「何を食べてみたいですか」と聞きますと、「誕生日に夫がつくってくれた三つ葉と牛肉のサラダ」、「子どものころ草刈りに朝早く起こされ、歩きながら食べた焼きおにぎり」など、その人が生きてきた様々な生活場面が焼き付いている調理があげられることがあります。単に給食サービスで腹を膨らませればよいということではありません。

事例を一つ。Fさんは「食事は何でもいい」「家で死ねれば本望だ」と語り、ヘルパーを受け付けようとしません。ヘルパーは悩んだあげく、「奥さんの一番得意だった手料理は何ですか」と聞くことにしました。「そんなものない」と言われるかと思っていましたが、「ちらし寿司よ」と答えてくれたのです。調理当日、普段、物静かなFさんが、次のことを語ってくれたそうです。

「昔は、ふだんは麦飯を食べて、五節句（一月正月、三月女の節句、五月男の節句、夏立て、秋立て）に、ちらし寿司、五目御飯など、ごちそうを作って祝った。節句には嫁に行った子どもたちも里帰りし、『里腹、七日』といって、いっぱい食べて嫁ぎ先へ帰っていった。特に、五月の節句には大勢集まり、五升釜でご飯を炊き、タケノコ、にんじん、板付きかまぼこなどを使って、ちらし寿司を作り、お皿に盛りつけ、その上から、紅生姜、のりで飾った」。

子どもたちに囲まれ、にぎやかで、楽しかったころの思い出をゆっくりたどるように、Fさんはヘルパーに語りました。「頑固な」Fさんが「ほとけ様」のFさんに変身したようだったそうです。

③生活史……欲求を充足する生活様式において、動物が生得的であるのに対して、人間は発展的で

あり、生活史という歴史性をもっています。

一人暮らしのNさん（認知症）は、早春になると落ち着きがなくなります。放っておくと籠を背負って山に入ろうとします。近所の人々はとても心配して行かないように止めに入りますが、ホームヘルパーは一度様子を見てみようと後を追いかけました。生きいきと野蕗（のぶき）を採っている彼女を見ることのなかったホームヘルパーは、これまでNさんの沈んだ表情しか接したことのなかったホームヘルパーは、生きいきと野蕗を採っている彼女を見るのです。Nさんにとって、野蕗を採りに山に出かけ、集めて農協に売ることは、かけがえのない生活の楽しみの一つだったのです。

長年、商売をしてきたSさんは、認知症中期の症状ともいえる幻覚や妄想もあり徘徊（はいかい）もあります。しかし、お店のレジ台の前に立つと、正確にレジを打ち、おつりも間違えません。初対面の人は、誰も彼女が認知症だとは思わないでしょう。

介護福祉は、その人はどのような生活を過ごしていたのか、その人がその人らしく輝くのはどのような時なのかを見きわめながら、可能性を重視し、要介護者の人間的文化的要求に応えていくのです。

④「生活」を大切にするということ……高齢者二人暮らしの世帯で次のような事例がありました。

妻は要介護度二で認知症が進んできています。ケア・マネージャーは夫の介助の大変さを和らげるため、週二回のデイサービスと配食弁当をケアプランに取り入れました。夫は、妻がデイサービスに行く際には、当初は見送っていましたが、次第に送迎時に顔を背けるようになり、やがて見送らなくなってしまいました。妻もデイサービスから帰るとすっかり疲れてしまい、落ち着きがありません。確かに、ご主人の介助の時間は減ったかもしれません。しかし夫婦二人の生活は変わっていきました。ヘルパーは考えました。「これまで夫婦が大切にしてきた生活を私たちは本当に支えているのだろうか」。

そこで、ヘルパーは、夫が精を出して育てた野菜を材料にして調理し、食卓に出そうと考えました。妻は、料理はできないが味付けはできるのです。味覚は年をとっても衰えにくいものです。配食弁当を食べていた夫にとって、その味付けは懐かしく、何よりも自分がつくった野菜が生かされ喜ばれることに生きがいを感じます。「おいしい」「さすがに、お父さんがつくっただけのことはある」と言って食べてくれる妻の横顔を見て、夫は気持ちが安らぐのです。夫婦二人でこうした気持ちを分かち合いながら食事を共にします。そこに、これまで通りの生活が続けられる喜びがあるのです。

デイサービスや配食サービスを否定しているのではありません。「生活」を大切にすることの意味と、それを援助する介護福祉の社会的意義を述べたかったのです。総じて、介護福祉は、人間が生活していく上で基本となる、人間ならではの生理的・文化的要求の充足を媒介にして、要介護者の本来的な生活様式、生活文化を復元していくことをめざしていくのです。

（2）社会的存在という人間の特性――「社会制度の谷間」にある人々への援助

一人暮らしの六八歳の女性の事例です[1]。私が彼女と接触した契機は民生委員からの依頼でした。「何度訪問しても応答がない。一緒に見てほしい」という依頼で訪問してみると、彼女の家は玄関も雨戸も閉ざされていて、まるで空き家のような外観を呈していました。

きしむ引き戸を開けて部屋の中に入ると、そこは真っ暗です。暗闇に慣れ、目を凝らすと、奥にその女性が薄い布団にくるまって寝ていました。すぐにはそばに行けません、近づこうとすると悲鳴をあげるのです。少しずつ声をかけながら、彼女のそばに近寄ることができました。

彼女の下肢は屈曲し拘縮(こうしゅく)をきたしており、肩甲骨・仙骨部の褥瘡(じょくそう)、浮腫(ふしゅ)が顕著でした。布団も寝間着も尿で濡れっぱなしです。硬便も混じっています。這(は)って移動することは可能のようでしたが、重い病気により一日の大半は寝たきりのままで、その日に至っているようでした。脱水の恐れもあるので、すぐに緊急入院の手続きをとりました。しかし、一〇日後、彼女は眼を閉じて二度と開けることはありませんでした。癌(がん)の末期でした。入院して顔色も良くなったと安心していたのですが、彼女の死を知って呆然としていた自分を今でも覚えています。

彼女は、島嶼(とうしょ)部から後妻として中都市へ来住しました。近隣の人々と彼女がうちとけていくための時間がないまま、夫は先立っていきました。夫の死と同時に義理の息子も東京に転出したまま帰ってこなくなりました。それでも、スーパーマーケットに勤めている間は、彼女なりに生活の張りがありました。

しかし、退職と同時に外に出かける機会も少なくなり、誰かのために生きねばならないというあてもなく、訪ねてくる知人もなく、閉じこもりがちになったのです。やがて寝たきりの日々が続くようになり、髪、化粧も乱れ、たまに訪問があっても人に見られたくない、会いたくないという気持ちが支配的になりました。地域社会とのつながりもしだいに断ち切れていきます。生きる張り合いというか、意欲を引き出すような生活条件からしだいに切り離され、無欲的な生活が続いていきます。同時に潜在化していた疾病もしだいに進行していきました。

私たちの訪問の前に、幾度か訪問看護の試みや民生委員による福祉制度の紹介がなされていました。

すでに精神機能の低下をきたし、攻撃的で、その生活において何の主体性も見いだしえない彼女に対して、訪問看護師は「病状を観察し、声かけぐらいしかやらせてもらえませんでした」と語っています。民生委員も「福祉用具の利用を懸命にすすめたが、彼女は応じようとしなかった」と語るのみでした。

関連して、もう一つ事例を挙げましょう。

(3) 目的意識性という人間の特性

Tさん(女性)は七〇歳、重度の腰痛と貧血があります。室外は車椅子使用です。長男(四〇歳、独身)と同居しており、娘二人は県外に在住しています。「腰痛で長時間立っていることができないため、買い物と調理をしてほしい」。それがTさんの依頼でした。◆2

訪問に際し、ヘルパーに、「息子さんがいますが、誰かが来たら二階に上がるように指示をしていますから」という伝達がありました。その理由は同居の息子さんが「精神障がい」を持っているからということなのですが、それは「秘密保持」という原則からヘルパーには伝えられません。それ以上に、「ヘルパーは契約者であるその人だけに関わればそれでよい。他の家族には関わらなくてよいし、知らなくてよい」という行政側の考えもあるのです。「不十分な情報を与えられて、先入観を持って構えてしまうより、何も聞かないまま訪問したほうがずっといい」。そのようにヘルパーは前向きに考えます。しかし、いったん家族の中に入ると、次のような事態が待ち構えています。

訪問すると、さっそく、Tさんは、「〇〇ちゃん、上に行きなさい」としきりに言います。しかし、長男は動こうとしません。ホームヘルパーが何を目的に、何をしに来たのか不信があるからです。ここでヘルパーが、「相手は認識能力がないし、契約対象ではない」とわりきってしまったのでは、当のTさんに対する介護を展開することはできません。

たとえば、料理のメニューは息子さん主体で、Tさんへの援助というより「○○ちゃんが言うようにしてやって」と言われます。しかも、息子さんは、調理や味覚に関する経験は乏しいようで、メニューは毎回おなじ内容に偏りがちです。ヘルパーとしては拒否したいところですが、Tさんにとって息子は生きがいであり、その息子の喜ぶ顔を見るのはなによりの楽しみでもあるのです。そのことがわかっているヘルパーは、機械的に拒否するわけにはいきません。この介護計画の問い直しの過程が大切なのです。契約者以外の仕事はしない、関わらないことが原則とされていますが、むしろ、契約者の生きる意欲を高め、自立を促していくうえでは、家族の特定の人物が対象となり、それへの働きかけ方が問題解決の鍵を握っている場合があるのです。

ホームヘルパーが訪問すると、息子さんはヘルパーに懸命に話しかけ、捕まえて離そうとしません。母親以外との人間関係はほとんどなく、自分を否定する人はあっても認められることは少なかった息子さんにとって、母親以外の女性が加わった家はまことにすばらしいものがあります。「自分の話をうんうんと頷きながら聞いてくれる」「自分のことをわかってくれる」、そうした喜びが日々増してくるのです。

Tさんは腰が悪いものの、手は動くので、ヘルパーはTさんに「ジャガイモの皮むき」などをお願いします。息子さんは、彼の「大好きなトンカツ」を作るために卵とパン粉をつける役割を担ってもらいます。ヘルパーが「上手じゃないですか」とほめると、彼は満身の喜びをヘルパーに示すのです。やがて彼は、ホームヘルパーが訪問するのを待ち構えて、訪れたヘルパーの手を引きながら、自分のやったトンカツの下ごしらえを見せようとするようになります。「大好きな人に認めてもらえる」という生活の張り合いは、さらに、自らすすんで何かをやろうとする動きへとつながっていくのです。

彼は病院の帰り道、依頼された買い物を行うようになります。これまで「弁当」しか買いに行ったことのない彼が、人が大勢いるスーパーマーケットに行くようになったのです。「今日はあさりが安かったから買ってきた」「今日は鯖(さば)があったから買ってきた」とか、そのほかにもいろいろなものに目がいくようになります。

彼の視野、思考は、ともすれば内へと向かいがちだったのが、外へと広がっていきます。生活の楽しみも豊かに広がっていきます。何よりも、その様子を見る母親のTさんが生き生きと輝いていきます。ヘルパーの訪問のない日には、親子二人で調理ができます。こうして、「調理と買い物をしてほしい」という当初の問題は次第に解消へと向かうはずでした。

ところが、病気の進行には逆らえず、Tさんが入院するという事態が生じました。「何かあったときはホームヘルパーに連絡して」という連絡メモを頼りに、「もしもし、お母さんが倒れた」と息子さんは救いを求めます。

母親のTさんは、自宅に帰りたい意思を懸命にヘルパーに伝えます。同時に、「息子が今の状態にあるのは自分の責任だ」「息子には申しわけないことをした」と、夫の飲酒を契機とした家族崩壊の経過を、はじめてヘルパーに語りました。

退院後、ヘルパーは、息子さんによる懸命な介護と母親の思いを支援しましたが、Tさんは最終的には施設に入所することになりました。契約対象である母親が入所したことによって、ヘルパーの訪問は中止になります。これがどのような意味を持つかは、後の事態が象徴的に示しています。

ヘルパーは、息子さんの死という連絡を受けるのです。部屋で亡くなっているところを発見されたのは「死後、四～五日経っていた」ということでした。

二つ事例をあげました。ここで少しまとめていきましょう。

（4）介護福祉は目的意識性や社会性という人間の特性に働きかける

大切なことは、要介護者のその日、その瞬間の生活行動を組み立てていく、その人ならではの目的意識性や社会性、それに基づき行われようとする実践（生活過程）を側面的に援助していくことです。「できるところには手は出さない。できないところに手をさしのべる」と格言のようにいわれますが、介護福祉労働者は人間の身体という物に働きかけるのではなく、目的意識性や社会性という人間の特性に働きかけるのです。

そうだとするなら、人間を対象とする介護福祉において、まずもって向かい合うその人が、自分自身の生活をどのように対象化しているか、その実体はどうかを認識することは基本となるでしょう。その基軸となるのがコミュニケーションです。コミュニケーション不在の介護福祉は動物的です。なぜなら、人間の目的意識性と社会性という不可分に結びついた人間の特性、この結晶こそコミュニケーションだからなのです。

（5）目的意識性と社会性という人間の特性の結晶——コミュニケーション

人間は言語を媒介として、第一に、対面者の内面を客観的に対象化し、人間理解を深めていきます。第二に、同じく言語によって自己の内面を対象化し、客観化していきます。確認しておかないといけないことは、私たちが向かい合い、働きかけようとしているその人は、その人の今ある人間的諸能力を精一杯発揮させて、絶えず自己を表現し自己の存在を確認しようとしていることです。この意味で介護福祉労働者と要介護者との関係は、単に介護を提供する、受けるという関係ではありません。同じ生きていくうえでの悩み、苦しみ、喜びを共有する者同士として人格同士が関わり合う諸関係にあります。

次に介護福祉労働は、コミュニケーションという能動的・目的意識的な相互作用を通じて、目的の共有という関係づくりを育てていきます。さらに、その目的の共有に基づき、合目的的でかつ合法則的な働きかけ合いを行う集団を形成し、発展させていきます。一言でいえば、共同性を発展させていきます。

大切なことは、その過程において展開される人格と人格の相互作用＝コミュニケーション過程は、同時に個々人が有している社会的諸能力、潜在的諸能力を互いに具現化させていく過程であることなのです。

（6）可能性の探究、潜在的能力の具現化

それゆえにこそ、介護福祉労働者は、たとえば表情に乏しく感情も要求の発露もつかみにくいと思

いがちな人々の対象的活動（いくつかの器官を能動的に機能させ、対象に働きかけていく活動）にきちんと注目していくことが大切なのです。あるいは、暴力や攻撃的な言動による、ともすれば否定的に理解されやすい自己表現の中に、内発的な発達要求を見ていかなければならないのです。さらに、そうした働きかけを受け止め、共有し、生かしあっていく集団を創造していくことが大切です。

介護研究において、コミュニケーションは共通理解のための技法として、そのテクニック面から論じられる傾向があります。しかし、その本質的機能ないし意義はそういうところにあるのではないのです。介護福祉が人間らしく生きることをまず問うなら、コミュニケーションはまさに、目的意識性と社会性という人間ならではの特性を発揮していく過程であることに注目しなければなりません。同時に、コミュニケーションによって、向かい合うその人の可能性が見えてきます。いわば蓋をされていた潜在的能力が見えてきます。コミュニケーションは人間としての生涯発達に向けた援助の基軸となるのです。そこを見ていかないと、「話をすること、わかち合うこと」にコミュニケーションの意義がとどまってしまうでしょう。

さて、人間の生活は社会的諸関係に規定されていますので、生活と向き合うということは、必然的に、その生活問題と向き合うことになります。いや、その生活問題と向き合うことなしに、人間としての生活を獲得していくための援助は見いだされないでしょう。なぜでしょうか、この論点を人間の特性である発達という視点から考え、介護福祉の社会的意義を深めていくことにします。

2　人間性の回復と発達

（1）潜在化している貧困と向き合う

一人暮らしの高齢障害者への訪問介護の事例を紹介しましょう。ホームヘルパーが「食事介助」と「清掃」を依頼されて訪問しますと、次のような事態が待っていました。

部屋に入ると、そこには失禁で濡れたまま、冷えきった布団の中でお年寄りが震えておられます。すぐに着替えなくてはなりません。しかし、着替えの下着がタンスを探しても一枚もありません。着替え、被服の洗濯以前にまず、一枚の着替えがないのです。

別の一人暮らし高齢者の方の場合は、「調理」を依頼されて訪問すると「卵焼きが食べたい」といわれる。しかし、卵を焼くフライパンがないのです。「卵焼きと大根おろしも食べたい」といわれても、おろしがねもありません。肝心の包丁は研がないと使えません。

入浴を準備しようと風呂場に入ります。中はまるで倉庫です。汚れもひどい。いざ、沸かそうとすると水が温まりません。ボイラーが壊れているのです。「修理はどうしますか?」と問うと、「この先、何年、風呂に入るかどうかわからない。何万円も使うのはあまりに申しわけない」。そう答えられるのです。

さらにいえば、「掃除」という一つの依頼項目であっても、そこには生活問題が集約して現れます。ある方から掃除の依頼があり訪問しますと、高齢者の枕元にありとあらゆるものが置かれています。

湯飲みのそばに痰壷が置いてある。食べかけのどんぶりの横にポータブルトイレが置いてある。おしめが濡れたままかたわらに投げてある。どこから片づけようかと戸惑うような部屋に寝ておられるのです。むやみに掃除を始めればよいというものではありません。手の届くところに必要な生活物品が本人のわかるように置いてあるからです。

(2) 貧困を〝状態〟として把握する意味

要は、介護計画が「調理」「排泄」「水分補給」であっても、その通りにいかないことはたくさんあるのです。それ以前に貧困という〝状態〟が問われているのです。

「介護福祉計画」の文面が、たとえば「食事介助」「排泄介助」などであっても、問われているのは生活行為の部分的な機能障がいに対する「介助」ではありません。ましてや分単位の細切れサービスを組み合わせることでもありません。貧困という〝状態〟への介護福祉が問われているのです。

ここで、〝状態〟と述べたのは、第一に、人間の生活は単に物質的な側面だけでなく、精神的な、政治的な、社会的な側面から総合的に観察・評価していかねばならないということであり、第二に、貧困を逆に人間的発達を生み出す諸契機に転化する諸条件を内包しているものとして、可能性を重視しなければならないという考えからです。人間性の回復と発達です。次に、この実践課題を見ていきましょう。

（3）人間発達と介護福祉

①「介護福祉という活動が生み出す新しい発達の契機」……私の知人で脳性麻痺による障がいを持っている前川泰輝さんという人は、ある時、次のように述べてくれました。「介護をしてもらう側から、自分自身の変化・発達を見つめていったとき、介護福祉労働者との関係の有り様や、『生活』認識の深化など、たくさんの思いがあります。それは、いわゆる『自立支援』の『自立』ではなく、介護福祉という活動が生み出す新しい『発達の契機』だと思います。だからこそ、介護福祉は新しい価値を生み出す労働なのではないでしょうか？」

前川氏はアテトーゼ型四肢麻痺と診断されています。上肢のＡＤＬ（日常生活動作）はほとんど「不可」であり、ボタンを押す程度です。室内歩行は補助具を使用しています。屋外移動は簡易電動車椅子を使用（足で操作）しています。パソコン等は足指で操作します。そうした状態にあって先述のメッセージを私にいただきました。「介護福祉は新しい価値を生み出す労働」なのではないかという言葉に、これまで著した私の思いがすべて集約されているように思えるのです。

さて、「そもそも高齢障がい者に発達など考えられない」「介護にそこまで求めるのは無理だ」、そうお考えかもしれません。以下の事例をどのようにお考えでしょうか。

②人間発達は老化と無縁か……デイサービスセンターにおいて、参加者が風船バレーボールに興じている中、車椅子に腰かけたまま動こうともしない高齢障がい者がいました。ケアスタッフは思うのです。「これといった要求も感情も示さない。働きかけても反応がない」。「本人がやりたいようにするのが一番よいだろう」[3]。

その高齢者の視線に、ある一人のボランティアがひかれていきました。車椅子に座ったまま両手を握りしめてうつむいている。何も耳に届いていないかのように無表情に見える。しかし、やがてボランティアは次のことに気づくのです。

彼の身体と目線が風船の流れる方向にかすかに動いていることです。ボランティアは彼の関心は風船にあると考えました。ボランティアはケアスタッフが中途であきらめた観察を続け、その仮説に達したのです。近くまで行き「一緒にやりませんか」と声をかけます。そして、車椅子を風船バレーのコートまで移動するのです。

すると驚いたことに、彼は不自由な身体を懸命に動かし、何かを語ろうとしました。彼が語ろうとしたのは自らの戦略でした。仲間の風船バレーを見ながら、「こうしたらもっと的確に風船を返すことができるのに」という、彼なりの表象を抱いていたのです。

その表象に基づき、目という自分自身の器官を能動的に働かせて、一人のボランティアを動かしました。彼なりに自分というものを能動的に表現したのです。最終的に、彼は周りの認識と行動を変え、仲間の拍手喝采の中で、自分がそこに居ることの意義を実感していくのです。

③個々人の内発的な発達要求を支える……発達を諸機能の新たな獲得という視点からとらえると、高齢障がい者の場合には難しさがあります。しかし、人間である限り、全人格的な発達の観点から評価されるべきではないでしょうか。

人間は、一定の表象をその人なりに抱きながら、目的意識的に周りに働きかけ、周りを発展的に変えていきます。その過程において、潜在化していた自分自身の新たな総合的特性も芽生えてきます。

この人間ならではの生活過程が発揮されていること、そして、そのあり方、過程に注目していかねばならないと思います。年齢とか障がいという外見的なところで識別しないことです。

ケアスタッフに〝感情や要求の発露も把握できない〟と思われがちな高齢障がい者も、人間である限り、その特性を発揮し続けているのです。その内なる発達要求のメッセージは多様な形で現れてきます。眼球の動き、手、足、そして、身体全体を使った多重的な方法・手段によって表現されてきます。否定的な形で要求が現れてくる場合（暴力、自虐行為等）もあります。

介護福祉労働者が向かい合う人々は、近年、ますます重度化してきています。自分では寝返りをうつことができない、自力で食事をとることができない、咀嚼も困難である。いつ対面しても表情に乏しく、感情も要求の発露もつかみにくい――こうした状態にある人々（あるときは「困った」行動とレッテルを貼られた人々）と対面するとき、ともすれば、その人の障がい部分ばかりが目につきやすいものです。

懸命に介護しているのですが、それだけに視点が、今できないこと、やらないこと、伝わらないことにとらわれがちです。これには、いろいろ働きかけても反応が返ってくることが少ないので、どう働きかけ、どう関係を結んでよいのかわからないという実情もあります。

しかし、たとえ、「重度」になっても、むしろ、それだからこそ、本人の内面的要求、目的意識性に依拠しながら、たとえ微小な行為であろうと、それを一つひとつの主体的な生活行為につなげていく側面的な援助が求められているのです。自分のやりたいことを、微々たるものではあるが取り組んでいる。その日々を介護職員が助けてくれている。いわば、生きることから生きてゆくことへの介護福祉です。

3　人間的な介護福祉労働のために

介護福祉労働の労働過程を追求していくためには、基本的に次の点が社会的に保障されることが条件です。

（1）介護福祉労働の特徴から見た労働保障

介護福祉労働は、単に、人と人との直接的な関係が基本にあるだけでなく、特定の人格へ、特定の目的で実践される労働です。介護福祉労働者が向かい合い、働きかけようとしているその人は、今ある人間的諸能力を精一杯発揮させて、絶えず自己を表現し自己を確証しようとしています。働きかける介護福祉労働者も同様です。

この働きかけ合いは、双方の目的の見直しを絶えず求めます。そうしない限り前に進みません。そのためには、いかに向き合うか、観察をどこに、どのように深く抱いているかが絶えず問われてくるのです。

介護福祉労働者と要介護者とが、双方向に働きかけ合うことによって、回復し、高まる人格は一方の側だけではなく、双方にもたらされます。表面的な働きかけ合いでは把握しえない、互いに潜在化している個々人の可能性、諸能力、これらを互いに見失うことなく、生活の場に生かしあうことによって、そこから介護福祉労働者と要介護者双方に、新たな生活の質が生まれていくのです。ならば、労働過程全体において、何が決め手になるかといえば、結局、介護福祉労働者個々人が絶えず目的を共有し合い、何を成し遂げたのかを共感し合い、評価し合い、同時に目的を絶えず見直していくということではないでしょうか。この介護福祉における共同性を保障する労働保障こそ今、求められているのではないでしょうか。

対人格労働である介護福祉労働の働きがいは大きいといえましょう。しかし、逆に、その労働行為が、本来持っている共同性から反すれば反するほど、働きがいの喪失は大きくなります。そして、対面時間が細分化されるほど、向かい合う人格との共感・応答という労働過程が希薄になればなるほど、働きがいの喪失は他の労働と比べ相対的に大きくなるのです。その問題を働きがいという視点から見れば、介護福祉労働者にとっては働きかけることによる未来の成果、その喜びを奪われることであり、主体的に目的を立案し、それに近づく過程にともなう働きがいが奪われることなのです。

現実には、連携、協同というより、個々人のなすべき課題が達成されたかどうかという結果や、そのための手段の適合性が問われやすいのですが、大切なことは、介護福祉労働者と要介護者の、あるいは介護福祉労働者相互の、絶え間ない目標ないし目的の見直し、その探求という主体的な行為なのです。そのためには、労働の課題設定やすすめ方、手順など、介護福祉労働者自身が自分の考えで判断し対応できる、そのための一定の権限と専門教育が保障されなくてはなりません。

（2）介護福祉要求の特徴から見た労働保障

介護福祉労働は対人格労働であることに規定されて、次の労働保障が大切になってきます。

①変動性・連続性……変動性とは、要介護者と顔を向かい合わせることによって得られるコミュニケーションや観察によって理解が深まり、介護計画が絶えず見直されることです。連続性とは、介護計画は、時間で細分化できるものではなく、その人ならではの日常的な生活行動（生きがい）の節目をつないでいくところに、介護計画が成り立っているということです。

たとえば、起き上がるという行為は、ただそれだけの介護福祉要求ではありません。座位をとり、車いすに移り、トイレに行き、歓談できる部屋に行き、悩みを語り、その後、たとえば畑の野菜の出来具合を自分の目で確かめたいなどと切れ目なく連続しています。その連続している行為を「細切れ」に抽出して介助していくことは基本的に介護過程としては成立しないのです。

②尊厳性・無差別性……介護要求は人間の尊厳に関わります。介護福祉労働は人格に直接働きかけ、その成否は生命と連結していきます。従って、介護福祉要求を特定化、差別化することはできないのです。換言すれば、介護福祉要求は支払い能力によって規定されてはならないのです。

③包括性・個別性……労働対象は歴史的社会的存在としての人格です。したがって、要介護者の過去から現在にわたる生活の全体像を包括的に理解し、介護福祉要求に現れる社会像、病像を尊重しなくてはなりません。次に個別性です。たとえば、同一の要介護者による同一の表現での要求であっても、その内容において多様性があります。とりわけ、要介護者の苦痛の程度や種類は多様性がありま

す。

④無制限性……「介護にいつだったら行ける、どこだったら行ける」というように要介護者の介護要求を時間や場所で制限するわけにはいかないということです。

⑤地域性・継続性……馴染みの地域における生活の継続が大切であり、かつ、介護に大型化、広域化はなじまないということです。介護サービスが、大型化・広域化することは、直接、対面し、顔の見える関係のもとで、連続して供給しなければならない介護福祉労働の特性から相反するのです。

総じていえば、介護福祉における労働力がいかに総合的な人格を基礎としているかが大切なのです。これら介護福祉要求の特徴から見た労働保障のありかたを今一度ふりかえり、現状を改善していかなくてはなりません。それは、同時に、介護保険から介護保障へ国の社会保障のありかたを変革していく一歩につながっていくのです。

◆1　石田一紀『介護労働の本質と働きがい』（萌文社、二〇一五年）八〇頁参照。

◆2　「障害を持つ親子の自立支援にむけて」、石田・泊・藤田著『高齢・精神障害者とホームヘルパー――生きる意欲を高める家事援助の真価』（萌文社、二〇〇一年）一一三頁参照。

◆3　石田一紀『人間発達と介護労働』（かもがわ出版、二〇一二年）第7章参照。

第4章　今日の介護福祉をめぐる状況
——市場化され、分断された介護

鴻上圭太

今日の介護をめぐる状況は、介護の市場化の流れのなかで、介護福祉労働者と介護を必要とする人、およびその家族とを分断してしまっています。その両者の分断は、高齢者虐待や介護ハラスメントなどの問題を引き起こし、さらに分断から得られる意識が介護の市場化を容認し、さらに市場化が拡大していきます。このような状況は、日本国憲法で現在も保障されている「個人としての尊重」「自由及び幸福追求」「健康で文化的な最低限度の生活」などを保障する社会福祉制度、およびそれに基づく社会福祉の実践、とりわけ介護における実践の質を低下させ、本質を弱めることになります。

また、市場は社会福祉の原則と同居することはできず、市場を拡大するベクトルは、社会福祉を弱体化させることになります（公的な社会福祉がある限り、介護の市場は裕福層など一部を除いて拡大していかないため、市場の側は公的な福祉の縮小を求めます）。今日の行政は、国民から介護保険法に基づく介護サービスを遠ざけています。このままでは公的な社会福祉は衰退し、裕福層など一部の者しか十分な介護を享受できなくなります。この事態を打開するためには、国民間の共同、とりわけ、介護を提供する介護福祉労働者と、介護を必要とする人と、その家族などが、共同で介護の実践に取り組む必要があります。

1　今日の介護をめぐる状況

（1）介護ハラスメント・高齢者虐待の問題

①介護ハラスメントの状況……今日、介護の現場においてハラスメントの実態が報告されています。二〇一八年、日本クラフトユニオンが介護現場で働く介護職員を調査したところ、七割超の介護職員が利用者およびその家族から何らかのハラスメントを受けた経験があるとのことでした。ハラスメントの内容は、高圧的な態度、暴力、必要以上のサービスの強要などのパワーハラスメント、不必要な身体的接触や性的発言、性的関係を迫るなどのセクシャルハラスメントです。

また、利用者やその家族からハラスメントを受けた経験のある介護職員のうち、七～八割の人は誰かに相談していますが、そのうち約四割は解決に至らず、さらにハラスメントがエスカレートしたケースや担当を変えて対処したなどが報告されています。また、ハラスメントを経験した介護職員の約二割は、ハラスメントを受けても誰にも相談しなかったそうです。その理由は、相談しても解決しないと感じていたり、利用者が認知症だから仕方がない、相談するほど大きな問題であると感じていない、と認識していたからだとのことです。

介護を必要とする利用者やその家族が介護職員に対してハラスメントに至ってしまうのは、必ず何か原因があるはずです。それは、提供されている介護の質や量に対する不満や金銭的な不安なのかもしれませんし、あるいは介護職員との人間関係に由来するのかもしれません。あるいは、それらを通して現在、未来にわたる生活全般に不安を感じているのかもしれません。また、セクシャルハラスメントは「介護職員はお金を払って雇っている人」という「消費者」としての自己認識のうえに立って日常的な介護を受けたり、介護職員との関係性を築いてきた結果なのかもしれません。いずれにしても、このような介護ハラスメントの状況は、社会福祉に立脚した時の、介護を必要とする人と介護福祉労働者との適切な関係が崩壊していることを意味しています。

②高齢者虐待の状況……また高齢者虐待の実態についても、厚生労働省の調査により報告されています。「平成28年度『高齢者虐待の防止、高齢者の養護者に対する支援等に関する法律』に基づく対応状況等に関する調査結果」では、二〇一六年度（平成二八年度）の養介護施設従事者等による高齢者虐待に関する相談・通報件数は一七二三件、うち高齢者虐待と判断された虐待判断件数は四五二件と報告されています。虐待判断件数は、前年度比一〇パーセント増とのことです。高齢者虐待の原因には「教育・知識・介護技術等に関する問題」（六六・九パーセント）、「職員のストレスや感情コントロールの問題」（二四・一パーセント）、「倫理観や理念の欠如」（一二・五パーセント）などが挙げられています。

社会福祉とは本来、国民の生活要求とその具体的取り組みによって形づくられ、そして制度化され公的なものになります。日本国憲法に明記されているものを順守するならば、国家は国民の生活要求に応え、国民の生命と生活、幸福追求に対して責任を持たなければなりません。

ところが、国家が主導して国民のそれらの要求に応えるべく、先回りして社会福祉の制度をつくり上げるということは、本来はふさわしい形ではありません。介護という具体的支援（保育は保育という支援、障害療育は療育という支援）を通して、国民の生活要求が浮き彫りになり、その生活要求に対し必要な取り組みが具体化していきます。

このような一連の作業を実践といいます。この実践こそが、国民の真の要求の上に立った社会福祉をつくり上げる方法なのです。実践は、支援者だけでは成立せず、また支援を必要とする人だけでも成立しません。両者がいてこそ実践は成立します。生活要求に基づき支援を必要とする人は、どのような支援を必要とするのか、その具体的内容をあらゆるコミュニケーション方法を駆使して表現します。そして支援者はその表現された（どのように支援してほしいのかという、その具体的な）内容にそって忠実に支援をしていきます。ときには、支援を必要とする人の生活要求が何なのか、その人の未来に目を向けたときに本当にその要求内容でいいのか、別の方向を目指す方がよりよいのではないか、その要求を満たすためにはどうすればいいのか、などについて、両者でコミュニケーションを通して検討されることもよくあることです。このようにして社会福祉の実践は具体化され、そして社会福祉としての制度化、拡充がなされていくのです。社会福祉の実践は、まさに支援を必要とする人と支援者との共同による作業でなければならないのです。しかし、果たして介護現場における実践の現状はどうなのでしょうか。介護ハラスメントや虐待問題は、まさに両者の分断から生まれた問題であるといえます。この状況を放置していては、私たちが求める社会福祉はつくりあげることはできません。

（2）翻弄される介護老人保健施設――インセンティブによる政府主導の介護・医療の実践

介護・医療の実践は、政府の意図的な施策により、多くの場でその実践のあり方が誘導されていいます。たとえば、介護老人保健施設をめぐる実践です。介護老人保健施設は介護保険法に規定された施設で、病院と自宅の中間施設として位置付けられています。病院を退院してから自宅で元の生活に戻る前に、リハビリや医療的ケアを通して体調を整え、自宅での生活行動に沿ってＡＤＬ（日常生活動作）を向上させてゆくことを目的としています。病院に入院しなければならなかった理由は様々で、退院時の身体状況も、人によって様々です。

介護老人保健施設における実践は、そういった利用者一人ひとりの状況に応じてどの程度のリハビリを行うのか、医療的ケアによってどの程度まで体調を整えるのかについて、その次の生活様式を想定しながら検討し、実践を通して自宅に帰る準備をするのです。しかし、介護老人保健施設は、一人ひとりの要求に従って実践を行っていく余裕はありません。なぜならば、一定期間の間にどれだけの利用者が自宅に帰ることができたかを測る「在宅復帰率」[1]はどの程度だったか、「ベッド回転率」[2]がどの程度だったかなど、それらの数値によって、介護老人保健施設に支払われるサービス報酬単価が法的に決定されるからです。一定期間内での「在宅復帰率」や「ベッド回転率」の数値が高いほど、報酬単価も上がります。行政の側からすると、「在宅復帰率」や「ベッド回転率」を高めることで一人の利用者が介護老人保健施設のサービスを使い続けることを抑制し、結果的には介護にかかる公費支出を抑えることにつながるのです。

このように、事業所の収入となるサービス提供の対価である報酬単価に変化をつけて、ある種別の事業所処遇（実践）のあり方を誘導する行政のやり方が今日横行しています。この報酬単価の部分を行政の側はインセンティブと呼んでいます。インセンティブとは「動機」や「きっかけ」と訳されますが、事業所はこのインセンティブによって、望まない処遇（実践）の方向性を行政によって決定付けられるのです（さも強制的ではなく、事業所の意志で選択したかのように）。

介護老人保健施設の介護職員には、利用者一人ひとりの状況にあわせて、自宅に帰る準備をしっかり行っていきたいという思いがあります。人権尊重、必要充足を個別的に行うのが本来の社会福祉の実践です。しかし、事業所の置かれている立場からすると運営を財政的に安定させ、働く人の労働条件をよりよくするためには、高い報酬単価をねらう必要があります。そうでなければ、介護職員の人件費を抑えなければならないばかりか、雇用できる介護職員の数も抑えなければならなくなります。そのしわ寄せは、利用者の生命、身体、暮らしへの影響として現れます。このように、次第に国民が介護保険法による介護サービスから遠ざけられていくのです。そして、介護事業所や、そこで働く介護職員は矛盾のスパイラルに陥るのです。

介護保険法による介護サービスが利用しにくくなると、介護保険外の介護サービス、つまり公費投入のない、民間企業から提供された純粋な市場原理による介護サービスを利用せざるを得なくなります（たとえば介護保険適用外の有料老人ホームや、サービス付き高齢者住宅で提供されている介護サービスのうち介護保険サービス以外の部分。これらは介護保険による介護サービスの不足を補う形で今日、供給量が充実していますし、また、厚労省も特別養護老人ホームの増床は抑制し、有料老人ホームやサービス付き高齢者住宅などの増床を奨励しています）。このようにして、社会福祉が市場に取り込まれていきます。社会福祉が市場に取り込まれると、所得、資産、貯蓄などの状況によって、つまりお金を持っているかどうかというきわめて個人的な状況によって、個人の高齢期の生活様式が決定されてゆくことになります。

行政の側のインセンティブによる現場への意図的な介入は、介護老人保健施設をめぐるものに限らず、今日の社会福祉のあらゆる分野、あらゆる制度施策において多数散見されます。

2 介護福祉労働者養成の実態――厚生労働省の介護人材確保政策

(1)「手技」の習得を軸にした介護専門職養成

厚生労働省は、将来において介護職員の数的必要性に鑑み、「介護人材の確保について」(二〇一五年)で「介護現場への幅広い人材の参入」を求め、介護の最低限度の知識・技術等について取得した者を今後の介護人材として大量に確保することを目指しています。介護人材構成のすそ野は、各自治体の介護サービスの必要量および内容の状況や財政における実情に応じて研修体系がつくられている、いわゆる「介護入門的研修」です(研修時間はおおよそ二一時間程度)。その他には「生活援助従事者研修」(研修時間五九時間)、「介護職員初任者研修」(研修時間一三〇時間)などがあります。これらの研修を受講した者を介護人材として、これからの介護を支える人材構成のすそ野を確保しようとしています。そして介護分野唯一の国家資格である介護福祉士が、介護職員のリーダーとして位置付けられています(「介護福祉士養成課程における教育内容の見直しについて」(平成二九年))。

介護福祉士の養成には養成施設ルートと実務経験ルートがあり、実務経験ルートは介護の実務経験三年と四五〇時間の講習を受講することで国家試験を受験することができ(四五〇時間とは約六か月)、養成施設ルートでは国家試験を受験するために短大、専門学校などで、一八五〇時間以上の講習を受講しなければなりません。一八五〇時間の講習をこなすには約二年かかります（以上、次ページの表4―1も参照）。

養成施設ルートは、主に専門学校や短期大学で行われているのですが、介護福祉士資格取得について実務経験ルートとの併用のため「わざわざ養成校に行かなくても」と考える人も多く、介護福祉士を養成している専門学校、短大の多くは定員割れしているのが現状です。実際に、実務経験ルート資格取得者は介護福祉士全体の約八割で、養成施設ルート資格取得者は二割程度にすぎません。

講習時間が短くなれば、取り急ぎ介護の仕事ができるよう、介護技術を中心に学ぶことになります。介護技術とはいわゆる「手技」のことを指します。「手技」とは、食事を自分で摂れない方に対して食事の介助をすることや、更衣を自分ですることが困難な方に対し更衣の介助をするときのそのやり方のことです。

介護を必要とする人にとって安心で心地よく、かつ安全に行うためには、科学的に考案された「手技」を学ぶことがとても大切なことであることはいうまでもありません。しかし、食事介助や入浴の介助などに代表される介護技術さえできれば介護労働として成り立つというわけでもありません。日常生活上において支援が必要な場面は、身体の状況や環境によって一人ひとり違います。そして支援が必要な場面についてどのように支援を受けるのか（どのような介護を望むのか）については、個人の人生観と深く関わるため、介護は、介護を必要とする人の人生観も含めて方法や方向性を見いだす必要があります。そのため、介護職員には深い人間観と、相手の思いを確実にくみ取る深い洞察力が求

キュラムおよび講習時間の比較表

員初任者研修		生活援助従事者研修		介護入門的研修	
厳の保持・自立支援	9	介護における尊厳の保持・自立支援	6	……	
……		……		……	
……		……		……	
の理解と医療との連携	9	介護・福祉サービスの理解と医療との連携	3	介護に関する基礎知識	1.5
介護の基本	6	介護の基本	4	介護の基本	1.5
ミュニケーション技術	6	介護におけるコミュニケーション技術	6	……	
生活支援技術	38	こころとからだのしくみと生活支援技術	24	基本的な介護の方法	10
……		……		……	
振り返り	4	振り返り	2	……	
職務の理解	6	職務の理解	2	介護における安全確保	2
老化の理解	6	……		……	
認知症の理解	6	老化と認知症の理解	9	認知症の理解	4
障がいの理解	3	障がいの理解	3	障がいの理解	2
からだのしくみ	37	……		……	
……		……		……	
130時間		59時間		21時間	
規定されている都道府県					

められるのです。ところが、たとえば介護福祉士養成施設ルート以外のカリキュラムでは、哲学的，倫理学的，社会学的学問要素を、介護に引き付けて体系的に学ぶ機会が与えられていないのです。

問題は、すでに介護現場で介護労働を担っている現任の労働者個々の能力にあるのではありません。問題の所在は、国家による介護人材確保政策、とりわけ介護専門職養成のあり方です。介護専門職養成のあり方は、国家の介護に対する責任の持ち方にほかなりません。成年期あるいは高齢期にあり、かつ日常生活及び今後の人生において介護を必要とする国民に対し、「生存権」および「幸福追求権」を保障することに、国家がどのように（あるいはどこまで）責任を持つべきなのか、私たちは、国家の介護職員養成

表4−1　介護に関する資格のカリ

介護福祉士（養成施設ルート）			介護福祉士（実務経験ルート）		介護職
人間と社会	人間の尊厳と自立	30	人間の尊厳と自立	5	介護における尊
	人間関係とコミュニケーション	30	……		
	社会の理解	60	社会の理解	35	
	人間と社会に関する選択科目	120	……		介護・福祉サービス
介護	介護の基本	180	介護の基本	30	
	コミュニケーション技術	60	コミュニケーション技術	20	介護におけるコ
	生活支援技術	300	生活支援技術	50	
	介護過程	150	介護過程	90	
	介護総合演習	120	……		
	介護実習	450	……		
こころとからだのしくみ	発達と老化の理解	60	発達と老化の理解	30	
	認知症の理解	60	認知症の理解	30	
	障がいの理解	60	障がいの理解	30	
	こころとからだのしくみ	120	こころとからだのしくみ	80	こころと
医療的ケア	医療的ケア	50	医療的ケア	50	
合計	1850時間		450時間		
備考	国家資格		国家資格　国家試験を受験するには、プラス3年の介護従事経験が必要		介護保険法に認定資格

出典：厚生労働省の資料を基に筆者作成

に関してはまずそこを問う必要があるのです。

そしてその問いの帰結は、資格制度や養成カリキュラムという形で具体化されていきます（国家の介護に対する責任のありようは、さらに介護職員の賃金問題、労働条件、そして国民が介護サービスを利用する際の手続き、条件、費用負担などの現状として具体化されていくのですが）。

たとえ介護職員としての入り口が短時間の講習による資格取得によるものであっても、それは介護の担い手の養成をまず優先しなければならない社会情勢においては必要なことであろうと思います。

しかし、国民の「生存権」「幸福追求権」を土台にした一人ひとりの人生に深くかかわる介護の担い手である以上、介護福祉労働者としての、人間発達を土台にしたあくなき能力開発及び能力拡大をめざす必要があり、介護職員には生涯、介護の実体験とそれを論理的に整理するための学習の機会が与えられる必要があるのではないかと思います。

（2）生活問題から社会問題への認識へ

私たちは国家に、介護の責任を追及すべく、介護職員の資格体系や養成カリキュラムのあり方を問う必要があるのは、先ほども述べたところです。しかし、私たちの内部においては介護福祉労働者イコール介護福祉士などの資格取得者（介護職員）と見なしてよいのか、疑問が残ります。

私たちは、国家の政策が国民の人間としての尊厳を保障するものになっているのかについて常に目を配る必要があります。例えば日本国憲法第一三条・幸福追求権、および第二五条・生存権等が、守られている、あるいは脅かされている状況とはどういう状況なのか、それはその時々（時代や存在している環境）によって違ってくるものです。その要因には社会情勢と時の政策が挙げられます。介護の資格体系や養成カリキュラム、それらに具体化された介護のあり様が憲法第一三条や第二五条をおびやかす場合もあるのです。

よって私たちは、介護福祉労働を通して国民の生活問題を認識し、蓄積・集約し、社会問題化しなければなりません。さらに社会問題化によって社会をよりよい方向へと変革してゆかなければなりません。その先頭に立つのが介護福祉労働者であろうと思います。どのような制度施策（たとえば介護保険制度）の中にあっても、常に国民の生活問題を認識し、国民的運動を通して生活問題から社会問題へと発展させながら社会変革を目指す労働者としての立ち位置が必要なのではないでしょうか。

介護福祉士養成校の運営、事業は、社会的役割として当然不可欠なものには違いありませんが、介護福祉士養成を通して介護福祉労働者の養成を行ってゆくことが必要であると思います。それはつまり、ソーシャルワーカー[◆3]としての介護福祉労働者であり、人類が歴史的につくり上げてきた思想のうえに立った国民の権利擁護と基本的生活様式の確保、社会変革を目指した介護福祉労働者です。

3　分断された介護福祉労働者と国民――社会福祉の市場化

介護は、いったんは失った機能をリハビリ等によって回復させ、それを生活機能として日常生活の遂行に活かしてゆくことも多々あります。介護労働者と介護を必要とする人との間で行われるコミュニケーションを軸にして、介護労働者は身体状況を常に確認しながら相手がどのように自らの生活を立て直したいのかを模索し、そのときどきで一番良い介護の方法を選択しています。

しかしそれは、必ずしも介護サービス事業所が提供する介護にとどまらず、家族や地域、近隣住民が行う介護であってもいいのです。また、これまでは誰かからの何らかの介護を受けていたが、介護やリハビリによって身体状況が好転するなどその変化によっては、再び以前のように自分でできることは自分で行う（自分で日常の家事をこなしていくなど）という選択でもいいのです。ところが、介護保険法においては、その仕組みによって、介護サービスを利用しないという選択肢は許されないことになるのです。

このような背景には、介護の分野を市場化し、介護サービスを新たな市場のコンテンツに仕立てようという経済界からの要請があります。これは、新自由主義の大きな流れの中において、公的責任か自由経済かというせめぎあいのなかで起こっている現象です。自由経済にとって公的責任は邪魔な存在であり、自由経済を拡大するためには公的責任を縮小させていく必要があるのです。

介護保険法によって実施される介護サービスの提供は理論的には「準市場化」とも呼ばれ、各自治体における介護サービスの提供にかかる費用の、総体に対しおおむね五〇パーセントの公費が投入されていますが、あとの五〇パーセントは国民が負担しています。介護サービスを必要とする人には、介護サービスを利用する際、サービス利用料を支払うことを課しています。従来は国家が国民の生命、生活、幸福に責任を持ち（現在も憲法上はそうですが）、国民に介護が必要となった場合は、国家の責任として行政が介護サービスを提供していましたが、現在は自分で介護サービス利用の手続きを行い、自分でサービスを〝買わ〟なければならなくなりました。

また、社会福祉による支援の具体的な提供ができる機関は、行政か社会福祉法人に限られていましたが、あらゆる民間団体、個人、株式会社でも――全てではありませんが――できるようになりました。株式会社はその制度上、利益追求が求められます。介護サービス提供の分野では広範な部分において株式会社の参入がすでに認められています。株式会社による介護そのものを否定するものではありませんが、株式会社の特性においてどのように介護を提供するのか、その方法によっては、憲法第一三条、あるいは第二五条に明記された「すべて（の）国民」の「個人としての尊重」「自由及び幸福追求」「健康で文化的な最低限度の生活」を保障することと、相反する状況に陥る可能性を帯びることになります。

これらのことが、介護保険法における介護サービスの提供は、国民の権利としての社会福祉に包含される一つの分野として考えられるのか、あるいは市場経済の場なのかを、非常にわかりにくくしてしまっているのです。

現に介護保険法の下での介護労働者は、介護を必要としている人＝〝顧客〟を確保し、さらに介護サービスを提供することそのものにエネルギーを注ぐよう、その制度の仕組みによって要請されています。介護労働者と、介護を必要とする人あるいはその家族、あるいは市民とが、〝事業者と顧客〟の関係に置かれ、介護サービスの不足や質が制度に規定されたものであっても「顧客からのクレーム」という形で事業者に届けられ、事業者も制度による介護サービスの不足をクレーム対応として片づけてしまいます。介護ハラスメントの実態の一部はこのようなことを背景にしているのではないでしょうか。介護労働の本質からいえば、介護サービスの不足の原因を制度施策に求め、介護労働者は、介護を必要とする人やその家族、そして市民との共同のもとで介護にかかる制度施策の改変、充実を図ることが求められなければならないのです。

介護が市場化され、それをそのままに受け取って介護労働の本質を見失い、事業者と顧客の関係にとどまってしまうとすれば、介護が必要となったとき、金銭の条件が整う範囲で、ある程度のサービスを購入することができるでしょうが、それは非常に脆弱（ぜいじゃく）な社会保障といわざるを得ません。またその制度の仕組み（今日でいえば介護保険）は、時代を追うごとに改変されていくでしょうが、市民の立場に立った改変にはならず、そのベクトルは「介護市場」の拡大に向かうことになるでしょう。

市場化は、売る側と買う側の二つの要素で介護の場面でも国民を分断します。社会福祉の実践は、現象的には支援する側（介護サービスを提供する介護労働者）と支援を必要とする側の両者が存在することになりますが、支援する側も一国民の立場であれば社会福祉の支援を必要とする側になる可能性を秘めています（介護はいずれすべての人にとって必要なものとなります。）。人間としての幸福は人権尊重や生命、健康の状況と深くかかわり、それらを支えるのが社会福祉の制度とそれを具体化する実践です。その点においては、国民誰もが同じ立場にあります。ですから、社会福祉の制度の拡充に向けて、それを具体化する社会福祉の実践は、国民間の共同で行わなければならないのです。

4　介護労働者、介護を必要とする人、その家族、同じ立ち位置での共同を

（1）介護労働の質を問う

新自由主義の大きな流れにおける介護の市場化への構想とともに、介護福祉労働は合理化、効率化を求められています。これは市場そのものの原理でもありますが、政策に基づく介護職員配置基準や介護報酬、実践への介入によって裏づけられています。

介護現場で介護職員は、「少ない人数で必要な業務をこなし、安全確保ができる」ことが求められ、介護職員一人ひとりに対しては「手早く仕事をこなす」ことが職員評価の一つに置かれています。「手早く仕事をこなす」職員が「できる職員」とされ、介護の理念とは別の形で効率性や合理性が介護労働の「質」として議論の中心に置かれています。つまり、介護は、介護を必要とする人を「満足させるもの」であることは表向きにはあるものの、その前提には介護サービスを提供する事業所側が

いかに効率よく利潤が得られるかが、重要事項としてあからさまに語られているのです。介護福祉労働の「質」への問いと評価は、市場における利潤の追求とその結果に収斂(しゅうれん)されていくのです。

新自由主義の流れにおける介護の市場化に対抗するには、一つには本来介護に求められていることは何か、介護を必要とする人のニーズと家族のニーズ、そして社会のニーズは何なのかを問い続けなければならないと思います。そして介護はそれらのニーズに的確に応えられているのかという点を明らかにすることです。それは、決して前提が利潤や効率性、事業所の経営の視点であってはなりません。市場化における介護事業所と、介護を必要とする人の契約関係のもとでは、しばしば介護の質の論議が、その両者の対立でとどまってしまうことがあります。しかし介護の質に関する議論はそこでとどまっていてはいけないのです。それは、介護の市場化をさらに助長することにもなるのです。介護の質を問うということは、世に問うということです。介護福祉労働者と介護を必要とする人、およびその家族が中心となって、介護の現場で今できていることは何か、できていないことは何かを世に説明しなければならないと思います。

(2) 国民間の認識の共通項による共同の関係の構築

新自由主義の蔓延(まんえん)は公的責任を放棄させ、公的な介護を縮小させていきます。なぜならば、新自由主義がめざす自由な（規制のない）経済活動にとって、公的責任による公的介護などの社会福祉は活動の邪魔になるからです。〝公的なもの〟があり続ける限り、国民が市場を通して介護サービスを受けとることは少なくなります。経済界の手中に収められた国家は、経済界の要請に従い、公的介護など社会福祉を縮小しようとします。ほんの一〇年前までなら、予算の増減によって介護、社会福祉の現場が左右されていましたが、今日では予算の操作のみならず、介護、社会福祉の実践までも政策によって操作し、介護、社会福祉の現場はまさに翻弄(ほんろう)されている状況です。

日本国憲法が保障した「文化的で最低限度の生活」や「幸福を追求する権利」などを実現すること、私たち一人ひとりが望む暮らしを実現することのためにはどうすればよいのでしょうか。介護労働者と介護を必要とする人との関係を、コミュニケーションを通して互いに深め、そのなかで介護を必要とする人の人間性を真に回復する方向性とはどのようなものなのかを互いに確認しあいながら進める介護を実践していかなければならないと思います。

そしてその実践における現状、個々の要求に応じた生活とそれを支える介護を進めるために必要なこと、足りていないことを共同で社会に伝え、さらにそれらを土台とした実践を積み重ねることです。それは、たとえどのような制度施策のもとでの介護の仕組みであったとしても、です。国民にとってあるべき高齢期の生活、人生、生き方は、人間である以上、皆共通であることを確認することが求められるのではないでしょうか。そのためには介護労働者、介護を必要とする人、その家族、市民が相互のつながりをもち、それぞれの立場において相互に共同の関係をつくる努力をし続けなければならないのです。

◆1　在宅復帰率は、厚生労働省が定める、病院における入院基本料や介護老人保健施設における報酬基本単価のそれぞれの区分を決める基準の一つ。入院患者が退院後、あるいは老健入所者が退所後にどれだけ在宅復帰したかによって報酬単価の基準が上下する。ここでいう「在宅」とは、持ち家や賃貸住宅のほかにグループホームやサービス付き高齢者向け住宅、有料老人ホームなども含まれる。

◆2　ベッド回転率は、在宅復帰率と同じく、介護老人保健施設における報酬基本単価を決める基準の一つ。このように厚生労働省が定める報酬単価基準はこれらのほかに、病院なら例えば入院基本料を決める基準に患者の「重症度」などがあり、老健ならば「入退所後訪問指導割合」「居宅サービスの実施数」など多数ある。今日の医療・介護における厚労省の政策は、患者や介護サービス利用者の個別の事情に応じて医療・介護を展開することを許さず、厚労省が定めた医療・介護サービスを行うところに報酬を配分している。

◆3　ソーシャルワーカーは、ソーシャルワークをする専門職。ソーシャルワークとは「人間の福利の増進を目指して、社会の変革を進め、人間関係における問題解決を図り、人々のエンパワメント（自らの力を発揮すること）と解放を促してゆく（以下略）」（国際ソーシャルワーカー連盟による定義）ことである。

第5章　介護人材の質の向上と介護福祉士養成施設の役割

堅田知佐

少子・高齢化問題が社会的課題として取り上げられるようになって随分と経ちますが、介護現場での人材不足問題が叫ばれることも珍しくなくなりました。国は、この課題に対して人材の「量の確保」と「質の向上」を両睨み（りょうにら）にした対策を講じているところですが、そもそも、介護の仕事の本質を捉え、人材不足の要因をしっかりと分析しなければ、解決に結びつけることは困難ではないかと考えています。今後、介護ニーズはますます高まることは間違いないにもかかわらず、需要はあるのに、現場に人が来ないのは、なぜなのでしょうか。

介護は「3K」の現場といわれてきました。仕事がきつい割に給料が少なく、汚い仕事というイメージのネガティブ・キャンペーンが張られ、最近では、介護職員による虐待や、犯罪に関するニュースも多く見られます。しかし、仕事のきつさは、介護に限ったことではありません。どのような仕事でもきつさはあります。

介護は人を相手にする仕事です。教員も、医師も、看護師も、どれもが人を相手にする仕事です。その中で、介護現場の職員だけが、国家資格がなくても働くことができ、専門教育を受けなくても働くことが可能な職業になっています。このことが社会的信頼や社会的地位を向上させることへの足かせになっているのではないかということが考えられます。給料の低さは、医師や看護師のような業務独占にはなっていないということが反映されているとも考えられます。

また、一般的に人の尿や便を扱う仕事は汚い仕事という印象があるのかもしれません。しかし、現場で働いている介護福祉士の多くは、尿や便は健康状態を見る上で重要な情報源と捉(とら)えています。3Kは、介護現場の中から生まれたイメージなのか、外からつくられたイメージなのか、それとも両者から発せられたイメージなのか、それを明らかにすることは難しいものの、介護現場で働くすべての人が3Kだと感じている訳ではありません。便は健康状態を図るための情報と捉える者と、汚い物だと捉える者と、そのこと一つ取っても、個々の捉え方が存在しています。

さらにいえば、意思疎通を図ることが困難になった人を、「理解できない(何もできなくなった人)」と捉えるのか、「どんな状態にあっても尊厳のある一人の人間」だと捉えるかによっても、介護の仕事に対する意識が異なります。介護福祉士養成施設では、厚生労働省が定めた一八五〇時間以上の時間を使って、そのことを徹底的に教育します。価値のない人間はいないと捉えるから、人を大切にできるのです。

介護の仕事を行う上で、最も重要なことは、人としての尊厳を護ること、つまり、人を大切にすることであると私は考えています。寝たきりの人であっても、おいしくご飯を食べるために、身体(手や足や頭など)を動かしてお腹を空かせ、気持ちよくお風呂に入り、時には雨の匂いを嗅いで、春には桜の花を見て、すっきりと排泄(はいせつ)してもらうための支援を行うことが、介護の仕事の一つの場面です。

最近は、介護の現場ではリスク管理の必要性がいわれていますが、リスク管理の究極の形は、寝かせきりにしておくことになります。行きすぎたリスク管理をしてしまうと、介護ではなくなってしまいます。人の尊厳を護るとはどのようなことなのか、なぜ人を大切にしないといけないのか、このことを理解させるためには、テキストを読むだけでは難しいのです。多くの人の人生に触れ、要介護者と同じ立場に立って物事を考えることのできる力を身につけることが求められます。そのために、クラスメートとディスカッションしたり、一人では生活を営むことが困難な人の気持ちや思いや考えを聴いたり、また悩んだりしながら、徐々に身につけていくものだと考えています。介護をする時に、大事なことが何なのかということを理解しないまま介護の仕事をすることは、家の建て方を知らないまま、家を建てることと同じように危険なことだと考えます。

私は介護の「質の向上」のためには、介護に携わる人すべてに対してこのような教育が必要であると考えています。もちろん、卒業後すぐに、すべての卒業生が即戦力として活躍しているわけではありません。知識の上に、経験を積むことで、介護実践の様々な場面への対応が可能になります。

「介護は、知識がなくても優しさがあればできる」という話を聞くことがありますが、優しさとは具体的にどのようなことを指しているのでしょうか。要介護者は、介護者に対して好意的な人ばかりではありません。介護者への強い拒否を示す人もいます。そうなると、優しさだけでは対応できないものが出てきます。介護とは、介護者の人間性や経験でなく、要介護者の状態を客観的に分析する力、つまり要介護者が拒否をする背景や要因をあらゆる視点から考え、分析する力が求められます。時には時間をかけて、ある時には瞬時に分析し、判断することが介護現場では求められます。そして、それができるようになるためには、やはり一定の教育が必要になります。

以下では、介護を取り巻く課題について整理し、介護の仕事の本質を示した上で、介護を取り巻く社会的課題を解決するための専門教育の必要性について少し具体的に述べていきたいと思います。

1　介護を取り巻く課題――介護人材不足と「量の確保」「質の向上」

現在、介護を取り巻く課題の一つに介護人材不足があげられます。そして国は、介護の担い手を増やしていくために、様々な対策を講じているところです。団塊の世代が八五歳になる二〇三五年には、二九五万人の介護職員数が必要とされていますが、六八万人が不足する見込みであることが示されています。[◆1]一方、介護職員の離職率の高さがマスメディアで再々取り上げられていますが、二〇〇七年度には二一・六パーセントだったものが、二〇一六年度には一六・七パーセントにまで減少している[◆2]ものの、同年度の全産業種平均離職率が一五・〇パーセントであることと比較した場合、やはり高い[◆3]ということになります。ただ、労働条件等の不満理由として、「人手が足りない（五三・二パーセント）」という回答が「仕事内容のわりに賃金が低い（四一・五パーセント）」を上回っていることを考えると、一昔前までは、「介護の仕事は給料が低い」３Kと言われてきた介護の現場の様相が徐々に変化してきていることが窺（うかが）えます。よく介護現場では、「三年の壁」といって、入職し仕事も覚え、慣れてきた三年目の職員が離職することが多いことが課題となっています。このことは、一人の職員が辞めたからもう一人雇えばいい、量の充足ができればすぐに解決するといった単純な問題ではありません。介護は、人の支援をする仕事です。人は、一人ひとり性格も違えば、育ってきた環境も違い、

表5−1　介護福祉士養成施設への入学者数の推移

年度（平成）	25年度	26年度	27年度	28年度	29年度
養成施設数（課程）	412	406	379	401	396
入学定員数（人）	18,861	18,041	17,769	16,704	15,891
入学者数（人）	13,090	10,392	8,884	7,752	7,258
定員充足率（%）	69.4	57.6	50.0	46.4	45.7

価値観も異なります。身体的特徴も異なります。特に、入所施設であれば、数十人の入所者一人ひとりに特徴があり、その人に合ったコミュニケーションの取り方があり、身体介助の方法がありますが、それらを把握した職員が慣れた頃に辞めてしまうことは大きな財産を失うことであり、新たに入職してきた職員は一からそれらを学ばなければなりません。何よりも、入所者自身が築いてきた介護職員との人間関係が絶たれることは、入所者にとっても生活上の財産を失うことにほかなりません。言葉によるコミュニケーションが困難な入所者もいる中、表情や動作から要介護者のニーズを読み取れるようになるには、ある程度の経験年数が必要になります。一つの施設で、職員が辞めていくということは、単なる量の問題ではなく、介護の質の問題であることは、想像に難くありません。

介護現場における人材不足の問題への対応が急がれるところではありますが、現場での人材不足に比例して介護福祉士養成施設への入学者数の減少も顕著になっていることが、さらにこの問題を深刻化させています。表5―1は、平成二五年度から平成二九年度までの介護福祉士養成施設（介護福祉士養成課程）への入学者数です。◆4

現場に介護職員が不足している状況と、養成施設入学者数が減少している状況は、いずれも従事者不足の要因として結果的に介護従事者の不足状況の深刻化を招いているのですが、異質の問題も含んでいます。つまり、介護人材の数が満たされないという共通の問題と同時に、介護現場における質の担保が一層困難になるという二重の問題をもたらしていることです。現在、国は、介護人材の確保にあたり「量の確保」と「質の向上」の両面からの対策[5]を進めているところですが、いまだ成果が見えにくい状況にあります。介護の必要な人が増大している状況に対して、必然的に介護人材を増やす必要があることから、日本人に限らず、外国人労働者の受け入れを進めるための法改正や、きつい仕事といわれる介護という職業の課題を解決するために、ＡＩや介護ロボットの導入が積極的に試みられています。

一方「質の向上」に対する対策の柱は、介護福祉士養成施設の教育カリキュラムの変更というものでしかありません。「質は量が決める」というのは物理の分野の話だそうですが、介護現場において、養成カリキュラムによって人を大切にすることの意味を教育されてきた人の割合が少ない中、本当に質の向上も期待できるのかという命題に、国は明確な答えを出していません。

2　介護関連の資格制度

現在、介護現場には多くの無資格の職員が働いています。法律上、介護施設で介護職員として働くために必要な業務独占資格が設けられていないためです。たとえば、介護老人福祉施設で介護職員として働いている人たちの中には、介護福祉士国家資格保持者のほかに、初任者研修修了者や今は廃止となったヘルパー研修修了者、あるいは高等学校を卒業してすぐに就労した無資格者もいます。先述

表5−2　介護関係の資格と研修（授業）時間数

研修名	入門研修	初任者研修	実務者研修	介護福祉士（養成施設）
時間	21時間	130時間	450時間	1850時間
内容等	介護分野への参入のきっかけ作り。できるだけ基本的な内容（介護保険等の制度に関する内容、基本的な介護の方法、認知症に関する基本的な理解、緊急時の対応方法）※1	多様化する介護ニーズに対応する知識及び技術を有する介護職員を養成する。在宅・施設で働く上で必要となる基本的な知識・技術を修得し、指示を受けながら、介護業務を実践できるようになる。※2	実務経験3年以上の者が受講することによって、介護福祉士国家試験受験資格が与えられる。	厚生労働省のカリキュラムに基づき、高度な知識・技術を有する介護の実践者を養成。厚生労働省の指定する介護福祉士養成施設（2年以上）を卒業すると同時に、国家試験受験資格が与えられる。

※1　社会保障審議会福祉部会福祉人材確保専門委員会「介護人材に求められる機能の明確化とキャリアパスの実現について（平成29年10月4日）」を参考にまとめた
※2　今後の介護人材養成の在り方に関する検討会「今後の介護人材養成の在り方について（平成23年1月20日）」を参考にまとめた

のように、業務独占資格が設けられていないためです（ただし、一定の割合での介護福祉士〔国家資格〕雇用率により、介護保険制度上の減算・加算がなされます）。

二〇一八年現在の介護関係の資格と、それを習得するための研修（授業）時間数は表5—2の通りです。介護福祉士の資格取得方法については、養成施設ルート、実務経験ルート（実務者研修を受講）、福祉系高校ルートの三つのルートが設けられており、養成施設ルートでは、卒業と同時に介護福祉士国家試験受験資格が得られます。実務経験ルートでは、三年間の介護現場における実務経験と、実務者研修の受講修了によって、受験資格が得られます。実務者研修では、通信教育による受講が認められており、面接授業は、介護の実技を含めた科目「介護過程」四五時間、痰(たん)の吸引や経管栄養の処置などの実技を行う「医療的ケア」に限られています。

私の教員としての経験上、面接授業四五時間では、介護の本質である「介護過程」を身につけることは非常に困難です(理由は、次節3を参照してください)。少し大雑把な見方ではありますが、入門研修、初任者研修における学習内容は、身体介護の実務的方法論と認知症の人への対応方法の習得を主体としたカリキュラムに見えます。

身体介護も認知症の人への対応のあり方も、一人ひとり異なることが当然です。一人ひとりの残された機能や能力を生かして、何よりも、一人ひとりが充実した人生を送るための身体介護と認知症対応を見いだしていくための方法、そして、なぜそのことが重要なのかを理解していなければ、存在に対する尊厳保持はなされることがなく、介護職員による虐待や暴力行為などにつながる可能性が増すことは容易に推測できます。介護福祉士とは、人間存在とその尊厳を守る専門職であるということを、携わる人たちは肝に銘じておかなければならないと考えます。

3　介護の仕事――介護の仕事のしくみと介護のみちすじ

介護という仕事を専門的に行うため、つまり、人の尊厳を守り人権を尊重した介護を行うためには、人間理解と生活理解が必要です。人間理解とは、人の身体や精神、社会との関係が人に及ぼす影響、人間の身体の仕組みや医学的な知識など、心理学、医学、リハビリテーション医学、社会学などの基礎的な知識を必要とします。また、生活理解とは、人が地域社会の中でどのような生活を営んでいるのか、生活様式や生活習慣、地域文化などを知る必要があります。

つまり、人々の生活全般に携わる介護の専門性は、幅広い学際的知識に根拠づけられているといえます。これらの知識は、すべて介護の仕事（介護実践）の根拠となります。そして、こうした学際的知識を動員して、要介護者一人ひとりの異なる病気や障がい、価値観、生活上の制限、思いや要望に対応することになります。つまり、個人の尊厳を尊重した介護を行うためには、一人ひとりに対して同じ介護をすればいいということにはならないのです。

どのような職業においても、何かを行うためには、順番つまりプロセスというものがあります。たとえば、料理を作るためには、まずは材料を揃（そろ）えなければいけない。そして、おいしいく仕上げるために、材料の切り方や調味料の工夫をします。野菜や肉は繊維を切るように切り分けた方が味がしみ込み易いとか、柔らかくなるとか、そのようなことを知っているのと知らないのとでは仕上がりが違います。新鮮な魚の特徴を知っておくのも同様です。材料を揃える時、そのような基本的な知識をもとに魚を目で見て情報収集し、そして選んだ食材を調理します。

介護にも同じく順番があります。それを「介護過程」といっています。ここで、介護過程とは何かということを具体的に説明します。

介護の仕事と介護過程の関係は、図5―1のように表すことができます。なお、（頭）、（体）と示した部分は、それぞれの時点での介護を行う際に、介護者が使っている部分として表しています。介

図５−１　介護の構造（介護過程の視点から）

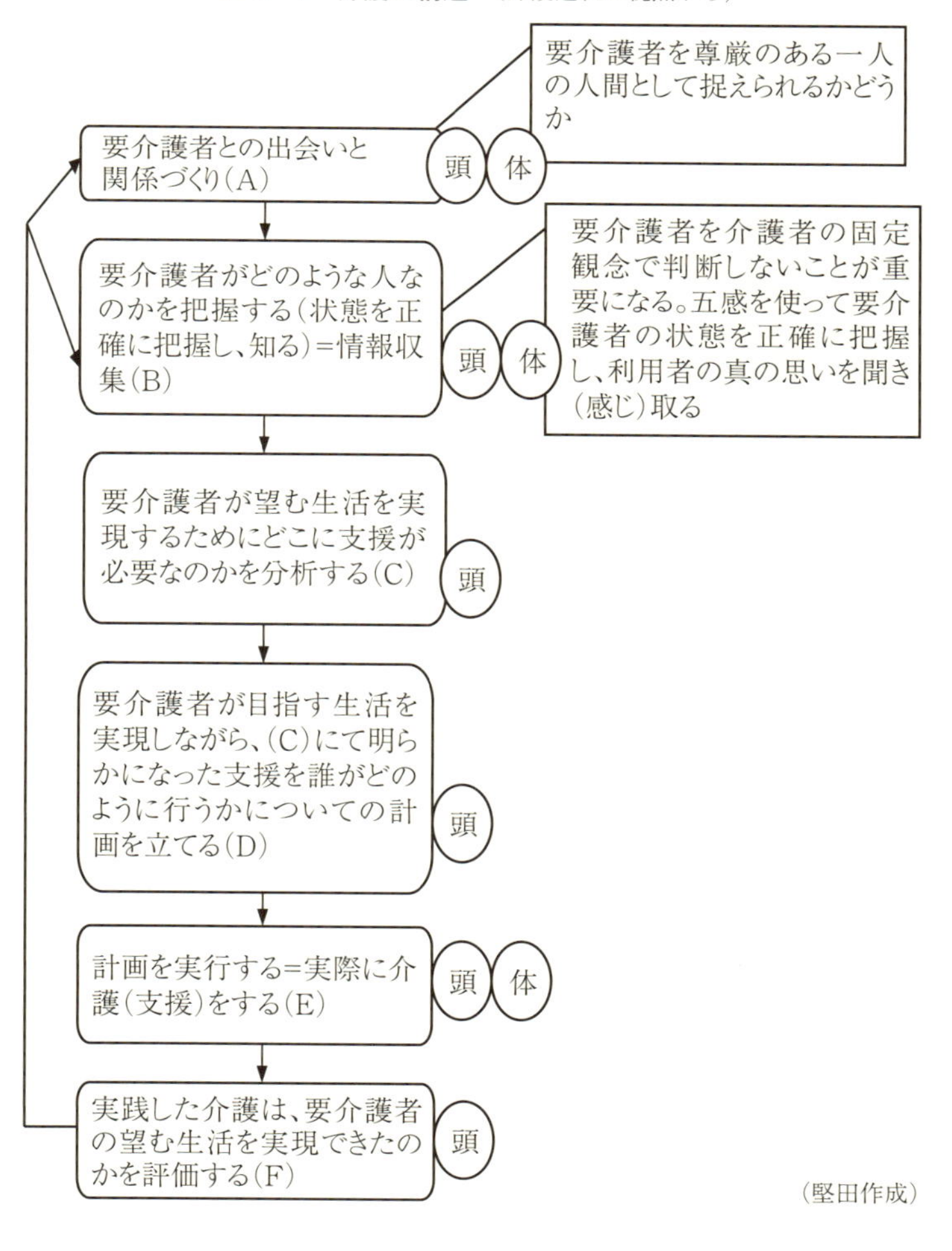

（堅田作成）

護は、介護者が身体を使って行いますが、実際は頭を使って、常に考えたり、最善の方法を選択するために、あらゆる情報をもとに判断しながら介護にあたっています。

(A) 人間関係を築くこと――それは人間をどう捉えるのかが重要である

まず、要介護者の介護を行うためには、第一にその人との良好な人間関係を築いていくことが求められます。そのためには、人が他者に初めて会う時に求められるようなマナーや礼節が必要とされます。たとえば、挨拶をしたり自己紹介をしたり、笑顔を意識したりします。そのようなことがまずは求められます。この段階では、介護者が要介護者をどう捉えるのかということが問われることになります。

「人間が存在していること、そのこと自体に価値がある」と捉えることができるかどうかです。これは、介護を行う上で、というよりは対人援助の職業に就くものすべてが理解しておかなければならないことです。「人をどう捉えるのか」「介護の必要な人をどう捉えるのか」「高齢者をどう捉えるのか」「寝たきりの人をどう捉えるのか」「障がいのある人をどう捉えるのか」。どのような状態の人も、価値のない人はいません。このことが介護者の中にしっかりと根付いてないと、差別、虐待に容易につながります。そして、決してあってはならない結果、人を殺(あや)めることにもつながりました。

この段階で、要介護者をどう捉えるかによって、態度やことば遣い、目線や姿勢、すべてに反映されます。たとえば、上司に対する態度と部下に対する態度が違うように、要介護者を部下のような存在だと認識していれば、そのような態度をとることでしょう。相手をどう捉えているのかということは、相手に伝わりやすいものです。要介護者が、「自分は見下されている」と感じたとたん、人間関係を構築することはとても難しくなります。このことを介護者が理解するためには、かなりの時間を要するし、介護者の「人間観」を養う機会が必要となります。初対面の人と接する時に、目線を同じ位置に合わせるとか、相手に威圧感を与えない雰囲気をつくるとか、まずは挨拶をするとか、敬語を使うとか、という「技術」「ノウハウ」「方法論」は、そもそもの人間理解が前提にあります。そして、このことは、要介護者との人間関係が続く間、常に追求し続けることが求められます。

(B) 状態を正確に把握する・要介護者を知る＝情報収集

先述の通り、これから介護を行う人の状態や価値観を知ることなくしては、何(どこ)を支援すればいいのかは見えてきません。そして、次の段階として今現在の状態を正確に把握することが求められるのは、次のようなことが理由になります。

たとえば、車椅子に座った人が介護施設に入所してきたとします。この人の状態を正確に把握するためには、この人は移動する際にいつも車椅子を使っているのか、それとも外出時に限ったことなのか、歩行することができるのか、できるとすればどの程度歩行機能が残っているのか、という具合に、正確な心身及び生活機能の状態を摑(つか)むことが重要になります。

入所してきた時の状況だけで人の状態を決めつけてしまっては、的確な支援につながりません。場合によっては、残された機能を使わないことによって、本来できていたことをできなくさせる(たとえば、歩けるのに、入所後車椅子のままの生活を続けると、筋力低下などにより本当に歩行ができなくなる）危険性も出てきます。「車椅子に座っているから歩けない」とか、「問いかけに答えないから、話せない」という固定観念で相手を見ない、ということが非常に重要なことになるのです。介護者は、要介護者の機能を向上させることもできる存在であると同時に、機能を低下させる危険性もある存在であるといえます。

（C）要介護者の情報から、どこにどのような介護が必要なのかを明らかにする

介護現場では、「ニーズ（介護が必要なところ）を把握する」とも表現されていますが、介護の必要な部分を明らかにしていく過程になります。たとえば、ご飯を自分で食べることができない人に対するニーズは、aご飯を自分で食べられるような支援が必要なのか、b介護者がご飯を口まで運ぶという支援が必要なのかを見きわめる段階です。その見きわめ（判断）には、上記（B）で述べた通り、要介護者の状態を正確に把握することが前提になります。〃なぜ〃ご飯を自分で食べることができないのか、という原因をつきとめなければ、本来は、支援のしようがないのです。

ご飯を自分で食べることができない状態に関して、図5―2のように分析することが可能です。その場合、それぞれの状態は、どのぐらいそれらができないのかという「程度」も把握しておく必要があります。

もし、①―1の理由で、手指が拘縮（こうしゅく）しているために、全く箸が持てず、箸に代わる用具（拘縮していても持てるスプーンやフォークなど）もない場合、上記b、介護者がご飯を口まで運ぶ支援が必要ということになります。少しわかりにくいので、図5―3に整理してみました。

図 5―2　ご飯を自分で食べることができない理由として考えられること

①手が動かない

①−1：それは、箸を持てないのか

①−2：腕が持ち上がらないのか

②咀嚼ができない

②−1：歯がない

②−2：顎が動かない

③嚥下ができない

④認知機能が低下しているために、ご飯を食べ物として認識することができない

⑤視力が低下しているために、ご飯やおかずの位置が分からない

⑥その他

→ どの程度できないのか

（堅田作成）

図 5―3　「介護者がご飯を口まで運ぶための支援が必要な根拠」

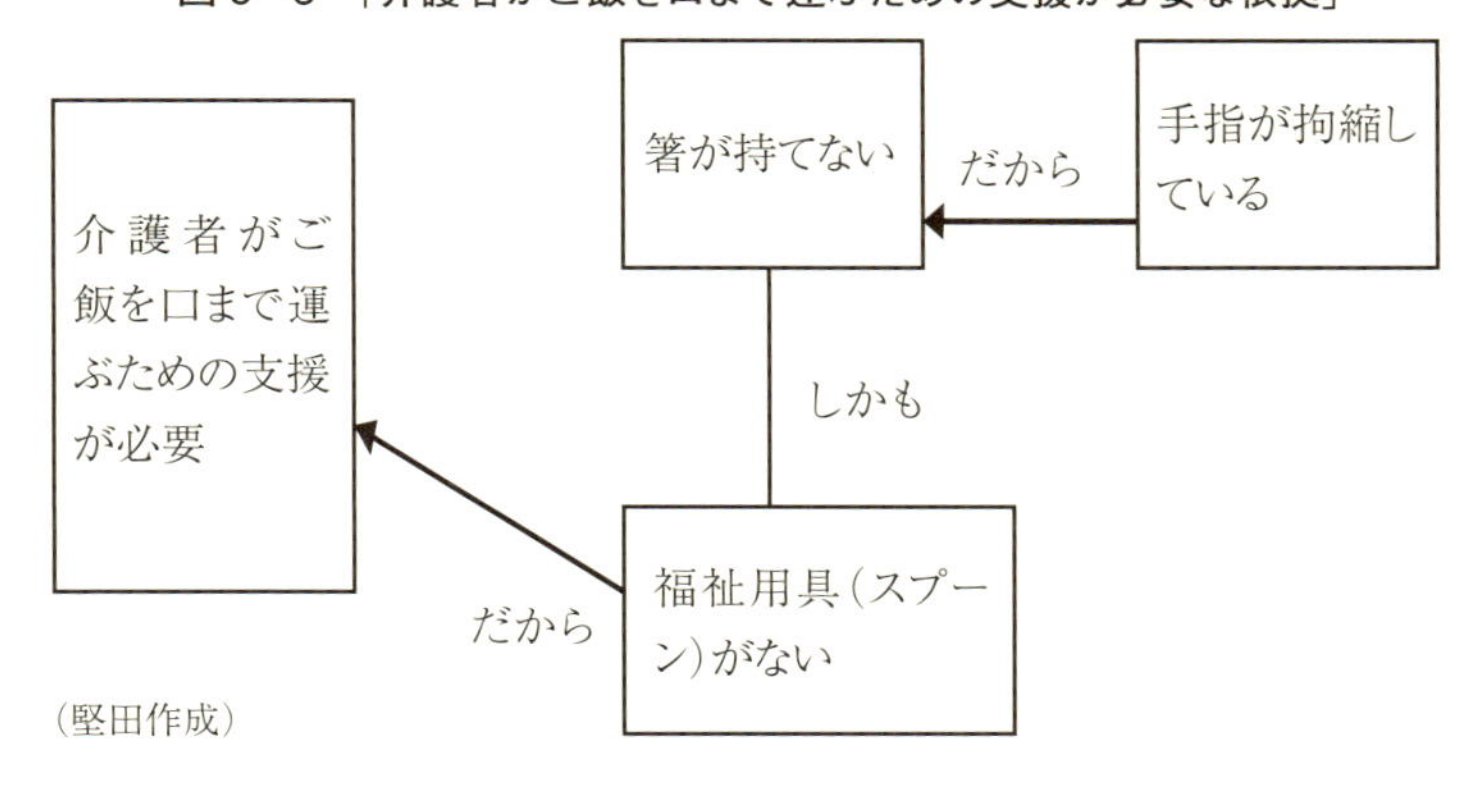

（堅田作成）

図５−４　介護者がご飯を口まで運ぶための支援が必要な根拠

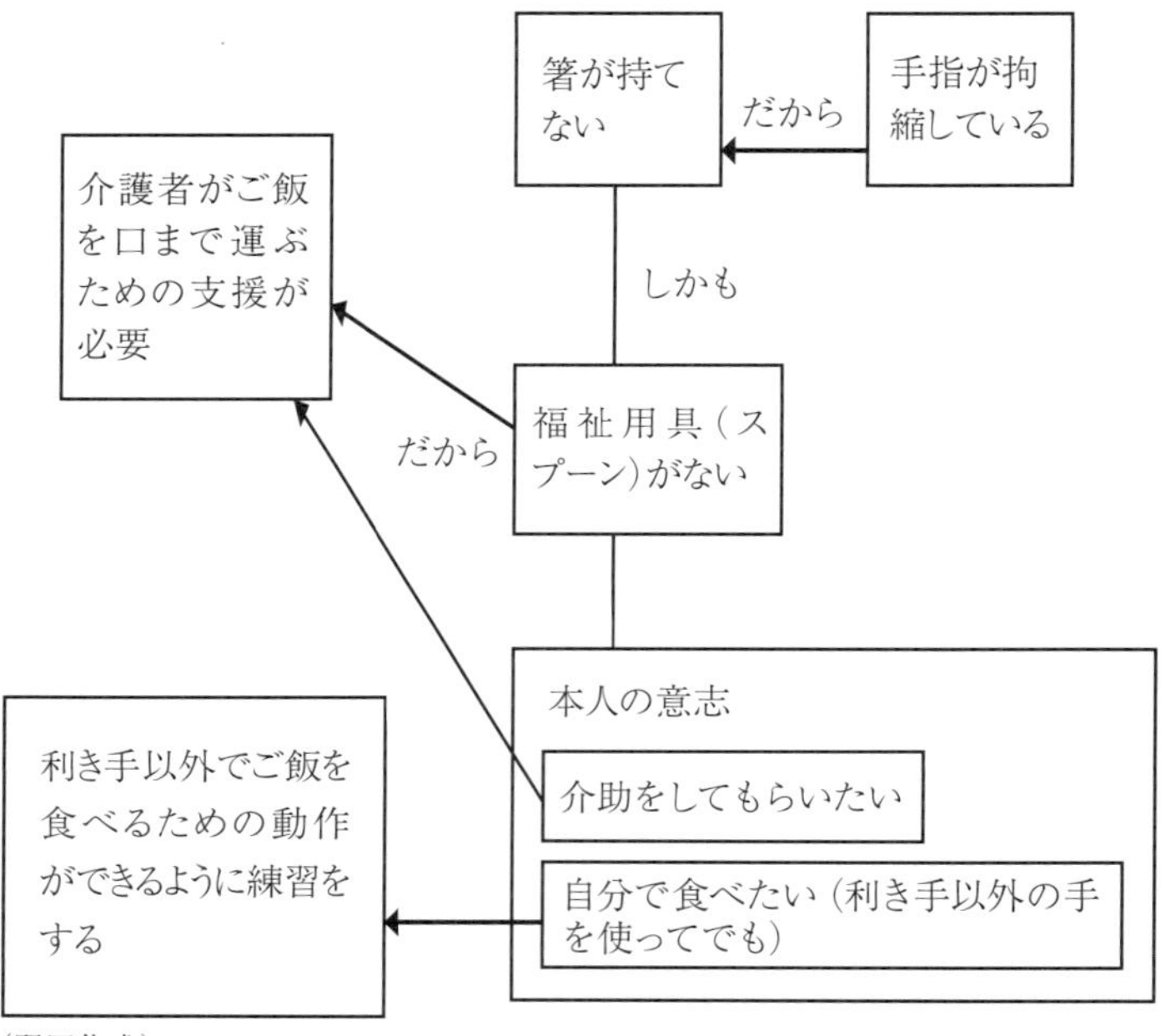

（堅田作成）

もう少し欲張って述べてみますと、そもそも手指が拘縮した要因分析もできるのです。字数の関係上、そのあたりの説明は、別の機会に行いたいと思いますが、食事介助や歩行介助などという支援が必要な理由（根拠）は、本人の身体に関する要因（病気であったり、それによって生じた障がいなど）であったり、心理的な要因、本人を取り巻いている環境上の要因であったりします。本人は歩行介護が必要ない身体状態なのに、歩くことが怖い（心理的要因）のであれば、介護が必要になるだろうし、段差の多い場所（環境的要因）でも介助が必要になる場合もあります。さらに、段差も多く、身体的に介護が必要な状態であっても、他人に迷惑をかけたくないと本人が望めば、介護者が口までご飯を運ぶという支援ではなく、そっと見守るという介護の方法になるでしょう。

どこにどのような介護が必要なのかということを明確にするためには、対象者をありとあらゆる視点から情報収集し、分析をすることが求められます。ここまでは、要介護者の「できない行為・動作」の分析について述べましたが、要介護者は、できるところも多くあります。ここでの分析では、要介護者の「できないところ」に焦点を当てましたが、ここで大切にすべきことは、要介護者の思いや意思を尊重した支援に結びつけることです。要介護者の意志や思いによって支援の方法が変わることもあります。その支援の過程を図5—4に示しました。

（D）要介護者が望む生活を実現するための介護計画を立てる

要介護者が、どのような生活を望んでいるのか、どのように毎日を過ごしていきたいのかという要介護者の希望と、介護が必要な部分とをすり合わせ、その目標に向かった支援をする過程です。

（E）介護の実践と（F）評価

Dの計画を実践する過程になります。多くの人たちがイメージしている介護とは、介護過程の流れからいえば、この段階になっていると思います。要介護者に対して行う介護が、要介護者も望んでいる場合は、問題なく実践に移すことが可能です。しかし、介護の難しさに直面するのもこの段階です。たとえば、もし、上記Cのニーズを持つ要介護者が、人にご飯を食べさせられることを強く拒否した場合、無理やりご飯を口に押し込む職員が現れるかもしれないし、放任する職員が現れるかもしれないし、地道に言葉をかけ続ける職員がいるかもしれません。無理やり口に押し込むことは身体的虐待、放任すると介護の放棄（ネグレクト）という虐待行為になります。

人にご飯を食べさせられることに強く拒否をする人は、そもそも人に頼った生活をしたくないという欲求があるのかもしれません。だとすると、Dの要介護者が望む生活を実現するための支援内容ではなかったということになり、Fの評価としては、望む生活を実現するに至らなかった。したがって、要介護者の状態や思いをさらに把握するために、再度（A）の要介護者との関係づくりをし直し、（B）要介護者を知るという過程に戻ることになります。

介護実践の場では、常に要介護者の状態を観察し、コミュニケーションを取りながら、その人の状況に合わせて、その時々にどのような対応や支援が有効なのかについて、常に判断を求められています。その対応や支援（介護）次第で、要介護者の反応や、満足感は変わることになります。要介護者が不快や恐怖を感じる対応は、虐待行為であることを介護者は認識しなければなりません。

4　介護現場における虐待と介護福祉教育

図5—5は、厚生労働省が毎年行っている養介護施設従事者等による高齢者虐待の実態調査の結果です。この図から虐待は毎年増加していることがわかります。

虐待が増加する要因は、様々です。表5—3は、上記と同じ調査における虐待の発生要因を示して

図5−5　養介護施設従事者等による高齢者虐待の相談・通報件数と虐待判断件数の推移

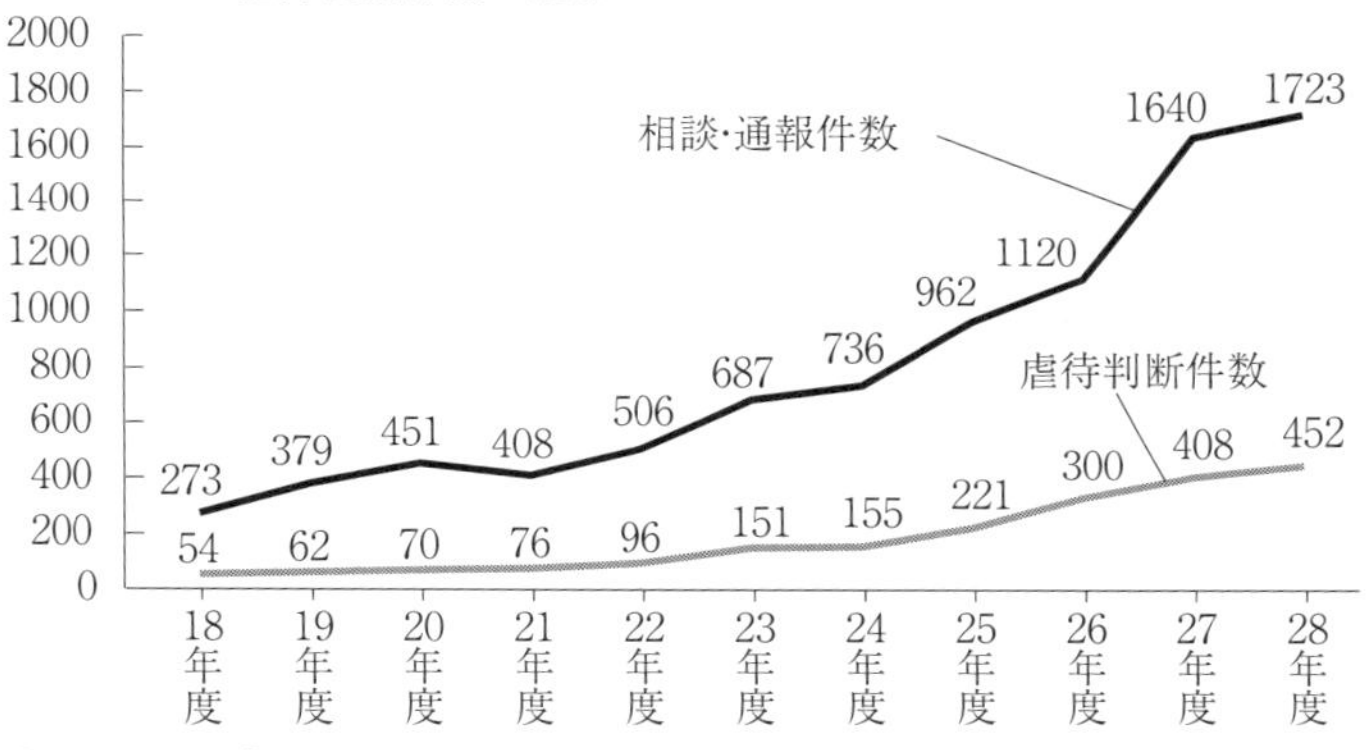

「平成28年度『高齢者虐待の防止、高齢者の養護者に対する支援等に関する法律』に基づく対応状況等に関する調査結果」より抜粋

表5−3　虐待の発生要因（複数回答）

内　容	件数	割合(%)
教育･知識･介護技術等に関する問題	289	66.9
職員のストレスや感情コントロールの問題	104	24.1
倫理感や理念の欠如	54	12.5
虐待を行った職員の性格や資質の問題	52	12.0
人員不足や人員配置の問題及び関連する多忙さ	38	8.8
虐待を助長する組織風土や職員間の関係性の悪さ	25	5.8
その他	9	2.1

「平成28年度『高齢者虐待の防止、高齢者の養護者に対する支援等に関する法律』に基づく対応状況等に関する調査結果」（添付資料）より抜粋

います。これは、同調査において回答のあった四三二件の事例を集計したもので、虐待の発生要因として最も多いのが、「教育・知識・介護技術等に関する問題」という結果が出ていることがわかります。当然、虐待が起こる要因は、これらのことだけには限らず、同調査においては、要介護者の要介護度や認知症の有無など、被虐待者の心身の状況によっても虐待発生率が関連していることを指摘しています。

表5―3では、虐待者とその環境側の要因が挙げられていますが、これらの要因は相互に、複雑に関連しあっています。たとえば、人員不足によって多忙になると、介護職員のストレスが溜まり、感情のコントロールが難しくなることも考えられます。怒りっぽい職員(職員の性格)ならば、身体的虐待に至ることも考えられます。また、ストレスが溜まっても、高い倫理感のある職員なら虐待に至らないこともあるかもしれません。虐待を助長する組織風土であれば、職員の倫理感や理念が希薄になっていくことは容易に想像できます。介護に対する知識や技術が十分に備わっていなければ、介護の方法がわからず、ストレスになることもあるでしょう。では、倫理観や理念、虐待を助長しない組織風土をつくること、職員間のよりよい関係性、チームワークを構築すること、これらの解決を可能にするためには、何が必要なのでしょうか。それは、教育によるところが大きいと考えます。

5 現在の介護分野が抱える課題と介護福祉教育の必要性

介護人材不足、虐待件数の増加、介護福祉士養成施設入学者の減少、これらが生じる要因は一つで

図 5−6　介護職員や介護福祉士養成施設入学者数が減少している背景

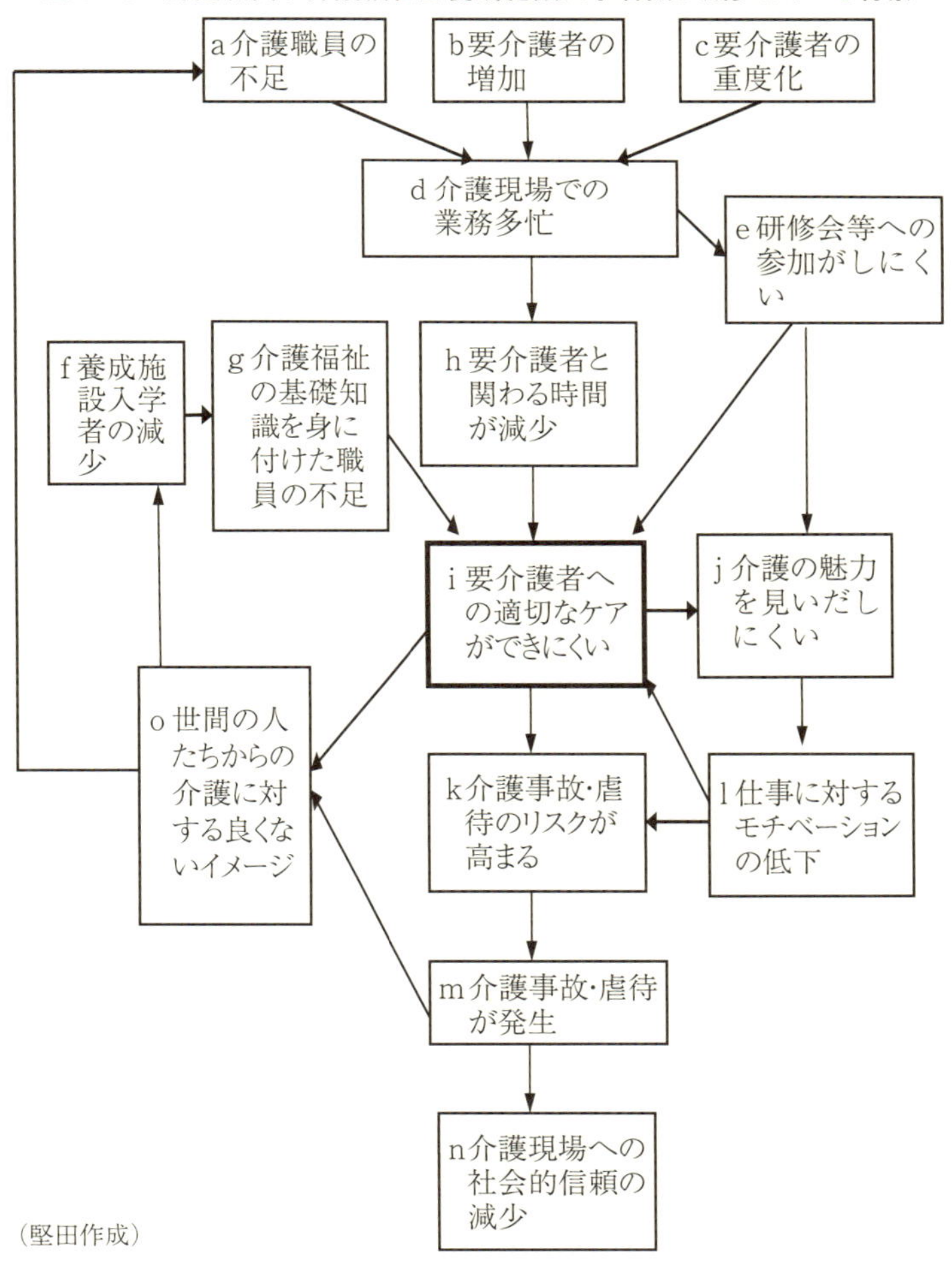

（堅田作成）

はなく、様々な要因が複雑に絡み合った結果です（前ページの図5―6を参照）。また、図5―6では、それぞれの事象が悪循環の中で生じていることがわかります。

先述の通り、これらの課題に対して国が進めている「量の確保」とは、図5―6に示したa「介護職員の不足」への対策、介護ロボットやAIの開発は、d「介護現場での業務多忙」への対策と考えられます。また、健康寿命を延ばすための対策はb「要介護者の増加」やc「要介護者の重度化」への対応、さらに介護の魅力発信のためのイベントなどは、j「介護の魅力を見いだしにくい」部分や、o「世間の人たちからの介護に対する良くないイメージ」払拭への対応だと考えられます。外国人労働者の受け入れはa、外国人留学生の受け入れはf「養成施設入学者の減少」への対応になります。

そして、「質の向上」への対策として、e「研修会等への参加がしにくい」に対して、一定の研修を実施している介護事業所への介護保険加算が行われています。またf「養成施設入学者の減少」について、養成目標の変更とカリキュラム（教育内容、つまり科目編成や授業時間）の変更が行われています。

図5―6の通り、介護人材が不足する要因は、一つの原因だけがもとになっているのではないことがわかります。i「要介護者への適切なケア」ができることや、m「介護事故・虐待の発生」を抑制するためにも、教育が必要であることはこれまで述べてきた通りです。つまり、人間の存在を尊重することのできる人が介護現場には必要であり、「数が質を決める」のであるとすれば、そのような人材を介護現場に多く輩出していく必要があります。さらに、人間の存在を尊重することは、すべての介護者がそうであるべきであり、そうあることによって、介護の質が保障され、向上します。

介護現場の質が向上すれば、社会的評価の向上につながります。介護現場を知らない人が、初めて介護現場に足を踏み入れた時、リスク管理や要介護者からの暴言が蔓延（まんえん）していたら、どう感じるでしょうか。もともとそういうものだと感じるのか、思い描いていた介護の姿とのギャップを感じるか。介護現場の質を向上させるためには、教育は不可欠です。しかも、介護の本質を理解できるような教育をしなければなりません。

＊

一九八七年「社会福祉士及び介護福祉士法」が施行されて以来、介護福祉士養成施設は、介護の本質の教育を担ってきました。今後、養成施設の果たすべき役割は大きいと考えます。

人生一〇〇年といわれる時代になり、今後、誰もが必要とする可能性のある介護というもの。自分自身が要介護状態になった時に、どのような介護を受けたいのか。人間の存在の価値、私自身の存在の価値、その尊厳を最も身近なところで護るのは介護人材であるかもしれません。このことを、現在介護を受けている人に限らず、すべての人に少しでもわかっていただけると幸いです。

◆1　経済産業省「将来の介護需要に対する高齢者ケアシステムに関する研究会報告書」（二〇一八年四月）。
◆2　介護労働安定センター「平成二八年度介護労働実態調査」。

◆3　厚生労働省「平成二八年度雇用動向調査」。
◆4　日本介護福祉士養成施設協会「介養協 News29 No3」（二〇一八年一月一七日）。
◆5　厚生労働省　社会・援護局福祉基盤課福祉人材確保対策室「第2回介護人材確保地域戦略会議参考資料」（二〇一五年二月二七日）。
◆6　厚生労働省平成二八年度「高齢者虐待の防止、高齢者の養護者に対する支援等に関する法律」に基づく対応状況等に関する調査結果。

第6章　家族介護者を支援するということ

——その実態と支援の課題

津止正敏

「介護の社会化」が政策スローガンとして定着してもなお在宅で介護を担う家族等の負担はなくなるどころか、介護にまつわる虐待や心中・殺人事件などの報道を見ればさらに複雑化しているようにも思います。老人福祉法の制定（一九六三年）や福祉元年（一九七三年）、在宅福祉サービスの開発（一九七〇年代）、ゴールドプラン（高齢者保健福祉推進10ヵ年戦略、一九八九年）、そして介護保険制度の施行（二〇〇〇年）など、この半世紀にわたる介護の事業化の進展の中で、在宅での介護はどのように変わってきたのでしょうか。あるいは変わらずに積み残されていることはどのようなことなのでしょうか。

在宅で介護を担っている家族等の介護実態を追いながら、その課題に光を当ててみようというのが本章の主なねらいです。まずこの半世紀に実施された政府等の実態調査を手がかりにしながら、今日的な特徴を明らかにするとともに、今求められている「在宅で介護を担っている家族等への社会的支援」について考察を深めたいと思います。とりわけ、日本だけでなく国際的にも大きな政策的関心[◆1]を集めている認知症の人と家族をフィールドとしてその課題を抽出してみたいと思います。

1 家族介護の実態――介護する人と介護のカタチの変容

(1) 介護する人とされる人

在宅での介護実態の変化の第一は、介護する人がこの社会でこれまで前提とされてきたものとは全く異にするということです。

「冷遇・衰弱・不衛生」「長寿嘆く二〇万人寝たきり老人」――これは日本で初めての介護実態調査[2](全国社会福祉協議会主催)の結果を報じた一九六八年九月一四日の朝日新聞朝刊の見出しです。日本初の調査報告、いまであれば一面トップを飾ってもおかしくないビッグニュースに違いありませんが、当時は社会面にて人気の四コマ漫画の下欄の目立たない小さな記事として扱われたのです。

当時の介護問題への社会の関心度合いはこのようなものだったのだろうと推測するに十分な扱いです。介護は家族がするものということを誰もが当然のように受け入れて、そのことを疑う余地すらなかった時代のエピソードです。二〇万人と推計された「寝たきり老人」を介護する人は、子どもの配偶者(ほとんどが嫁)が四九パーセント超とほぼ半数を占め、次が配偶者(大部分が妻)で二六パーセント、三番目が娘で一四パーセントと、九割以上が婦人の肩にかかっている、と報じられたのです。この時代、介護する人は「若くて体力もあり、家事も介護も難なくこなし、介護に専念する時間も十分にあって、何より家族の介護を担うことを自然と受け入れている」というような、女性・嫁・専業主婦をモデル化したものだったと思います。

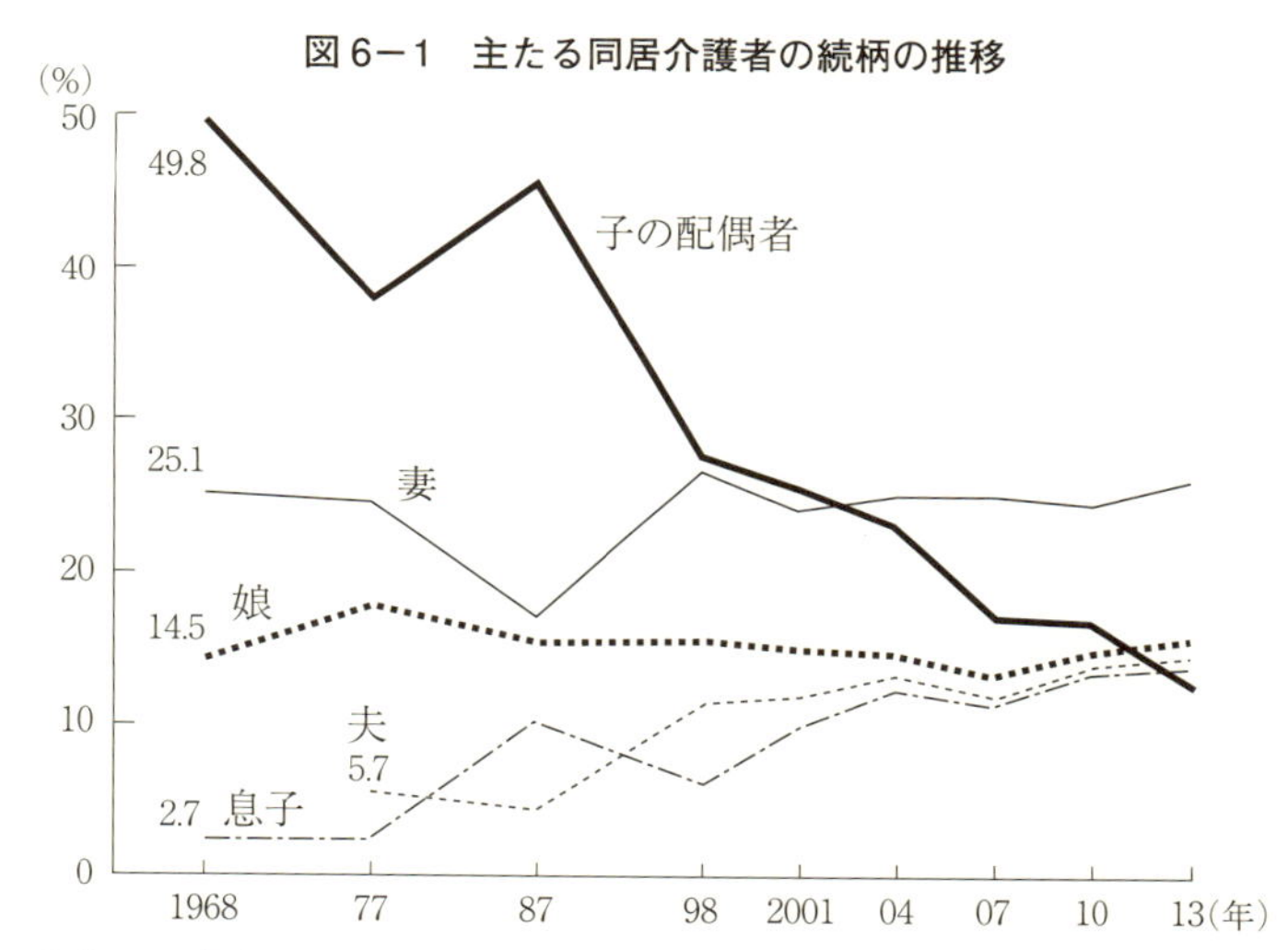

図6−1　主たる同居介護者の続柄の推移

出典：1987年までは全国社会福祉協議会調査、1998年以降は厚生労働省の国民生活基礎調査（世帯票）より筆者作成。いずれも「その他家族」は除く

それから半世紀。図6―1に見る通り、今日その状況は激変しています。介護する夫や息子は、いまでは同居の主たる介護者の中で三人に一人（三四・〇パーセント）を占めるに至っています（平成二八年国民生活基礎調査[◆3]）。

続柄の変容も著しい。一九六八年調査で主たる介護者の半数を占めた「子どもの配偶者（嫁）」は、いまや妻や娘はおろか夫や息子をも下回る最も少数派となっています。さらに「老老介護」の一般化もあります。「平成二八年国民生活基礎調査」は、介護する人・される人が共に七五歳以上という世帯が初めて三割を超えたと指摘しています。ともに六五歳以上同士の介護は五割を超え、六〇歳以上同士になるともう七割超となり、在宅の介護実態は「老老介護」そのものといっても過言ではない実態を迎えているのです。

これまで在宅で介護を担う人といえば「若くて、体力もあり、介護も家事も難なくこなして、介護に専念できる立場にあり、さらに介護者役割を内面化している」ものであり、女性・専業主婦をモデルとしたものであったことはいうまでもありません。しかし、今この社会で在宅介護の役割を担っているのは、このモデルとは真逆の介護者ばかりです。「想定外」の介護者の出現です。夫や息子という男性の介護者とその抱える課題は、こうした「想定外」の介護者のシンボリックな存在となったと思います。

（2）介護サービスの社会化

第二の変化は、介護サービスの社会化です。事業化といってもいいかと思います。上述の一九六八年調査は、特別養護老人ホームが全国に四五〇〇床しかなく、介護のすべてが家族／女性の手に委ねられていたことを記しています。ホームヘルプやデイサービスなど在宅福祉などは全く未開発の時でした。それゆえ、二〇万人の寝たきり老人のうち一九万二〇〇〇人が、家族だけの介護で暮らしていたことも報告されています。介護はすべて家族の中でなされていました。この時期の福祉制度は朝日訴訟（一九五七～一九六七年）でもその生存権のありようが争われていましたが、介護にかかる公的施策を見れば、全国にわずか四五〇〇床しか整備されていなかった特別養護老人ホームは、貧困で身寄りのない高齢者を対象にしたもので、設備面も劣悪で、ごく限られた人に向けたものでした。救貧的でかつ差別的な施策に過ぎなかったのです。

その後の「福祉元年」（一九七三年）、在宅福祉サービスの開発、ゴールドプランなど福祉・介護の政策化の動向や、介護保険制度の登場は、こうした環境を少なくとも理念的には劇的に変えたのではないかと思います。介護サービスを取り込む暮らしが一般化し、実態的な課題はなお多くを残していますが、少なくともその理念としては「いつでも誰でもどこでも必要な時に」利用できるユニバーサルな制度として社会的合意を得るようになっていると思います。介護サービスを利用することが恥だとされるような時代があったことも、もう過去の話になろうとしています。

(3)「ながら」介護

第三の変化は、「ながら」介護という、在宅での家族介護のカタチです。介護に専念し得る家族の存在こそがこれまでの在宅介護を可能ならしめ、既存の介護システムの要として機能してきたのです。家族介護が日本社会の美風でありかつ介護の含み資産だといわれてきたのも、この介護に専念しうる家族介護者があればこそだったのです。三世代・四世代同居・近居という大家族から、核家族化・単身家族化への劇的な移行、そして女性の就労や社会参加の著しい進展は、介護に専念し得る家族の選択性を失くしました。

今増えている「介護する家族」の実態は、次に示すような「ながら」の介護です。①別居、遠距離で通い「ながら」介護する、②子育てし「ながら」介護する、③修学・就活・婚活し「ながら」介護する、④通院・通所し「ながら」介護する、そして、⑤働き「ながら」配偶者や親を介護するワーキングケアラーたちです。介護の事業化の進展と共に介護スタイルの典型となっているのがこの「ながら」介護という介護のカタチだといえましょう。

以上、この半世紀の介護実態の変容過程を俯瞰してきましたが、今、総合誌でも経済誌でも介護の大特集が始まっています。テレビでも報道からドラマ、バラエティ番組にまで介護というテーマが溢れています。また時の政権が「介護離職ゼロ」（二〇一五年）を成長戦略の一つに挙げて世間を驚かせましたが、上記の状況からすればなんら不思議でもないように思います。たとえそれがリップサービスであったとしても、そう発信せざるを得ないほどの緊張感を介護問題が内包しているからに違いありません。

介護は少子高齢社会というこの時代を象徴する社会問題・政策課題であるということでしょう。その対処を誤ればこの社会の崩壊を招くだけです。まさしく「大介護時代」の到来であり、この時代にふさわしい処方箋を探っていくことは、この時代に生きる私たちに課せられた課題だと思います。

2　認知症の人と家族の暮らし――家族介護者の支援の根拠

在宅での家族介護の実態を俯瞰してみましたが、本節では家族介護者の支援について考えてみようと思います。とりわけ、近年国際的にも共通の政策課題として関心を集めている認知症の人と家族をフィールドとしてこの課題にアプローチしようと思います。

「認知症施策で最も重要で基本的なデータは、この国に認知症の人が何人いるかということである。できればどのような認知症の人が、どこでどのように暮らしているかという状態別・居住別に把握することが望ましい」（三宅２０１３）。これは長らく認知症の人と家族の会の活動を支えてきた医師・

三宅貴夫（故人）の指摘です。近年、厚労省の研究（朝田２０１３）で「四六二万人（二〇一二年）」「七〇〇万人（二〇二五年）」という、わが国の認知症者数の推計値や今後の見通し等が示され、また家族会等の調査でも、認知症の人と家族の暮らしの一端が発信されるようになっていますが、それでもまだ、私たちはこの件での十分なデータを持ち得ているとはいえません。とりわけ本章の主題でもある家族の介護実態とその支援というテーマでは、認知症の人が、どこでどのように、そして「誰と」暮らしているかが重要な指標ですが、その実態は決定的に不足しているといってもいいでしょう。

（1）どこで暮らしているか

国民健康保険中央会の介護費等の動向（二〇一七年一月サービス分）では、認知症の人が多くを占める要介護認定者六四〇万人のうち、介護保険利用者総計は五五九万人。その内訳は、居宅利用者は三八六万人と全体の六九パーセントを占め、介護老人福祉施設や介護老人保健施設等は九二万人、地域密着型事業は八一万人（うちグループホーム二〇万人弱）となっています。介護認定を受けてはいるがサービスは未利用という人の八一万人を含めると、施設系や地域密着型事業のグループホームの利用者を除けば、在宅で暮らしていると想定される介護が必要な人は全体の八割、五二〇万人を超えています。介護認定を受けていない人も考慮すれば在宅で暮らす人はさらに多いと思われます。[4]

（2）誰と暮らしているか

さらに、在宅で暮らす多くの認知症の人は、そこでどのように誰と暮らしているのか、ということ

表6−1　家族介護者の世帯類型別にみた年齢構成　（主たる介護者）

	総数（人）	39歳以下（%）	40代（%）	50代（%）	60代（%）	70代（%）	80代（%）	90代（%）	不明（%）	計（%）
単独	1,028	2.2	7.8	26.0	20.8	5.9	1.3	0	36.0	100
夫婦	945	0.1	2.2	7.6	16.6	40.7	28.3	1.5	3.0	100
親と子ども	1,425	1.7	10.6	30.9	34.6	14.4	5.9	0.6	1.3	100
親と子ども夫婦家族	723	1.2	7.5	32.9	34.0	14.9	8.3	0.3	0.7	100
その他	510	4.0	7.6	23.5	34.9	16.2	8.2	0.6	5.0	100
欠損値	26									
計	4,657	1.7	7.5	24.5	27.9	18.2	10.0	0.6	9.6	100

が課題となるのですが、ここでは日本医療福祉生活協同組合連合会の認知症調査（同連合会二〇一二年）を手掛かりにして考察してみたいと思います。この調査は、同連合会傘下の二九六事業所よりサンプリングされた認知症の人四六五七人（回収率八二・八パーセント）のデータを基にしたものです。

「誰と暮らしているか」を見たものが表6―1です。子どもと暮らす認知症の人が最も多く一四二五人（三〇・六パーセント）、次いで、一人で暮らす人一〇二八人（二二・一パーセント）、夫婦のみで暮らす人九四五人（二〇・三パーセント）、子ども夫婦の家族と暮らす人七二三人（一五・五パーセント）、その他家族と暮らす五一〇人（一一・〇パーセント）となっています。一人で暮らすといっても

表6－2　家族介護者の世帯類型別にみた同居・別居

	総数（人）	同居（%）		別居（%）			⑥不明（%）	計（%）
		①介護以前から同居	②介護で同居	③日帰り介護 月1～4回	④日帰り介護 週3～7回	⑤定期的に宿泊介護		
単独	1028	3.8	2.0	23.3	21.5	6.3	43.1	100
夫婦	945	86.1	0.6	3.4	5.1	1.3	3.5	100
親と子ども	1425	77.3	16.6	1.1	2.2	0.4	2.5	100
親と子ども夫婦家族	723	82.3	15.8	0.1	0.5	0.1	1.1	100
その他	510	65.9	18.8	2.6	2.8	0.9	9.0	100
欠損値	26							
計	4657	61.5	10.2	6.5	6.8	1.9	12.2	100

家族介護と無縁なわけではなく、一人で暮らす認知症の人には、通いながら見守り介護する役割を担った主たる介護者である娘や息子など親族の存在が半数を超えています。主たる家族介護者の年齢構成では、夫婦のみの世帯の場合、七〇歳以上の家族介護者が七割を超え、また子ども・子ども夫婦といっても若くはなく五〇代・六〇代が三分の二を超えているように、老老介護そのものという実態にあります。

（3）どのように暮らしているか

認知症の人が、「どのように暮らしているか」も前述の日本医療福祉生協連合会の調査をもとに記します。主たる介護者の同居・別居については同居が七割を超えましたが、うち一割以上は介護が始まってから同居を始めた世帯です。別居の介護では、月数回、週数回の日帰りから定期的に実家に宿泊しての介護までの多様な形態があります（表6―2）。家族の介護内容は、食事・入浴・排泄（はいせつ）・更衣・服薬・散歩・掃除・洗濯・買物・受診・金銭管理の介助から見守り・話し相手と、生活全般にわたって、同居・別居とも、いずれの支援項目も高比率で現れています。

そしてこれらの支援内容は、介護者と要介護者の生活や心身の変調によって瞬時に修正を余儀なくされることから、臨機応変な対応が求められています。直近の「平成29年就業構造基本調査」（総務省）では、働きながら介護する人は三四六・三万人で、全介護者六二七・六万人の半数を超え、六〇歳以下の現役世代の介護者の男性では八四・三パーセント、女性でも六五・九パーセントが働いていることが示されています。介護する人・される人双方の強いストレス要因となるような暮らし方であることは容易に予測できましょう。

以上、認知症をはじめとする介護が必要な人、その家族の暮らしの実相を、政府統計や筆者が関わってきた調査結果を基に俯瞰してきました。そこでは、十数年間にわたって整備されてきたホームヘルプやデイサービス等の介護保険制度を取り込みながらの介護生活が、広く一般化していることを見てきました。同時に、今なお家族介護者の時間と労力と資材に依存した暮らしも広範に残っていることも確認してきました。

さらに、介護保険の登場以前とは随分と様相を異にする、新しい家族介護の介護実態の様相にも触れてきました。新しい介護実態の一端を示せば、男性や老老、独身の子ども、働きながら介護する人に象徴されるような、従来のこの社会が想定してこなかった介護者が激増したことです。また、介護者はかつての専業主婦たちのように介護に専念し得る人ではなく、「ながら」で介護する人が圧倒的な多数派となろうとしています。働きながら、育児しながら、就活・婚活しながら、自らも通院通所しながら、介護を担う人たちの介護実態であり、本章にて家族介護者支援の必要を主張する根拠もこの点にあります。

3　家族介護者の支援ニーズ

ここではいくつかの先行研究を手掛かりにしながら、これら家族介護者の支援ニーズを析出してみようと思います。

(1) 介護する「つらさ」

介護することは「つらい」。公益社団法人「認知症の人と家族の会」による家族支援に関する調査(同会2012)では、回答した会員五五七人の自由回答の詳細な記述をもとにして、介護する家族が「つらい、苦しい、悲しい」と感じることを、次の四点にカテゴライズしています。「本人の病状や症状から感じるつらさ、悲しさなど」「介護すること自体から生じるつらさ」「介護者個々の条件により感じ方が異なるつらさ」「環境によって生じるつらさ」です。「介護される認知症の人の症状からくるもの」と「介護する家族本人の事情に起因する」負担の内容を明らかにしています。

同様の分析は、野村総合研究所の調査研究にも見られます(同所2014)。介護者が抱える不安や悩みの対象が介護を必要とする「本人」だけではなく「家族」「近隣・地域」「医療・介護関係者」と広く拡散し、その関係が介護負担に大きく影響しているとしました。そして、介護の負担を「介護そのものから生じる」ものと「介護によって今までの生活が出来なくなったことから生じる」もの、という二項に分類しています。

こうした「つらさ」を家族介護者支援ニーズとして捉え直すと、以下のような課題として析出できましょう。まず家族介護者が介護初期時に典型的に抱えるような不安や混乱への対処というニーズがあります。認知症疾患の正しい理解を促進し、周辺症状に対する適切な対処方法に誘導する支援は、本人だけでなく家族介護者にとっても有益です。また、本人に対する在宅や施設での介護サービスの質量の拡充も、家族の介護負担や不安に対応するニーズとしてあります。

いわばこれら介護の「つらさ」への対応は、介護を続けるためのニーズといえますが、さらにその背後には次のようなことも隠されています。「介護によって今までの生活ができなくなったことから生じる」（野村総合研究所）という「つらさ」は、家族介護者の支援ニーズに変換すれば、家族介護者自身の抱える課題を主たるターゲットとする支援ニーズと読み解けるものだということです。介護する家族への支援課題は、ただ介護する人としての役割規範に回収されるのではなく、家族もまた一人の市民としてその人生を享受し得るための支援課題といえます。老いゆく家族への気遣いから自由になることは難しいのでしょうが、それでも家事や入浴・排泄・食事・移動等々の介護で拘束されることから解放されるということも肯定されるべきであるとすれば、必要な支援とは何かということであります。

（2）介護する「肯定感」

前項の介護する「つらさ」への支援とは真逆とも思える支援ニーズにも着目したいものです。前述した「認知症の人と家族の会」の調査では、介護する「つらさ」と同時に、介護する家族の介護によって得られる喜びや希望など、その充足感についても指摘しています。これらは、「（介護仲間や支援者、家族への）感謝」「本人との関係」「自分自身の成長」「出会い」「優しさ」「本人から教わる」「子孫への影響」「勉強」「介護経験が役立つ」「専門職との関係」「傍らにいること」「本人とのひととき」などとして分類されているものです。家族の介護を通して、介護仲間や支援者（専門職やボランティア）との出会いが広がり世界が広がる、介護が始まるまで知ることもなかった被介護者との新しい関係性に気づき、毎日が驚きの発見に溢れている、という一連のポジティブな声です。

こうした、介護場面で表出する肯定的な感情や行為は、介護の本質に迫る深いテーマを内包しているようです。介護はつらくて大変、できれば避けたい、ということばかりではないという「介護感情の両価性」とでも表し得るような関係性の指摘は、上記の調査研究ばかりではありません。筆者らが編集に携わった男性介護者と支援者の全国ネットワークの体験記にもその詳細が記されています[◆5]。

「爺の介護奮戦記抄」と題する一文を寄稿した男性（七六歳）。「私が時折呼びかける言葉に偶（たま）に反応をしめし、妻の表情が緩みます。その瞬間、私は、ほのぼのとした幸せな気持ちに浸り、救われます」。しかし「疎（うと）ましい葛藤（かっとう）が己を支配するようになっていた」ともいい、後で悩み、苦しみ、自己嫌悪に打ちのめされたと記しています。

週の大半はデイサービスとショートステイを利用する妻と暮らす男性（七七歳）も「初めは咎めては我をとがめる繰り返し」、この時期が一番つらかったといいます。そして「家で私がトイレの後始末をやってやると『お父さんが一番いい人だね』と何度も何度も言ってくれます。その言葉が私の励み」と書いています。

筆者らはこうした「介護はつらくて大変、だがそればかりでもない」という介護する家族に生成する複雑な感情を「介護感情の両価性」として捉え、これに依拠しながら介護のある暮らしを排除するのではなく、むしろ高齢社会を生き抜く新しい「生き方モデル」として肯定的に主張してきました（津止2013）。この介護のある暮らしを社会のスタンダードとするような「生き方モデル」を、筆者らは、国際労働機関（ＩＬＯ）一五六号条約など、ケアを巡って交わされてきた国際的な人権宣言の到達を踏まえたものとして提起してきました。

ＩＬＯ一五六号条約は、家族的責任条約ともいわれる「家族的責任を有する男女労働者の機会及び待遇の均等に関する条約」（一九八一年）ですが、育児や介護などのために職業生活に支障をきたす労働者が不利益をうけないようにすることを各国政府に求める国際基準です。働く者の視点からこの条約の趣旨を捉えなおせば、家族のケアを引き受けることをすべての労働者の権利として保障せよということになります。育児や介護という家族のケアに接続可能な働き方をこそ社会モデルとすべきである、という筆者らの主張とも重なります。

家族介護者の支援方策の検討ということでは、こうした〈介護する「肯定感」〉につながる支援もまた根拠のあるニーズといえましょう。

4　家族介護者支援を考える

（1）家族介護者支援の枠組み

上記での認知症の人と家族介護者の暮らしやその支援ニーズの実態からして、家族介護者支援の必要性とその根拠についてはおおよそ明らかにされたと思いますが、その枠組みをどのように考えたらいいのでしょうか。

家族介護者の抱える負担は、たとえば先に引用した「認知症の人と家族の会」や野村総合研究所の研究では、「介護そのもの」と「家族の生活への影響」から生じるものという二分類が示されています。支援の必要性は、介護が必要な本人の疾病や症状に起因するものだけでなく、介護によって不安定化し不透明化する家族介護者自身にかかる暮らしの諸課題もある、ということです。この負担の分類化は、家族介護者支援の方向性を考える有益な指摘であると思います。

先に記したＩＬＯ一五六号条約も、その政策のプログラムは育児や介護の家族責任を有する労働者家族への支援の内容です。育児や介護などの家族のケアを引き受ける労働者がそのことによって不利益をうけないように、保育・介護及び家族にかかわる労働条件（短時間労働、休業、休暇、一日の労働時間、転勤等）や社会保障等々についてきめ細かな勧告となっています。

以上の検討から、本章における家族介護者支援の基本的な枠組みを、筆者らは、家族の介護をする・しないということも含めた方針選択をも担保するものとして措定します。そして、いずれの介護

表6－3　認知症をよく理解するための「九大法則」と介護に関する「一原則」
（杉山孝博）

第１法則：記憶障害に関する法則
第２法則：症状の出現強度に関する法則
第３法則：自己有利の法則
第４法則：まだら症状の法則
第５法則：感情残存の法則
第６法則：こだわりの法則
第７法則：作用・反作用の法則
第８法則：症状の了解可能性に関する法則
第９法則：衰弱進行に関する法則
原　　則：「認知症の人が形成している世界を理解し、大切にする。
　　　　　その世界と現実とのギャップを感じさせないようにする」

方針の選択においても、介護する人とされる人に対し、今はもちろん、将来生活においても、いかなる社会的不利益をももたらされることがないような社会的配慮の総体を家族介護者支援の枠組みとして提起したいと思います。

（2）介護することの支援――認知症とその対処法を知る

認知症の原因疾患や症状を正しく理解して〈介護すること〉が、家族介護者の不安を除去し混乱を抑えて介護生活の安定につながり、その結果、認知症の人の症状緩和にも役立つことは、医療・介護の専門家のみならず家族介護者の多くが指摘しています。

認知症の人と家族の支援活動に取り組んでいる医師・杉山孝博の「認知症をよく理解するための『九大法則・一原則』」（表6―3）は、家族介護者の認知症理解を深めるための代表的なプログラムですが、各地の家族会や認知症家族によって積極的に活用されています。杉山は、家族介護者が認知症の症状とその対処法について正しく理解することがなぜ必要かについて次のように言っています。

「親思い・配偶者思いの介護者が一生懸命に介護しても、正しい知識を持たなければ、おそらく混乱に陥り、心身ともに消耗してしまうと思います。介護を受けている人の気持ちや状態がわかるようになり、上手に対応できるようになると、介護者の苦労が軽くなり、介護を受けている人の状態も必ずよくなるものです」（杉山2015）。

こうした取り組みは介護の負担軽減と同時に、先述したような〈介護する「つらさ」〉の中に潜む〈介護する「肯定感」〉の起動にも大きく影響するということが、臨床医ならではの豊富な具体的事例をもって紹介されています。[◆6]

〈介護することを支援する〉ということでは、介護保険等々で提供される本人支援のための介護サービスの量質の拡充が、一方では介護者支援でもあることはいうまでもありません。しかし、論理的にいえば、これらの介護サービスは認知症の人本人の自立と尊厳のための支援であり、家族支援が第一義的にあるわけではありません。たとえば、介護保険制度に織り込まれている、同居家族がいれば生活援助サービスの利用を制限するという原則などその最たる証（あかし）ともいえるものです。

「老夫婦の一方が食事を作ってもらっても、もう一人はわざわざ、自分で作らなければならないとは、しゃくし定規に過ぎる。二人分を作ってもらえれば、常時介護するもう一人の労力はそれだけ助かる。洗濯、掃除も同様である。健康な大人が同居している場合も、介護が受けにくいと聞く。生活を支える若い人が仕事を捨てて、介護に回れば共倒れになるのは必至だ」。これは同居家族世帯への場合の利用制限が厳格化された改定介護保険法施行（二〇〇六年四月）の一年半後に毎日新聞（二〇〇七年一〇月二一日付朝刊）に掲載された主婦（八一歳）の声です。老老介護や通い介護、働きながらの介護が一般化する今日の介護実態に有効な介護制度を構想しようとすれば、「介護する家族の事情を勘案すること」ということはもちろんですが、さらに言えば「介護する家族も支援の対象に」という要求はもはや避けて通ることは出来ない政策課題になっているといえましょう。

（3）家族介護者自身への支援システム——アセスメントを起点に

次に、〈介護すること〉という課題とは関連しつつも区別されるべき家族介護者の抱える課題を主たるターゲットとした支援を考えてみます。筆者は先に、家族介護者支援の理念を、介護する人とされる人の、今はもちろん将来生活においても不利益をもたらされることがないような社会的配慮の総体として把握してきましたが、その具体の仕組みはどのようなものとなるのか、考えてみたいと思います。

介護殺人等の司法事例の検討分析を基にして、介護者支援の必要性を提起している湯原悦子は、家族介護者を対象としたアセスメントと、それに基づくケアプランの作成を重要な支援ツールとして、次のように強調しています。「専門職により、常に介護者の心身の健康、代替介護者の有無、介護者自身の生活への影響、将来への悲観などが把握され、もし無理がある場合は適切なサービスの導入を図るなどケアプランの見直しがなされなければならない[7]」（湯原２０１７）。

介護者支援の先進国イギリスの制度の実際を、斎藤真緒は次のように紹介しています（図６—２）。「介護者にとって有益な情報提供やカウンセリング（直接的社会支援）、当事者の組織化（間接的社会的支援）、介護者に対する現金給付（直接的経済的支援）などがある。介護と仕事の両立支援は間接的経

図6−2　イギリスにおける介護者支援

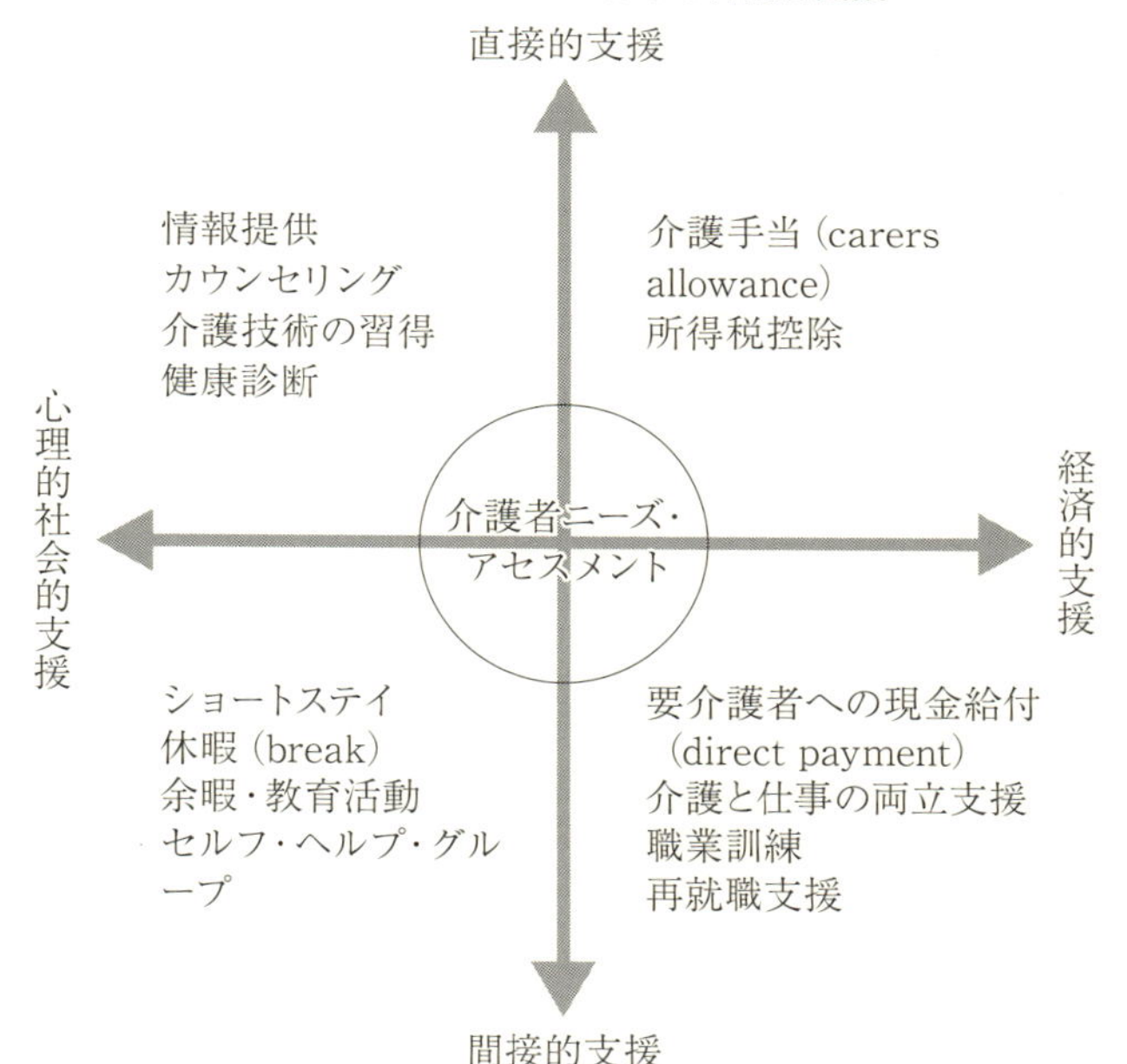

出典：斎藤真緒「家族会後とジェンダー平等をめぐる今日的課題：男性介護者が問いかけるもの」『日本労働研究雑誌』No.658：35-46, 2015年

済的支援として位置付けることができる」[8]として、これらあらゆる支援の起点に、介護者アセスメントがあるといいます。家族等の介護や暮らしの実態を正しく把握し、その支援課題に適切に結びつくアセスメントシートの開発は政府・自治体の制度化以前にあっても実践的には急務かと思います。

日本での介護者支援の法的根拠の実現を求めている日本ケアラー連盟の「介護者（ケアラー）支援の推進に関する法律案（仮称）」（略称「ケアラー支援推進法案」、二〇一五年六月）の取り組みがあります。そこでは、介護保険等の、介護が必要な人本人の自立と尊厳の支援に立脚した法では放置されてきた家族介護者支援を、総合的計画的に推進していくための法整備を求めています。

そして、①介護者及び被介護者が個人としてその尊厳が重んぜられること、②介護者が社会の一員として日常生活を営み、学業、就業その他の活動を継続することが困難とならないように行われること、③介護者を社会全体で支えることにより、介護者の負担を軽減するように行われること、の三点を理念としています。主要な施策は、①「ケアラー手帳」の交付と活用、②ケアラーアセスメントの実施、③介護者支援のための拠点の整備、④専門的人材の確保、⑤教育及び啓発、⑥経済的支援の方策の検討、の六項目を掲げています。そして法の趣旨の実行を図っていく機関として「介護者支援推進協議会」を厚労省内に設置することを提起しています。

この法案は、日本ケアラー連盟という市民発のものですが、今この社会で不可視化されてきた家族介護者支援という政策課題を「法律案」という形式に編み込んだという点で特段に記録されるべき社会運動といえましょう。

＊

家族介護者支援の課題には、上記で記した支援ツール以外にも大事な取り組みが多々あります。たとえば家族介護者のエンパワーメントに連なるケアのコミュニティともいうべき家族介護者の組織化（会や集い）や、認知症分野で盛んに取り組まれているカフェやサポーターなど支援者の組織化の取り組みがあります。また、こうした介護者や支援者の組織や活動で盛んに導入されているものに、自身の介護体験を語り、そして他者の経験に耳を傾けるプログラムもあります。筆者が関与している男性介護者と支援者の全国ネットワークでも「語る・聴く」「書く・読む」プログラムとして導入していますが、〈介護する「肯定感」〉を引き出す有効な取り組みとして支持されている取り組みです。これらの実践事例は、本章では指摘するに留めざるを得ませんが、これらは本人と家族の支援課題を架橋する地域福祉の体制と活動として記しておきたいと思います。

本章では、家族介護者支援の枠組みを、〈介護をする〉ためになされる支援と〈家族介護者自身〉の支援という両面を担うことになるであろうことを示してきました。介護する・しないという家族介護者の介護方針の決定支援や介護者自身の生活の質の向上のための取り組み、経済的支援、キャリア形成、家族間の紛争調停、カウンセリング、社会参加等々、家族介護者も介護提供者としてだけではなく、それ自身が固有の介護問題の担い手として支援されるべきだと考えてきました。

いずれにしても、どこで、どのように、そして誰と暮らすか、そして介護する・されるかということは、深い葛藤を伴いながらも、やはり本人と家族の関係の中で判断され選択される事項であるということに、もはや異論を差し挟むような時代ではありません。このつらく重い課題を単純化することもなく、また絶望も諦めもせずに知恵を出し尽くし考え抜いて判断することができる、あるいはその判断するということを支援することが可能な環境づくりにこそ私たちの現下の家族介護者への支援課題があると思います。そして、艱難辛苦の末に辿りついたその介護方針はただ尊重されるばかりでなく、その方針のもとで発生すると想定される家族介護者の抱える仕事や経済の維持などあらゆるリスクを社会が「丸ごと」引き受けるという総合支援でなければならないということだと考えます。

介護に耐性力のある社会を実現するということに社会的合意の水準を引き上げていくこと——背負

い甲斐のある「介護者を生きる」私たちの課題であるといえましょう。

◆1　二〇一六年九月一一～一二日にかけて、神戸市においてG7神戸保健大臣会合が開催され、G7伊勢志摩サミットの成果文書である「国際保健のためのG7伊勢志摩ビジョン」を踏まえ、世界的な認知症への取り組みを含む「神戸コミュニケ」を採択した。

◆2　全国社会福祉協議会が民生委員を調査員として一九六八年七月に実施した「居宅ねたきり老人実態調査」。全国の七〇歳以上の老人約三九〇万人の中で、床についたきりの老人約二〇万人と家族に対して、年齢、症状、介護、看護、家族関係等々一二項目について面接調査した。

◆3　国民生活基礎調査は毎年実施されているが、三年ごとに介護の項目の入った大規模調査が行われている。この三年周期の直近のデータが平成二八（二〇一六）年の調査結果である。

◆4　日本医療福祉生活協同組合連合会が傘下のケアマネジャーから収集した在宅介護サービスの利用者データ（三万七〇三人）では、七五・〇パーセントが認知症（自立度Ⅰ以上）の人である（同連合会、二〇一二年）。

◆5　これら抜粋した男性介護者の体験談は『男性介護者100万人へのメッセージ（男性介護体験記第一集～五集）』（クリエイツかもがわ）に収録されている。

◆6　介護者支援関連文献は筆者の手元にあるだけでも、松本一生『家族と学ぶ認知症』（金剛出版、二〇〇六年）、中山慎吾『認知症高齢者と介護者支援』（法律文化社、二〇一一年）、高見国生『あぁ認知症家族』（岩波書店、二〇一一年）、認知症の人と家族の会愛知県支部『家族介護をささえる』（中央法規出版、二〇一二年）、平原佐斗司『認知症ステージアプローチ入門』（中央法規出版、二〇一三年）、小海宏之・若松直樹『認知症ケアのための家族支援』（クリエイツかもがわ、二〇一七年）などがある。

◆7　湯原悦子「介護殺人事件から見出せる介護者支援の必要性」、『日本福祉大学社会福祉論集』第一三四号所収、二〇一六年三月。

◆8　斎藤真緒「家族介護とジェンダー平等をめぐる今日的課題――男性介護者が問いかけるもの」『日本労働研究雑誌』（No.六五八）所収、二〇一五年五月。

参考文献

朝田隆（研究代表者）「都市部における認知症有病率と認知症の生活機能障害への対応」（平成23年度～平成24年度総合研究報告書）、二〇一三年三月。

上野千鶴子『ケアの社会学――当事者主権の福祉社会へ』太田出版、二〇一一年。

斎藤真緒「家族介護とジェンダー平等をめぐる今日的課題――男性介護者が問いかけるもの」、『日本労働研究雑誌』（No.六五八）、二〇一五年五月。

杉山孝博『最初に知っておきたい認知症』新日本出版社、二〇一五年。

高見国生「介護家族を支える」、上野千鶴子他編『家族のケア　家族へのケア』岩波書店、二〇〇八年。

男性介護者と支援者の全国ネットワーク『男性介護者100万人へのメッセージ第一～五集（男性介護体験記）』クリエイツかもがわ、二〇〇九年～二〇一四年。

津止正敏『ケアメンを生きる——男性介護者100万人へのエール』クリエイツかもがわ、二〇一三年。

津止正敏・斎藤真緒『男性介護者白書——家族介護者支援への提言』かもがわ出版、二〇〇七年。

日本医療福祉生活協同組合連合会「認知症者の生活支援実態と支援方策の開発に関する臨床研究」二〇一三年三月。

日本ケアラー連盟「ケアラーを地域で支えるツールとしくみ」二〇一三年三月。

認知症の人と家族の会「認知症の介護家族が求める家族支援のあり方研究事業報告書——介護家族の立場から見た家族支援のあり方に関するアンケート」二〇一二年三月。

野村総合研究所「認知症の人を介護する家族等に対する効果的な支援のあり方に関する調査研究報告書」二〇一四年三月。

三宅貴夫「『今後の認知症施策の方向性について』を読む」、『介護保険情報』（第13巻第5号通巻149号）、二〇一二年八月。

湯原悦子『介護殺人の予防——介護者支援の視点から』クレス出版、二〇一七年。

第7章　社会的孤立に対する新たな共同性の創造
――それをめざした自治体と住民主体づくり

志藤修史

1　あらためて問われている地域の実践

（1）「地域」という言葉で今何が進められようとしているのか

社会問題としての介護問題をめぐっては、一貫して「地域」が一つの焦点となっています。しかし、介護問題の対応に期待がかけられている「地域」における労働者の生活は、命と暮らしを維持し再び創り出すために必要な生活関連の政策や制度が著しく不足、もしくは不十分な状況に置かれ続けています。そのため、失業や病気、怪我、介護や育児などの生活の変動に直面すると、ただちに生活が崩壊してしまうといった脆弱性が高く、危機的な状態となっています。

特に「介護」の場面では、家族による介護が成り立つ前提条件である、医療制度、住宅政策の不備や後退により、いっそう厳しさが増しています。介護の必要な家族や親族の存在が、世帯の生活すべてを破綻させてしまう可能性も広がっています。◆1 さらに今日、医療や社会福祉の事業実施主体（法人など）とその職員にしわ寄せが集中し、その結果、介護に従事する職員の養成・確保の困難へとつながっています。今や介護をめぐる状況は、根底からの危機に瀕しているのです。◆2

国が示す二〇二五年や二〇三五年の人口の将来推計予測データが示唆しているのは、このような現状が連続した場合に到来する危機、すなわち体系を欠いた現状制度の医療・介護「制度」を前提とした危機の喧伝（けんでん）と切り崩しのスパイラル、それに伴う国民からの制度への信頼失墜をテコとした、自己責任と家族責任、地域の相互扶助への責任転嫁の構造です。今日、このような危機への対応策として、責任配分の切り替えの方向が「地域」という言葉をキーワードにして進められようとしているのです。

（2）「地域福祉」政策を巡る動向

介護問題対策の焦点となっている「地域福祉」政策をめぐる大まかな流れは次の通りです。八〇年代「臨調行革」以降、本格化した医療・福祉制度の在宅福祉路線の流れを受け、九〇年代に進められた社会福祉基礎構造改革。この流れを受け二〇〇〇年以降は、介護保険を軸にした、「自己責任」に基づく「契約とサービス購入」の方向性がはっきりとしました。

さらに二〇一二年八月に議員立法により成立した「社会保障制度改革推進法」第二条第一項に示されている「自助、共助及び公助」の組み合わせと、「家族相互及び国民相互の助け合いの仕組み」が政策の基本方向として打ち出されました。二〇一二年以降は、この「社会保障制度改革推進法」で強調された政策理念を実現するため、政策の対象制限と削減、自己負担の強化、家族と地域への責任の転嫁、住民を動員型の参加で進める「介護」の方向性、そして自治体への負担と責任の転嫁の政策が矢継ぎ早に進められているのです。

特に介護と地域の関係では、二〇一五年九月、厚生労働省内に設置された「新たな福祉サービスのシステム等のあり方検討プロジェクトチーム」により、高齢、障がい、児童への総合的支援体制の提供を目指すための地域包括支援体制の確立が報告されました。また、二〇一六年六月には「地域共生社会」の実現を掲げた閣議決定「ニッポン一億総活躍プラン」を受けて設置された、「『我が事・丸ごと』地域共生社会実現本部」において、二〇一七年二月、二〇二〇年代の初頭を目途とする、住民相互の支え合いによる課題解決力、地域を基盤とする包括的支援の強化などを内容とする当面の改革行程が決定されています。さらに、これらの内容を踏まえ、二〇一七年五月には、地域包括ケアの深化・推進と介護保険制度の持続可能性の確保を柱とする「地域包括ケアシステムの強化のための介護保険法等の一部を改正する法律」が成立しています。これに伴い、社会福祉法第四条「地域福祉の推進」の第二項に、地域住民の活動への参加の機会の提供のための地域福祉の推進、課題の把握と解決に留意することが盛り込まれました。

このような社会保障・社会福祉、地域福祉政策で取り上げられる「地域住民」の「参加」や「住民活動」については、「地域生活課題の解決に資する支援」という生活課題への政策としての対応責任が、「絆(きずな)」や「助けあい」、「支え合い」といった理念や、意識の管理と一体的に進められている点に特徴があります。そこでは、住民生活に困難を生じさせている構造的課題への基本的理解が欠如しています。同時に、命や暮らしに関わる対策の相互の関連や体系的な一貫性を意識的に曖昧(あいまい)にさせ、意識や理念の強調が意図的に進められているのです。その結果、政策や制度を通じた生活保障の体系が根底から転倒し、社会的課題の対応の責任性が住民個々へ転嫁され、住民の善意の活動が、住民相互の責任と個々の住民の我慢を甘んじて受け入れる意識へと誘引する作用へと進められていると考えられます。

このような政策状況に対峙していくために、今、何が求められているのでしょうか。結論としては、身近な暮らしの場である地域、そして各自治体において、暮らしに根ざした日頃からのヨコのつながり、対話を軸とした参加と協力による共同性の創造、すなわち住民自治を軸としたまちづくりの実践が必要ということになります。

ここでは、今日の状況の中で問われている、地域における新たな共同性の創造に向けた活動や取り組み、すなわち、対話と交流を基本にしたまちづくり実践と、それを進めるための条件として何が必要なのかについて述べることとします。

2　地域における実践の出発点——取り組む課題は何か・どう捉えるか

（1）介護問題の解決に向けた三つの視点

今日の社会において、何らかの介護が必要な状態に直面したときに起こる生活上の様々な困難。この困難な状態は、その多くが資本主義社会の仕組みの中で、後回しにされがちとなる労働者とその家族の命や暮らしや健康の維持と増進への対策の立ち遅れから生み出されています。

一方、労働者をめぐっては、実数や就業者に占める割合として年々増加し続けているのが雇用労働者です。二〇一七年の総務省「労働力調査」では、今や就業者の八九パーセントが雇用されて働く労働者となっています。その雇用労働者は、雇用形態などにより分断され、搾取を強められ、非正規雇用のように地位が不安定にされ、競争ならびに管理の強化などにより、働きにくく、個々バラバラな状態に置かれています[3]。「一億総活躍社会の実現」といった喧伝（けんでん）の中、介護休業や介護休暇、時短勤務など法制度の整備は進んできてはいますが、総務省「就業構造基本調査」二〇一七年の結果では、「介護休業」の実際の利用状況は介護をしている就業者の四パーセント程度にすぎないなど、実効性が低い状況です。

制度の実効性は、労働者としての権利意識の確認、そのための集団的学習、各労働現場での権利の実現に向けた職場づくりなど、制度を実際に使うための職場での労働者の団結と運動によって確かなものとなります。すなわち職場、地域ならびに全国レベルでの労使の力関係が基本的には影響をするのです。しかし、労働者の社会的地位や権利の向上、雇用労働条件改善のための中心となる労働組合運動は様々な攻撃に晒（さら）され続けています。現在、労働組合の推定組織率は低下し続け（二〇一七年六月で一七・一パーセント〔労働組合基礎調査〕）、ますます労働者とその家族の命、暮らし、健康の維持・再生産が危機に晒されているのです。

加えて、日々の暮らしに関わって、税や社会保障はじめ医療、教育、公共住宅や交通、通信光熱水費など、個人では賄うことのできない公共的サービスに関する負担は増加の一方、さらに公共サービスは縮小や民間への委託・移譲などによって後退の一方です。これまで低廉な料金であった公共施設の使用など、住民の自治の基礎となる集まる場に関しても、負担の増加もしくは自治体が撤退する方向にあります。特に近年、各自治体での公共的サービスの縮小傾向は甚（はなは）だしく、「平成の大合併」以降も歯止めがきかない自治体財政の悪化から、民間への委託や払い下げが進められ、新たに必要となった領域は当初から民間の営利事業として実施するなど、個人や世帯の責任で購入するという方向が定着してきています。公的性格を有する社会福祉法人などに対しては、本来なら公的責任と費用負担で実施すべき生活問題対策を、「貢献」という名目で「奉仕の精神」へとすり替え実施を強要するなどの動きもあります。本来であれば行政として対応すべき社会の問題や課題を「意識」の問題に変質させる方向が強化されています[4]。

地域で生活を営む基本的条件のこうした悪化は、生活の不安や困難を増大させる一方、生活上の負担の増加のみならず、物理的意識的な住民同士の協力共同の条件を低下させ、個々バラバラな状態、住民同士が分断された生活状況を余儀なくされ、社会的な孤立状態を生み出します。結果として、家族だけの孤立した介護や、相談などができずに困窮状態に陥っている介護の必要な方が、一人孤独に生活する状況となり、不適切な介護や介護殺人といった、命・健康の危機となって現れるのです。

介護に関わる生活困難は、広範な労働者とその家族の生活上に降りかかる生活問題の一つであり、資本主義社会の中で構造的に生み出される社会問題です。したがって、介護や孤立といった問題の解決を進めるためには、まず、今日の社会構造の分析とともに、法則性や必然性を明らかにするための実態把握が必要となります。同時に、その解決の責任はどこにあるのか、あるいはなぜ解決の責任を果たそうとしないのかといった政策の分析と批判点を明確にし、そこから、その解決に向けた組織的働きかけ・運動を進めていく必要があるのです。つまり、労働者にとって共通した生活の基盤である雇用・労働関係を軸とした生活問題の分析、市場を優先する政策への批判、政策との対抗軸である幅広い社会・市民運動、これら三つの相互の関連が介護問題解決に向けた新たな共同性を創造していく基本的視点なのです。

（2）生活問題の構造◆5

次に示す図7―1は、生活問題を分析するための「生活問題を現代の労働問題の一環として位置づけ、暮らしと命・健康を一体のものとしてトータルにとらえるための基本的な柱と枠組み」です。◆6

生活上に生じる、仕事、住宅、家族関係、食事、健康、介護などの問題は、それぞれバラバラに起こるものではありません。相互の関係の中で生み出されているものなのです。また、それぞれの問題には、相互に関係しながらも、基本となる問題と関係的派生的に生じてくる問題があります。具体的な問題の解決を進めるためには、個別的でバラバラな対策のツギハギではなく、このような構造的な関係から明らかとなる体系的で総合的な対策が必要なのです。次ページの図7―1ではこのような問題把握をするための基本的な柱を表しています。

図中の三つの四角い枠「①くらしの基盤」、「②くらしを支える条件」、「③行政の責任による施策・施設の整備状況」が、大きな丸「④くらしの単位」、「⑤くらしの場」、「⑥くらしの中身」、「⑦健康状態」を規定する社会的条件であり、矢印で相互の関係性を示しています。

（3）生活問題の「地域性◆7」

資本主義社会の中で法則的・構造的に生み出される社会問題としての生活問題には、「地域性」があります。地域では産業の変化、自治体の合併といった政策の要因、宅地を含めた土地開発などによ

図７−１　生活問題をとらえる基本的な柱と枠組み

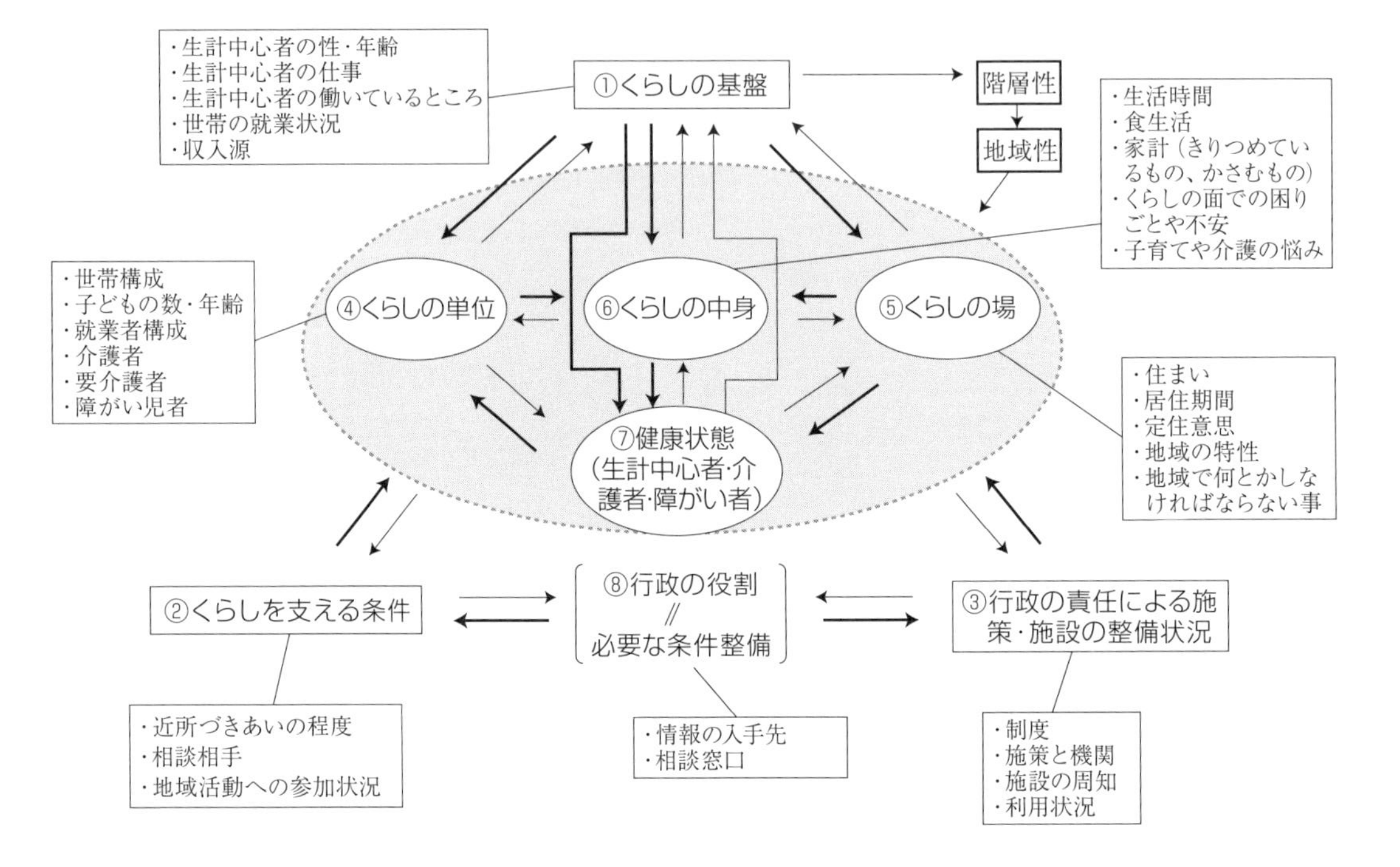

り社会増減や自然増減が生じますが、これら変動の中心で生活を維持再生産しているのは労働者とその家族です。労働者は、就業並びに雇用労働条件に規定され、地域へ流入流出、あるいは住み続けることとなります。

それぞれの地域では、就業の有無や雇用労働条件の安定、不安定などによって、それぞれ様々な社会的サービスを必要としますが、労働者の流動や生活の変化は、商業などの市場の生成と退廃や社会サービスの統廃合、さらには住民同士の関係性などにも大きな影響を与えます。すなわち、基本的にはどのような就業・雇用労働条件の労働者が生活しているかによって地域での生活問題の内容は規定されているのです。

したがって、生活問題の地域性を明らかにするには、地域ごとの労働者の状況、変化の状況、生活関連サービスなどの状況、住民同士の関係性などを把握することが内容となります。具体的には、日々の実践の中でつかんだ実態、行政の既存データの活用、調査に取り組むなどの方法を手がかりに分析することができます。

（4）地域における共通して取り組む課題と暮らしを支える条件

「身近な地域で取り組む課題」は、それぞれ地域の特徴によって異なってきます。基本的には地域の成り立ちや、住み、暮らす世帯の階層構成に規定され、さらには、住民同士の交流や日頃からの対話・協力関係、地域での様々な住民活動の内容によっても変化します。

たとえば、長時間、低賃金、不安定な雇用形態といった生活を強いられている世帯が多く生活する地域では、近隣との関係を築こうにも現実的な条件が乏しいため活動への参加は進みません。加えて、日頃からの関係が乏しい中で、暮らしの中身に立ち入った相談をすること、また声をかけることは一般的には難しいといえます。つまり、地域では病気や怪我、介護や生活困窮といった生活状況の厳しい世帯ほど、相談する相手も限られ、様々な地域情報とのつながりも乏しく、制度の理解や活用ができづらく、地域から孤立しやすい状態といえるのです。

しかし、地域で全くなんのつながりもなく生活している世帯は、実際にはそう多いわけではありません。どこかで何らかのつながりや関係を持って生活している世帯が圧倒的多数です。これらつながりを背景にして、地域で何とかしなければならないと感じている課題は意識されていると考えられます。

すなわち地域での何らかのつながりの中から、近隣での「気になる」や「心配」なことを、それぞれの住民が意識している可能性があるのです。このことは地域活動を進めていく上での手がかりになります。もちろんマスコミの報道などによる社会的キャンペーンによって一般的に認識されている事柄もありますが、自分自身が直面している、あるいは身近な人が直面した経験を持つことで、他人事でない問題として地域で認識されていくと考えられます。

このように、地域で何とかしなければならないと感じている課題、すなわち地域で共通して取り組む課題を明らかにすることは、さらにそこから住民同士、地域でのなんらかの活動を通じたつながりを構築する手がかりとなるのです。

3　地域で新たな共同性の創造を進めるための条件と課題

（1）実践をすすめる上での視点——運動的視点

しかし、仮に、住民の多くがなんとかしなければならないと感じている課題があったとしても、組織的で集団的な住民の主体的活動が自然発生的に起こるとは限りません。むしろ、外部からの何らかの働きかけや、孤独死や災害など、何らかの大きなきっかけから危機意識が高まるといった相互作用によって既存の集団や組織の課題意識が高まらなければ、現状を変えていくための活動を組み立てていくことは困難です。

生活問題を明らかにするための生活実態調査なども、調査活動そのものが、いわば住民の協力と参加がなければ実施することはできません。そもそも実態を明らかにしようとする課題意識がなければ調査に取り組もうといった動きもでないのです。

今日の高齢化の進展、介護困難や相次ぐ災害、孤独死などの現象や出来事は、住民の意識が高まるきっかけとなることは確かです。しかし、暮らしに関わる問題を、社会的構造から必然的に生ずる社会問題としての生活問題として理解することは、そう簡単ではありません。特に労働者に共通して降りかかる問題であるとの認識は意識にのぼりにくいのです。むしろ特定の空間的・エリア的問題としての地域の問題、あるいは生活圏で起こっている出来事といった脱階級化された問題として扱われがちです。さらには、特定の空間的・エリア的問題としての地域の問題という認識においても、当該地域の行政への不満としては出てきても、当該自治体における政治的な問題についてはあえて避ける、つまり脱政治化された状況となっている場合が多いといえます。

これら脱階級、脱政治といった方向は、労働組合と生活問題の結びつけ、政治問題と地域での生活問題の結びつけを弱める働きとなっています。すなわち分断支配と責任転嫁のテコにされているのです。あらためて地域での生活の実態から出発し、生活問題が生み出される構造を、労働問題を軸にしながら、命や暮らしに関わる国・自治体の制度・政策との関係から捉えて行く必要があります。

そこで、現在直面する課題の解決に向けた一つの方向性として考えられるのは、身近な地域での住民相互と、地域で関係する機関との共同による活動実践です。ここでいう実践とは、個々バラバラにされた個別的問題を対話と協力・共同でつなぎ直す、さらに、みんなで取り組む共通した課題として明らかにする、さらにそこから解決に向けた具体的な動きをつくり出すといった流れになります。

このような住民の主体的な活動をサポートする機関としては、自治体や社会福祉協議会、社会福祉関係の団体、介護や育児に関わるサービス事業所、ＮＰＯなど、命や暮らしに、そして地域に関わる団体や事業所の役割が問われていると考えられます。これら機関や事業所、団体は、住民個々の生活課題に対応しつつ、住民相互の集団性・共同性を高める関わりを進め、地域での関係構築を促すことが期待されているのです。

今日、高齢化や少子化などとして語られる人口統計などによる一般的で抽象的な事柄では、問題の原因とそれを生み出す社会的構造を無視し、一般的な住民生活像を想起させています。その結果、近隣で共に生活している具体的な住民からかけ離れた、一般的抽象的住民像をつくり上げています。これでは、自分たちが住み暮らす地域での具体的な問題と結びついた活動とならず、努力し進めようとしている活動の内実と方向性が住民の現実的な生活と乖離（かいり）し、活動の担い手としての住民と介護困難状況にある住民との間に、溝をつくることにつながります。

さらに深刻な問題は、一般的で抽象的な課題に基づく活動や、身近な地域住民の実態とは「ずれ」た活動であっても、活動そのものの担い手は善意とかなりの労力をもって進めているだけに、住民は「無言」をもって耐え忍ぶか、「参加しない人」として地域の共同体から疎遠になってしまう、あるいは孤立状況に陥ってしまう可能性が高いということです。つまり我慢と諦めの無意識の強要の固定化が進められてしまうということなのです。

これは今日、政策的に進められている「我が事・丸ごと」が、結果として抱え込んでしまう内容と考えられます。問題の本質を封じ込めた上で、「する側・される側のハードルをなくす」というかけ声は、むしろ「参加する者」と「参加できない者」との間に溝をつくってしまう。参加できないことから発言できなくなってしまう者を、ますます孤立化させてしまう。そんな危険性をはらんでいるのです。

これは政策からの理念と責任、費用負担の押し付けです。このような活動状況は様々な場面で生じています。これに対抗し、物事の本質を見きわめ、社会問題としての生活問題への対応を進めるには、住民が主体的担い手となって行う地域活動の積極的側面、すなわち運動的側面が欠かせません。

そこでは、国・自治体の責任と費用による権利保障という前提、「自助・共助・公助」すなわち、まず自助で、次に共助で、どうしようもなくなったら公助という公的な責任の国民への転嫁に対する

「現実からの批判」がその武器となるのです。生活の基本的な基盤や保障が抜け落ちたところで地域活動の条件の整備を強調し、また、住民を活動に駆り立てても、期待される地域住民同士の紐帯(ちゅうたい)は深まるどころか地域内分断の進行に拍車がかかるだけなのです。

今求められるのは、労働問題を軸においた社会関係の中で進める社会・労働運動、広範な市民がともに手をつなぎ、共通した課題の改善に取り組む市民運動といった運動的視点を持つことです。

図7―2は政策と運動との「対抗関係」を示した図です。◆8 資本主義社会にとって必然的に生み出される社会問題としての生活問題の解決に向けては、常に政策との緊張関係が生まれます。この緊張関係は政策が押し付ける理念に対抗する科学的な現実認識、分断と支配の権力構造に対抗する、対話と協力に根ざした労働者の団結、すなわち運動を進める集団としての組織を必要とします。抽象的理念や分断支配の政策動向の分析と理解、批判的な学習なしでは実践は進まないのです。◆9

図7−2　政策と運動との対抗関係

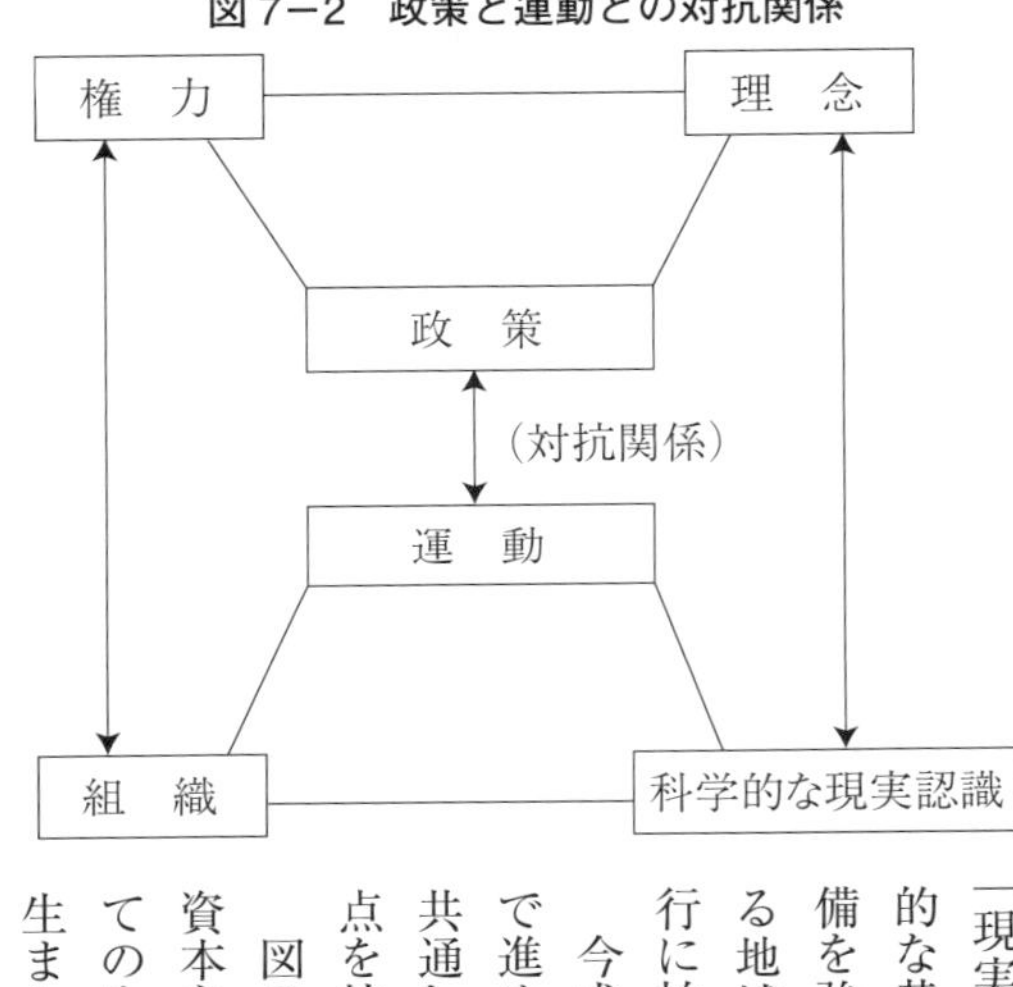

（2）地域実践を進める上での今日的状況

今日「地域」をめぐっての実践を進める上で、積極的に使うことのできるいくつかの変化があります。一つは地域実践を進める計画づくりに関する流れ、もう一つは様々な形で進められるネットワークに関する流れです。いずれも現状の政策の限界性を体現したものであり、かつ、政策的に進められている内容であるという二つの側面を持っています。

まず、地域実践を進める計画づくりに関しては、二〇一七年「地域包括ケアシステムの強化のための介護保険法等の一部を改正する法律」に基づいて、新たに社会福祉法第一〇七条において努力義務として位置づけされた「地域福祉計画」です。

この計画は、各市町村において、「1　地域における福祉サービスの適切な利用の推進に関する事項。2　地域における社会福祉を目的とする事業の健全な発達に関する事項。3　地域福祉に関する活動への住民の参加の促進に関する事項」を盛り込み策定される行政計画です。もともと地域の福祉実践を進めるための計画づくりは、各地の社会福祉協議会において一九八〇年代から、住民が主体となった福祉のまちづくりを進めるための住民活動の計画づくりとして進められてきたという流れがあります。しかし、すべての社会福祉協議会で計画づくりが取り組まれたわけではありません。また策定の内容も、住民懇談会などでの住民意見の集約などは実施されたりしましたが、科学的な調査などで住民の生活実態を把握し、調査結果などの根拠に基づいて策定したものはそう多いとはいえません。

その後、一九九〇年の「老人福祉法等八法改正」の流れを受け、一九九七年一一月から進められた社会福祉基礎構造改革の結果、二〇〇〇年五月の「社会福祉の増進のための社会福祉事業法等の一部を改正する等の法律」の成立によって市町村が策定する「地域福祉計画」が新たに明記されることになりました。

自治体が地域福祉に関する責任を負い、計画づくりを進めるようになったことは一定の前進かもしれません。しかし、法明記から一六年が経過した二〇一七年四月一日時点でも、全国一七四一市町村中一二八九自治体、策定率七四パーセントという状況です。二〇〇二年には、社会保障審議会福祉部会より「市町村地域福祉計画及び都道府県地域福祉支援計画策定指針の在り方について（一人ひとりの地域住民への訴え）」といった策定のための指針を出すなど、後押しする内容がでたものの、計画策定はあくまで任意であることから、なかなか全ての自治体での策定までには進んでいません。

特に人的・財政的体制の厳しい小規模の町村部における策定が進んでいないという状況は、一律に国から都道府県や市町村におろしてもうまくはいかないということを表しています。まして、命と暮らしを支える責任、そのための前提条件となる産業や雇用状況をはじめ保健や医療、住宅などの様々な公的サービスの整備という前提も地方丸投げといった状況では、市町村は疲弊する一方です。

そもそも住民の介護問題の対応を、事業所間競争と自己責任を前提とする「契約」を柱にしている以上、人口が少なく高齢化が進む一方の地域では、保険を中心とした医療・介護の制度では限界があることは明らかです。このような状況の中、住民活動だけが突出することはないのです。

二〇一七年の社会福祉法改定で策定が努力義務とされたことを受け、厚生労働省関係局長名での通知並びにガイドラインも示され、今後、各市町村では「地域共生社会実現」のため「福祉の領域を超えた」、地域力と地域包括ケアシステムの強化が議論されていくことになると考えられます。その時に、図7―2で示した科学的な現実認識をどう進めるのか、どのように計画に盛り込み、市町村に具体的な対策と、住民活動条件の整備をどう実現をさせていくのか、あらためて科学的現実認識と運動的視点の内容が問われることとなります。

同時にもう一つの変化として、「地域共生社会」実現に向け、「共生の文化」の創出や全ての地域の構成員の参加・協働、さらには「福祉以外の分野」との協働など、新たなネットワークの構築が進められていくこととなります。しかし、共生の文化やネットワークを進めようとするならば、当然のごとく、ネットワークを進めるコーディネーターが必要となります。その役割を担うのは教育、医療、社会福祉事業実施機関や団体であり、そこで働く労働者が具体的なコーディネーターとして業務に従事することになると考えられます。

その場合に求められるのは、住民参加のための条件整備と、それを後押しするコーディネートする側の体制整備です。すなわち安定した生活と安心を保障する社会的条件としての雇用労働条件と社会保障、および誰もが集まり話せる場、学べる場、事業の安定的運営のための条件などの整備がなければ、強制参加の押し付けとなります。

「強制」参加を「共生」と呼ぶことはできません。社会的問題への対策としての方向性が「地域共生社会」の実現ならば、それにふさわしい体制と内容が必要なのです。

今日出ている新たな流れは「地域」を焦点としていますが、基本的には労働者の今後の生活、つまり働く者の命と暮らしに関わる基本的問題です。地域や自治体での活動は、この流れをうまく利用しながら反転攻勢をかける可能性を持っています。あらためてこの流れを受け止めつつ、問題解消に向けた共同の実践を創り上げるために必要な内容を確認し、地域づくり、自治体づくりの一歩を踏み出すことが求められているのです。

◆1　新聞記事からの分析を進めた、加藤悦子『介護殺人――司法福祉の視点から』（クレス出版、二〇〇五年）、朝日新聞社会部『母さんごめん、もう無理だ　きょうも傍聴席にいます』（幻冬社、二〇一六年）、毎日新聞大阪社会部取材班『介護殺人――追い詰められた家族の告白』（新潮社、二〇一六年）、NHKスペシャル取材班『「母親に、死んで欲しい」――介護殺人・当事者たちの告白』（新潮社、二〇一七年）など、殺人事件の取材を通じ、多くのマスコミによって家族による介護の危機的現実が取り上げられるようになっているが、抜本的対策の改善は進んでいない。

◆2　公益財団法人介護労働安定センター「平成29年度『介護労働実態調査』の結果」（二〇一八年八月三日公表資料）では、二〇一四年以降四年連続で介護現場での従業員の不足感が伸び続けていると報告している。

◆3　我が国雇用労働者の置かれている現実は半失業状態である「非正規雇用」、「過労死」「過労自殺」に端的に現れてくる。雇用の現状とその分析内容については、伍賀一道『「非正規大国」日本の雇用と労働』（新日本出版社、二〇一四年）、森岡孝二『雇用身分社会』（岩波新書、二〇一五年）、熊沢誠『働き過ぎに斃れて――過労死・過労自殺の語る労働史』（岩波書店、二〇一〇年）などを参考とした。また、バラバラな状態に置かれてきた歴史的変遷および今日の「雇用労働社会」という社会状況分析については、ローベル・カステル『社会問題の変容――賃金労働の年代記』（前川真行訳、ナカニシヤ出版、二〇一二年）を参考としている。

◆4　東日本大震災が発生した二〇一一年の、七月七日付日本経済新聞におけるキヤノングローバル戦略研究所研究主幹（当時）松山幸弘の記事を発端にした、社会福祉法人内部留保をめぐる議論により、二〇一三年九月二七日「社会福祉法人の在り方等に関する検討会」が設置され、二〇一四年七月四日に「報告書」が公表された。同年八月二七日、社会保障審議会「福祉部会」において社会福祉法人制度改革の議論がスタートし、二〇一六年四月、社会福祉法を改正し、既存の制度の対象とならない日常生活・社会生活上の支援を必要とする者に対して無料又は低額の料金により福祉サービスを地域公益事業として提供することを社会福祉法人の責務として位置付けた。

◆5　三塚武男『生活問題と地域福祉』（ミネルヴァ書房、一九九七年）四八～五九頁。

◆6　三塚武男前掲書、八三頁。

◆7　三塚武男前掲書、五九～七二頁。

◆8　三塚武男前掲書、一五七～一六五頁。

◆9　調査運動による科学的な現実認識と組織による運動を積み重ねている事例としては、社会福祉法人京都聴覚言語障害者福祉協会「聴覚言語障害児・者とその家族の生活実態調査」二〇〇八年、公益財団法人兵庫県聴覚障害者協会「阪神・淡路大震災から18年をむかえた兵庫県における聴覚障害者のくらしの実態と生活ニーズ調査報告書」二〇一四年などがある。

第8章　高齢者ケアの財政保障と改革視点

二宮厚美

起点としての生存権保障

本章では、現代日本における高齢者ケアのための財政原則を検討します。この場合の財政原則とは「憲法にもとづく財政原則」と言いかえられます。というのは、高齢者ケアの保障を正当化するものは、憲法に盛り込まれた人権のカタログ、とりわけ第二五条の生存権保障条項に求められるからです。

憲法の生存権保障の柱は、要約して示すと、①雇用保障、②教育保障、③所得保障、④社会サービス保障、⑤環境・住宅保障の五点にまとめられます。このうち高齢者ケアは、四番目の社会サービス保障の中の一分野にすぎません。にもかかわらず、高齢者ケアの財政原則を考えるにあたっては、五つの領域にまたがる社会保障全体の財政との整合性が問われます。たとえば、高齢者ケアの財政と年金保障の財政の間、また保育・医療等の財政原則と介護の財政原則には整合性がなければ、国民的合意は得られません。

そういう意味で、高齢者ケアの財政原則を考える際には、憲法第二五条の国民生活全般に関わる生存権保障の財政原則との整合性を念頭において検討を進めることが必要です。このことを前置きにして、本論に入ることにします。

1　必要充足・応能負担の社会サービス財政原則

（1）必要充足・応能負担の財政原則

話を簡潔に進めるために、最初に、高齢者ケアを保障する財政原則を要約して指摘しておくことにします。一言でいうと、それは「必要充足・応能負担原則」とまとめられます。

「必要充足」とは、高齢者の生存に欠かせないケアがその諸条件とともに充たされていることです。たとえば要介護度二と判定された高齢者を例にとっていえば、当人の日常生活に不可欠な家事援助や介護・看護サービスが行き届いていること、また日々の活動・行動に必要な福祉器具が揃っていること、疾病時の備えとして医療・看護サービスが身近なところに用意されていることなどです。ほとんどすべての高齢者は、地縁・血縁・社縁（＝社交）関係のなかで社会生活を営んでいますから、冠婚葬祭をはじめ「社会成員＝社会人」としての役割・地位を保持することも必要になります。さしあたり、こうした要件を充足することが、高齢者ケアを保障する「必要充足原則」の意味です。

「必要充足原則」の内容をいま少し細かく追究していくと、この原則に関わって見ておかなければならない問題が出てきます。その問題とは、①高齢者ケアとは何を指すのか、②高齢者ケアの社会的性格、特徴はどのようなものか、③必要とされる高齢者ケアは誰によってどのように判定されるのか、といった三点の問題です。

（2）高齢者ケアの基本的性格

第一の問題は、高齢者ケアとは何か、いかなることを意味するのか、という問題です。まず明らかなことは、ケア（身の回りのお世話）とは人間を相手にしたサービス労働のことです。サービス労働とは、人間を対象にした働きかけをさします。人間の労働は一般的に、何らかの対象に対して労働手段を使って働きかけることをさしますが、そのうち、人間（ヒト）を対象にした労働がサービス労働であり、自然素材（モノ）を対象にした労働が物質的生産労働です。高齢者のケアは、高齢の人を対象にした働きかけだから、モノづくりの労働ではなく、まさしくサービス労働そのものです。◆1

人間を相手にした労働は、厳密に区分していうと、人格を相手にした労働と肉体的・精神的諸能力を対象にした労働に分かれます。ただここでは、この二つの労働の区別については、話が複雑になるのでこれ以上こだわらずに、保育・介護・福祉・保健・医療等の（広義の）ケア労働に話を絞っていうと、ケアとは、直接的には人間の精神的・肉体的諸能力（人間的諸能力）に働きかける労働です。人間的諸能力への働きかけは、その潜在的諸能力の発達、潜在力の発揮・実現、さらにその持続・維持等を目的にしていますから、これをまとめて「人間的諸能力の発達・発揮保障労働」と呼ぶことにします。

問題なのは、「人間的諸能力の発達・発揮保障労働」が、いったいいかなる「人間的諸能力」に働きかけているのか、ということです。やや話が複雑になりますが、ここでは、人間的諸能力を二重の見地から検討しておく必要が生まれます。二重の見地とは、①人間的諸能力を物質代謝と精神代謝の二面から見ること、②人間の行為を生産的行為（生産）と消費的行為（消費）の二面からとらえること、この二つの視点のことです。なお、「人間的諸能力」というのは、「人間に固有の能力」「人間ならではの能力」「他の動物にはない人間だけが持つ能力」を指した言葉です。

まず、ケアサービスを受ける人の人間的諸能力は、上でふれたように、①人間に固有の「人間と自然の物質代謝を意識的に制御・媒介する能力」と、②「人間と人間との間の精神代謝を媒介するコミュニケーション能力」の二面から構成されます。前者は、人間と自然との間の物質代謝（質料転換）を制御する労働能力と消費能力を意味します。わかりやすい例をあげると、人間が大地に働きかけて農作物を生産し、それを食料として消費して生存するときの能力、これが「物質代謝能力」です。他方、後者の「コミュニケーション能力」とは、人間が人と人との間の言語を媒介にしたコミュニケーション関係を取り結び、その相互行為を通じて社会生活を営む能力のことです（これを「物質代謝能力」に対比して「精神代謝能力」と呼びます）。高齢者の例であれば、家族や親族内の親密なコミュニケーション、近隣・友人間の友愛的コミュニケーション、各種団体・組合・組織内の社会的コミュニケーションのなかで、互いの能力に働きかけながら生活を送る、そのときのコミュニケーション能力のことです。

これらをケア労働に即していうと、高齢者ケアが働きかける相手とは、こうした高齢者の一方での「物質代謝能力」と、他方での「コミュニケーション能力」だということです。この二つの人間的能力の発達・発揮を保障しようとするのが、高齢者ケアの使命です。

これに続く第二の視点は、人間の行為を生産的行為（生産）と消費的行為（消費）の二面からとらえる視角でした。結論を先取りしていえば、このうち、高齢者ケアが対象とするのは、主に消費的行為（消費能力）の方です。なぜ、生産的行為（生産能力）ではなく、消費的行為（消費能力）が高齢者ケアの主たる主題になるのかを理解するためには、回り道をすることになりますが、生産概念と消費概念の本源的区別に立ち入っておかなければなりません。

まずここでは、人間の行為（目的をもった活動）を生産的行為と消費的行為との二つ、簡単にいえば生産と消費の二つに分けて考えてみましょう。両者を究極のところで区別するものは、前者は社会的分業を通じて他者にまかせても意味を失わない社会的行為であるのにたいし、後者の消費的行為は、他人に代替させることができない行為、あるいは他者に代わってやってもらったのでは、当該個人の生存（生命活動）にとって意味をなさない行為、したがって個々人単位の個別的行為のことです。たとえば、食べる、飲む、着る、眠る、歩く、排泄（はいせつ）する等といった行為は、本人がやらないと意味がない（消費）行為の例といえるでしょう。他者に代替してもらうことのできない、本人がやらないと生きていくうえで意味のない行為が消費概念の究極の意味となります。これに対して、消費とは結びついているが、他人に委ねることが可能な行為、たとえば調理、衣服の縫製・洗濯、トイレ・風呂の手入れ等は、他者にまかせても用は足りるという意味で、言葉本来の意味での「生産」にあたる行為・活動といえます。

衣食住の例でいえば、衣服を作るのは生産であり、着るのは消費、料理は生産で食べるのは消費、住まいの建築は生産で住むのは消費ということになるわけですが、これと同じことは、人間と人間の精神代謝の部面に即してもいうことができます。言語的コミュニケーションを媒介にした、人と人との間の精神代謝過程において、たとえば、生徒に対する教師の働きかけは教育労働という生産的行為、看護師の患者に対する働きかけは看護労働という生産的行為、また保育士の子どもたちに対する働きかけは保育労働という生産的行為ですが、たとえば母子間の親密な親愛関係は消費的行為であり、夫婦間の性愛関係も他者に代わってもらうことのできない消費的行為であり、また友人間の濃密な友愛的相互行為関係も、当事者以外にはとってかわることのできない消費的関係です。

こうした「生産」と「消費」の概念的な区別にたっていうと、高齢者ケアで求められるサービスとは、主に要介護・要支援者の消費的行為に対するケア、つまり彼らの消費能力の発達・維持・発揮に対する援助・支援活動だということになるわけです。ケアの焦点が「消費」にあって「生産」ではないのは、高齢者の介護・支援ニーズが発生するのは主に消費・生活能力の衰えによるからです。むろん、この消費・生活能力の衰えを予防・防止したり、その回復・保持・発揮を援助・支援したりする活動、つまりケアの活動は、消費的行為ではなく、生産的行為であり、一つの社会的な営みです。これがすなわちケア労働なのです。[2]

(3) 必要なケアの個別性、非定型性、コミュニケーション的性格

ケアとは何かに続く第二の問題は、高齢者ケアの社会的性格ないし特徴はどこにあるかという点でした。結論を先取りしていえば、高齢者ケアの特質は、一人ひとりに求められるケアにそれぞれ違いがあること、つまり個別性が高く、規格化することが困難な非定型的性格をもっていること、さらに、ケア労働者の側とのコミュニケーションによって規定される度合いが高い性格(コミュニケーション

媒介的性格）を有していることにあります。

このような①個別性、②非定型性、③コミュニケーション媒介的性格といったケアの特質は、一口に高齢者に必要なケアといっても、人間の生活は千差万別で、高齢期に発生するケア・ニーズも一律には決まらない、といった経験則を考えれば、容易に理解できるでしょう。そのほか、身体介護の必要度の高い場合と、認知症対応のニーズが強い場合とでは、それぞれに求められるケア労働は質・量にわたって異なり、画一的にとらえることができません。これは要介護高齢者とケア労働者の間のコミュニケーション関係において、必要なケアが異なってくることを物語るものです。

高齢者ケアにおける現場において、このような個別的・非定型的性格が問題になるのは、ケアそのものが、すでに「ケアとは何か」を検討したところでみたように、高齢者の生存を三つの側面から援助・支援する活動から成り立っていることによっています。すなわち、①人間と自然の物質代謝の一局面を担う（これは生存と生存に不可欠な「消費」を援助すること）、②消費に付随し、消費の前提となる生産的営みを援助する、③社会成員としての社会的営み（地域の行事、公民館活動、冠婚葬祭、町内会・老人会等への参加）を支援する、これら三側面です。これらの諸側面におけるケアは、一律にはいかず、個別的・非定型的性格をもたざるをえないわけです。

（4）ケア現場における介護ニーズの評価・判断

ここから第三の、高齢者のケア・ニーズは誰によって、どのように判定されるのかという問題が生まれます。つまり、必要充足原則にいう「必要なケア」とは、誰が、どのように決定するのか、という問題です。ケアサービスの需要・供給関係が、もし完全に市場に委ねられるのであれば、ケア・ニーズを発信するのは要介護者当人（または家族）であり、そのニーズに応えるのは市場で売りに出されるケアサービスです。しかし、社会サービスの必要充足原則に立脚すれば、ケア・ニーズの処理をこうした市場における需給調整にまかせるわけには到底いきません。

たとえば、社会保険等による医療保障を例にとっていえば、患者に必要とされる医療は、医師・患者間のコミュニケーションによる合意（インフォームド・コンセント）を尊重するのは当然だとしても、患者に必要な医療を決定する主導権は医師のもとにあります。特に緊急を要する場合には、必要な治療法は医師によるほぼ独占的な裁量のもとにおかれています。あるいは、義務教育の場合には、個々の生徒の教育ニーズ（≠学習欲求）を判断するのは、生徒本人ではなく、むしろ主に教師の側にあるといえます。医師、教師は、医療、教育の社会サービス領域における専門家であり、各社会サービス分野にあっては、そのニーズを評価・判断するのは専門家の責務に委ねられています。これを、通常、プロフェショナル・フリーダム（専門家による裁量）と呼んでいます。

高齢者ケアの場合も、医療・教育の例と同じように、要介護高齢者のケア・ニーズを評価・判断・判定するのは、基本的にケア・マネージャー、介護士、看護師、保健師、ヘルパー等の専門的労働者です。要介護者は、ケアを必要とする当事者であり、そのニーズにもとづいて、必要なケアを求める欲求主体です。医療・教育・介護等の社会サービスでは、サービスを受ける側の欲求・意向を十分にくみ取りつつ、サービスを提供する側が必要なサービスの質・量を判断するということにならざるをえないのです。

以上のような「必要充足原則」に関わる諸論点から導き出される結論は、「社会サービスの必要充足原則に適合的なのはその現物給付方式である」という点にあります。言いかえると、教育・医療・ケア等の社会サービスは現物給付方式による場合に必要充足の原則にかなうことができる、ということです（この点は後で再述します）。

2　社会サービス財政の応能負担原則と現物給付方式

(1) 総体的利益説に依拠した応能負担原則

応能負担とは、負担能力の多寡に応じて負担する方式をさします。これに対比される負担原則は応益負担と呼ばれるものです。応能負担が「負担能力の多寡」を基準にするのに対して、応益負担では「受益の多寡」が負担額の基準とされます。そのため、前者を主張する租税論は「能力説」、後者は「利益説」と呼ばれます。

この両学説のうち、資本主義市場社会で生活する者にとっては、概して「利益説」がなじみやすいといえます。なぜなら、一般の商品市場の取引は、商品の価値やサービスの利益に応じて対価を支払う、負担する、というのが原則になっているからです。たとえば、介護サービスを市場取引に委ねてしまえば、マッサージ、銭湯、整髪、家事代行サービス等の売買に例を見るように、サービスを受ける者はその役立ちや利益に応じて対価を支払う、というのが当たり前のことです。

そうすると、「応益＝利益説」が支配的な市場社会にあっては、「応能＝能力説」などは入り込む余地がないように見えます。にもかかわらず、応能負担説がこの市場社会において正当化される根拠はどこにあるのでしょうか。

ここで重要になるのは、利益説に二類型があることです。二類型とは、①個別的利益説、②総体的利益説の二つです。前者の個別的利益説とは、サービスの受益者個々人は、各自の個別的利益に見合ってその対価を負担すべきだとする考え方です。いいかえると、個人を単位にして受益と負担とを均等にする、という説です。これに対して、総体的利益説は、社会サービスは社会総体に利益をもたらすものだから、その費用負担は社会総体が担うべきである、とする考え方です。この考え方では、個別的利益説とは違って、社会サービスの利益は、その帰属先が個々人に分解されるものではなく、また、個人単位の利益に還元されるものばかりではなく、社会総体が受けるものである、または社会全員が享受する面を持っている、と把握されます。個別的利益説では、受益者は何より個々人であるが、総体的利益説では、受益者は個人というよりもむしろ社会総体ととらえられるわけです。

個別的利益説と総体的利益説のこの違いが重要になるのは、前者が応能負担を退けるのに対して、後者は必ずしもそうとはならず、むしろ応能負担に有力な根拠を与えるものとなるためです。個別的利益説に立つと、個人単位で担う負担額は、厳密にその個別的受益に見合ったものでなければならず、世間一般にいう「受益者負担主義」が正当化されます。しかし、総体的利益説に立つ場合には、社会サービスが社会全体に寄与する利益はそもそも個人単位の利益には還元できないものになりますから、個別的な「受益者負担主義」は根拠を失い、むしろ、社会全体として負担するときには、負担能力に応じた負担の方が適切であり、合理的でもあるという論拠が生まれます。「総体的利益説」は、個別的な「受益者負担」ではなく、「応能負担」の原則を導き出すのです。この点にもう少しこだわってみましょう。

ここで社会総体に降り注ぐ利益というのは、個別的利益の足し算的集合（総和）ではありません。個々人の利益に還元することのできない社会総体が享受する利益です。わかりやすいたとえを使っていえば、それは太陽の光や熱のような役立ちです。太陽の光や熱は、なるほど一人ひとりの人間がその生活において日々、個別的に利用しているものですが、同時に、それ以上に地球全体、社会総体に降り注ぐ役立ちです。地球と植物の長い歴史が生み出した酸素も、この太陽の光・熱同様に、生物全体、人類総体が享受するかけがえのない物質です。

教育や医療等の人間にとってかけがえのないサービスも、この太陽や酸素と同じように、個別的利益・便益に還元することのできない社会総体の受益をもたらします。だから、これを維持するために、社会総体として、その費用負担を分かち合わなければなりません。ただ、ここが重要な点ですが、その費用負担の分かち合いには、個別的な応能負担原則であって一向にかまわないのです。というよりも、むしろ応能負担が適切であり、合理的です。◆3

その理由は、社会成員は全員、太陽の光を必要に応じて利用するように、医療や介護、教育等の社会サービスについても、それぞれの人生の途上において、必要に応じて利用するけれど、その過程で手に入れる所得には違いが生まれるからです。この所得の違いはほかならぬ租税等の負担能力（担税力）の違いを意味します。だとすれば、太陽の光熱や酸素等を維持するための費用と同様に、社会サービスを維持するために必要な財源は、その担税力の差異に応じたものにするのが適切であり、合理的でもあるのです。

ここから「総体的利益説」は「応能負担原則」を導き出すわけです。応能負担原則は、①同一の所得には同一の税率、また同一所得・同一保険料という租税公課の「水平的平等」、②負担能力の違いを反映した累進的税率、保険料率という「垂直的公平」の二つの理念を充たすものとなります。社会サービスの応能負担原則とは、かかる「水平的平等」と「垂直的公平」の二つを社会保障制度を通じて実現するものになります。

さて、以上のような「必要充足・応能負担原則」を指針にして、社会サービスを保障する仕組みを考えていく場合、いかなる社会制度が導き出されるでしょうか。この論点に目を移していきましょう。

（2）社会サービスの必要充足に適合的な現物給付方式

国民一人ひとりに対し、医療・介護等の必要な社会サービスを保障する仕組みは、二つの形態に分かれます。一つは現物給付方式、いま一つは現金給付方式です。これら二つを、両方式の違いに注目しつつ、以下、簡単に説明します。

まず現物給付方式は、その名のとおり、各自に必要な社会サービスを現物形態において、つまり医療・介護等のサービスそのものを社会的に保障する形態です。医療・介護等の社会サービスを現物で保障するということは、いいかえると、そのサービスを提供する医師や介護士等の労働の対価を受給者に求めるのではなく、彼らの報酬・給与・賃金は公的財源から支払うことを意味します。医師・介護士の労働は公的財源によって買い取られ、そこからまさに「現物給付」として患者や要介護者に提供されるのです。ここでは、患者や要介護者は無償で必要な社会サービスを受給することができます。これは現物給付方式が必要充足原則に適合的だということを物語っています。

戦後日本において最近まで、この現物給付方式が生きていたのは、公教育、医療保険、そして保育所（ただし認可保育所）でした。二一世紀に入るまでは、その他の社会福祉も「措置制度」の形式のもとで、この現物給付方式のもとに置かれていましたが、今世紀に入って、まず老人福祉の分野で介護保険が、続いて障がい者福祉の分野で障がい者支援費制度が、現物給付方式から切り離されて、現金給付方式のもとに移されました。したがって、次に、この現金給付方式が教育・保育等の現物給付方式とどこが違うのかを見ておかなければなりませんが、その前に、現物給付方式を三点に分けて整理しておきましょう。

社会サービスの現物給付とは、①必要充足の視点から、必要とされる社会サービスそのものを給付すること（つまり費用の補償ではありません）、②必要なサービスの評価・判断は原則として現場の判断に委ねること（ただし受給者とのコミュニケーション的合意が不可欠です）、③給付にかかる費用は全額公的保障とされること、とりあえず以上の三点にまとめることができます。

（3）現金給付方式の介護保険

現物給付に対比される現金給付方式とは、「現金給付」の名前が示す通り、社会サービスの現物ではなく、社会サービスを購入し、利用した際にかかる費用を貨幣（現金）で支給する、というものです。ただし、社会サービスの利用にかかる費用の全額を支給する場合には、事実上、現物給付と同じものになってしまいますから、全額補償ではなく、補償されるのは費用の一部にとどまります。たとえば、現金給付方式の介護保険では、介護サービスの利用にかかった費用の一部（九割）を介護保険が補償し、支給するというものです（近年、一定の所得以上層では八割補償、二割自己負担となりました）。

もしこれが現物給付であれば、介護保険が要介護者に介護サービスそのものを支給し、その費用は介護保険が介護士やヘルパーに支払うという形になりますが、現在の介護保険は、介護サービスにかかった費用の九割を介護保険が利用者に支給し、その利用者が自己負担の一割分を足して、費用の全額を介護士等に払うという形をとっています。社会保障では、介護保険のほかに、生活保護制度の生活扶助がこの現金給付方式の代表例となっています。

なお、介護保険の場合には、保険が補償する九割の費用部分は、直接介護サービス利用者に支給されるのではなく、介護保険が介護事業者に支払うことになっています。これは、事業者が利用者に代わって保険から九割分の費用補償額を受け取る、という「代理受領」の方式を採用しているためです。

この「代理受領」方式は、医療保険の場合には、医療機関が病院等の窓口で患者負担分（たとえば国保の三割自己負担分）を受け取るときに採用されています。本来であれば、患者負担分は医療機関に支払われるものではなく、国保等の医療保険に対して納められるべきものです。したがって、医療機関は、いったん保険に納められた患者負担部分を含めて診療報酬全額を報酬支払基金から受け取るのがスジなのですが、患者負担分は保険に代わって医療機関があらかじめ「代理受領」するという方式が採用されているために、患者の窓口負担が発生しているのです。

医療保険と介護保険は、それぞれ用い方に違いはあっても、共にこの「代理受領」方式を使っているため、両保険とも被保険者の自己負担分は本人から受け取り、保険適用の費用部分は各保険から受け取るという形をとっています。そこで、一般には、現物給付の医療保険と現金給付の介護保険との違いが理解されにくくなっているわけです。

しかし、現物給付と現金給付には見逃すことのできない違いがあり、ここで見てきた「社会サービスの必要充足原則」からみると、明らかに現物給付方式がこの原則に適合的であって、現金給付方式をとる介護保険には大きな問題点があることを見ておかなければなりません。そこで、以下では現金給付方式が介護保険にいかなる問題点を呼び起こしているかを見ておくことにします。

3　現金給付方式による介護保険が呼び起こしてきた問題構造

（1）現金給付方式による介護サービスの受給抑制・制限

医療・介護等の社会サービスの現金給付方式では、現物給付の場合とは違って、サービスの利用にかかる費用の全額を補償するのではなく――全額補償の場合には、事実上、現物給付方式と同じになります――保険給付の対象は費用の一部に限られます。これがまず、社会サービスの必要充足原則に抵触します。

なぜなら、介護保険を例にしていえば、保険で補償されない費用の一割自己負担分が介護サービスの利用を制限・抑制する圧力となって働くからです。一割の自己負担は、特に低額の年金受給世帯には重くのしかかって、介護サービスの十分な利用はあきらめざるをえなくなる、というのが実態です。これに加えて、高額介護サービスの負担上限額の引き上げ（月額四万四〇〇〇円化）、特養等のホテルコスト（居住・食費等）の保険適用除外、つまり自己負担化なども、同じように必要充足原則を侵害します。

さらに、介護保険の現金給付には、要介護度別に支給限度額が設定されています。たとえば、要介護度五の重度者のケースでは、一か月あたりの支給限度額は約三六万円です。この支給限度額は三重の意味で、介護サービスの必要充足原則を侵害します。

第一は、支給限度額それ自体が、介護サービスの利用をその費用補償の範囲内に収めさせる事実上の強制装置の意味をもっていることです。そのうえ第二に、支給限度額を超えた費用負担は全額私費負担になります。平均的所得の高齢者の大半にとって、支給限度額を超えたサービスの利用は、その負担の重さからみて、ほとんど不可能に近いといってよいでしょう。

第三は、要介護度別の支給限度額が、ケア・マネージャーがケアプランをたてるときの限度額（つまり総枠）の機能を果たしていることです。ケア・マネージャーの作成する要介護者ごとのケアプランは、本来の趣旨に基づけば、個々人に必要とされるケアを保障するための計画表であるはずですが、実際には、各自に支給される費用補償の限度額から逆算するようにしてケアプランが作成される、というのが常態化しているといいます。介護保険による支給限度額が、ケア・マネージャーの仕事の自律性を奪い、ケアプラン作成時の必要充足原則を侵害しているのです。◆4

（2）介護保険の保険主義的構造

介護保険が高齢者ケアの必要充足原則に抵触するのは、以上でみたように、この制度が現金給付方式をとっているという理由によるばかりではありません。いま一つ、介護保険の保険主義的構造が、必要充足の原則を妨げている面があります。介護保険の「現金給付方式」と「保険主義的構造」の二つが、必要充足原則を妨げているのです。

ここで保険主義とは、一般に保険原理とされてきた考え方を、保険制度に徹底することを意味します。一般的な保険原理とは、①収支相等の原則、②給付・反対給付均等の原則、③保険技術的公平の原則の三つです（その他、保険給付は保険料の拠出を条件とする拠出原則があげられる場合もありますがここでは省略します）。①は保険財政全体について収入・支出間の均衡が求められること、②は個々人への保険給付はその反対給付（保険料負担）に比例していること（個別保険料主義ともいいます）、③は保険料の負担は保険事故のリスク度合いに対応していること、つまり保険事故にあうリスクの高い人は、低い人よりもそれだけ高い保険料を負担すること、といった原則をさします。これら②および③は、個別的に、保険給付の利益と保険料負担のバランスを公平化しようとするもので、先述の「個別的利益説」の系譜に属するものです。

問題は、医療・介護等の社会保険とこうした保険原理との関係です。社会保険では、上記保険原理のうち、「収支相等の原則」だけが適用され、その他の原則は直接には適用されません。そうなるのは、社会保険には、①社会性（ないし公共性）と②保険性の二面がありますが、前者の社会性（＝公共性）が、私保険にはあてはまる給付・反対給付均等の原則や保険技術的公平の原則の持ち込みを禁ずるからです。ただ、保険料の滞納者から保険証を取り上げるといった社会保険にあるまじきペナルティを科す「拠出主義」が国保にあらわれています。これは社会保険の社会性（公共性）に対する蹂躙（じゅうりん）といわねばなりません。

この点を確認して、話を収支相等（＝均衡）の原則に戻すと、現代日本の社会保険の保険主義化をリードするのは、この原則です。念のために再確認しておくと、この原則は、介護保険全体についていて収支バランスをはかること、つまり赤字を出さないことを意味します。介護保険財政がこの原則のもとにおかれると、高齢化の進行とともに、介護費用が膨張していく過程において、保険料収入を引き上げるか（保険料率の引き上げ）、保険給付を圧縮するか（介護費用の抑制）、そのいずれか、または双方を同時に進めなければならなくなります。つまり、収支相等の原則は、ちょうどギリシャ神話にある「プロクルステスの寝台」のような役割を果たすことになるわけです。

念のため付け加えておきますと、プロクルステスの寝台とは、ギリシャ神話に登場する盗賊プロクルステスが、旅人を捕らえてその上に寝かせ、寝台をはみ出すほどの大男であれば足や頭をちょんぎり、背丈が寝台の長さに足りない場合には体を無理矢理引き伸ばして、寸法をあわせたという寝台のことです。収支均等の原則は、このベッドさながら、保険料の引き上げと介護費用の圧縮によって、介護保険財政の収支バランスを強引に達成する枠組みをつくり出すわけです。

こうしたプロクルステスの寝台もどきのことが、現金給付型介護保険の保険主義化のもとで進行してきたことを、介護保険の変質過程に焦点をあわせて（駆け足になりますが）見ておくことにします。

（3）介護保険の変質過程で生まれた地域包括ケア

介護保険の変質が進行し始めるのは、二〇〇五年の介護保険制度改正において「介護予防重視」がうちだされて以降です。ここでは、予防重視の名で、介護予防の業務に二つの変更が加えられました。一つは、介護保険の予防給付が保険適用から外されたことです。いま一つは、保険適用除外となった予防給付と市町村の福祉・保健業務（自治体の予防業務）が束ねられ「地域支援事業」として再編成されたことです。ただし、その事業は、自治体の公的責任の外にある地域包括支援センターに委ねられ、同センター内の①介護予防事業、②包括的支援事業に組み込まれることになりました。同センターの財源は、市町村に設けられた「介護保険特別会計」によるものとされました。

この二つが意味することを一言でいえば、「予防重視」とは名ばかり、実際には介護予防業務に対する公的責任がきわめて曖昧（あいまい）になり、いわば宙ぶらりんになってしまった、ということです。介護保険や自治体の責務下にあった介護予防業務は、実際には、地域ボランティアと民間事業にまかされることになったのです。高齢者ケアから見れば、介護予防は「必要充足・現物給付原則」に不可欠の業務であり、ここで公的責任の空洞化が進んだということは、まさに介護保険の形骸化が、保険発足から五年目に早くも始まったことを意味します。

ここで注目すべき点は、介護保険が介護予防業務の一部（予防給付）を、介護保険の給付対象から外し、保険給付の守備範囲を縮小したことです。それと同時に、市町村はそれまでの福祉・保健業務に対する公的責任（現物給付責任）から半ば撤退し、予防業務を地域支援事業に再編して地域包括支援センターに委ねました。これは、介護保険も自治体も予防業務に対する公的責任からは手を引き、地域包括支援センターに丸投げしたことを意味します。

地域包括支援センターに組み込まれた地域支援事業の財源は、自治体の一般会計の責任下に置かれるわけでもなく、また介護保険の給付財源によって保障されるわけでもなく、市町村の介護保険特別会計において調達されることになりましたが、これは介護保険と同様の保険主義の影響下に置かれることを意味しました。ちなみに、地域包括支援センターの費用を担う財源は、①の介護予防事業については介護保険のそれまでの給付費と同じく、保険料五〇パーセント、公費五〇パーセントの分担、②の包括的支援事業については、一号保険料と公費の分担によるとされました。ただし、地域支援事業にたいする介護保険の拠出には上限が設けられました。

二〇一五年には、要支援者を対象にした介護予防給付のうち、予防訪問介護と予防通所介護が介護保険から切り離され、地域支援事業の対象に組み込まれました。つまり、要支援者向け予防給付が介護保険から外され、すでに〇五年段階で地域支援事業とされた予防事業と一体化され、「介護予防・日常生活支援総合事業」として再編成されることになったわけです。一七年四月以降、この「総合事業」は、①「介護予防・生活支援サービス事業」と②「一般介護予防事業」の二つから構成され、「肥大化」することになりました。

かかる「総合事業」の形のうえでの「肥大化」が物語ることは何でしょうか。手っ取り早くいうと、介護保険の給付外に追いやられた保険適用除外の業務が増大し、「保険外し」とか「軽度切り」のツケが「総合事業」にまわされて、その「肥大化」が進んだということです。「総合事業」とは、自治体や介護保険の責務から外された（特に軽度の要介護者向け）予防・生活援助等の吹きだまりのような様相を呈して、膨張したのです。ところが、介護保険特別会計のもとに置かれたこの「総合事業」の費用には上限が設定されました（詳細は割愛）。

こうした動きが示していることは、①高齢者ケアの重要部分の介護保険からの適用除外が進められてきたこと、特に軽度の要介護高齢者の保険外しが進められている、ということです。②介護保険から外されて地域支援事業に移管されたケア業務は、形式の上では自治体の所管になるものの、その財源は上限付き介護保険特別会計によるものとされ、公的財政責任が曖昧にされた、ということです。③したがって、これは、たび重なる介護保険の改正を経て、高齢者ケアの必要充足原則が一層侵害されることになったことを意味します。特にこの侵害が目立ったのは、介護予防業務と日常生活支援の二つのカテゴリーでした。介護保険は特にこの二つの分野で正体を露わにしたのです。

＊

最後に、これまでの検討を踏まえて、高齢者ケアの財政改革に求められる視点をまとめておきましょう。ただ、ここでは紙数の制約もあり、介護保険の改革に焦点をしぼって、いくつかの重要な課題を提示するにとどめます。

第一の課題は、現金給付の介護保険を現物給付型にあらためることです。高齢者ケアを必要充足原則にそって保障していくためには、租税財源によるにせよ、社会保険方式によるにせよ、現行の現金給付型の介護保険を医療・教育のような現物給付型社会保障制度に改めていかなければなりません。

第二は、現物給付型に改めることに並行して、必要充足原則を妨げている介護保険の問題点を是正していくことです。たとえば要介護度区分を見直し、また各区分ごとの支給限度額を廃止することです。ケア・マネージャーによるケアプランの作成が必要充足原則にそってなされるよう、ケア・マネジメントのあり方を見直す課題もあります。これらは、ケア・マネージャーの自律性やケア現場の裁量権を尊重・保障する方式に改めることに関連しており、現行のきわめて不十分な介護報酬を引き上げる課題と一体のものです。

第三は、応能負担原則にそった介護保険財政の改革です。これは二面から進められなければなりません。一つは、高齢者ケア全体に占める租税財源の比重を高め、応能負担型財源を拡充すること、いま一つは介護保険における垂直的公平を引き上げることです。これは、たとえば拠出保険料率の累進度を高めること、公費充当部分を拡充して、保険主義からの脱却をはかることであるといえます。消費税の引き上げで高齢者ケアの財源確保をはかるなどというのは論外です。

第四は、現行の自治体単位の介護保険財政は、全国一本の制度に改革し、高齢者ケアのナショナル・ミニマム保障の制度を確立していくことです。現在の市町村及び広域連合による介護保険の運営は、地域間の不均等発展が顕著な日本にあって、地域間の格差、不公平を増幅する傾向にあります。この現状を抜本的に改革するには、介護保険をナショナル・ミニマム保障型制度に一本化し、地域間の不公平を是正していかなければなりません。

第五は、介護保険の財政を全国的に統一された制度に改めると同時に、その給付管理については、地域・自治体の自治権のもとに置かれなければならないということです。高齢者ケアのあり方は地域間に大きな違いがあります。地域の実情にあったケア体制を築くには、ローカル・オプティマム保障（地域的最適保障）の視点に立つことが必要です。財政については、上記のナショナル・ミニマム保障の優先、実際のケア現場の管理はローカル・オプティマム保障の視点が、近い将来の介護保険改革の指針となるべきでしょう。

◆1　以下、サービス労働に関する諸論点は、二宮厚美『ジェンダー平等の経済学』（新日本出版社、二〇〇六年）参照。

◆2　この点は、二宮厚美「マルクス経済学からみた社会サービス労働」『経済』二〇一四年五月号参照。

◆3　社会サービス保障の「必要充足・応能負担原則」については、福祉国家と基本法研究会・井上英夫・後藤道夫・渡辺治編著『新たな福祉国家を展望する』（旬報社、二〇一一年）を参照。

◆4　このような介護保険下の実態については、岡﨑祐司・福祉国家構想研究会編『老後不安社会からの転換』（大月書店、二〇一七年）を参照。

第三部　長寿社会を生きるために

第9章　健康で文化的な介護保障を目指して

相澤與一

当年とって八六歳の筆者は、介護保険による認定が要支援二であり、週二回各四五分のヘルパー派遣と週一回半日の通所リハビリを利用しています。介護職員の献身的な働きには、敬意を持ち、感謝しています。

それでも、下手なパソコン操作で記録を消すなどの失敗を重ねながらの執筆活動と、障がい者福祉団体の非常勤役員としての週三回ほどの出勤と、「九条の会」その他の社会活動で、けっこう忙しくしています。こういう状態で「健康で文化的な」介護保障について模索することが本書での課題です。

日本国憲法の第二五条第一項は、「すべて国民は、健康で文化的な最低限度の生活を営む権利を有する」と謳（うた）っています。現行の介護保険制度は、金がなければサービスを買えない、その仕組みからしてもこの権利を奪っているといわなければなりません。しかし、ごく最近も祖父を孫が殺し、地元福島で娘が九一歳の認知症の母親を殺すなどの介護殺人が報じられているような介護地獄を生きる我々は、当面、この制度のほかには選択肢を奪われ、これにしがみ付かさせられています。その世相は、佐伯一麦の私小説『還れぬ家』（新潮社、二〇一三年）などにおいても鮮明です。

「健康で文化的な」介護保障は、生存権の必須要素です。かねてから井上英夫氏たちが「健康権」

を基本的人権として強調されてきましたが、これは医療だけでなく介護のような社会福祉についてもあてはまります。

関連して、もしも「健康権」と相互補完的な「文化権」を構想することが可能であるとすれば、それは、正常な水準の経済的最低生活保障を基礎とし、人々が社会的な介護を受けながら孤立することなく社会的に交流しながら主体的に生き、芸術文化をも享受する権利に及ぶものでしょう。介護保険制度を含めて現行の社会保障には、それを保障する思想も仕組みもありません。

健康権と文化権は、被介護者についてだけでなく、家族介護者のＱＯＬ＝生活の質についても重視するものでなければなりません。三富紀敬氏は、『イギリスの在宅介護者』（ミネルヴァ書房、二〇〇〇年）において、在宅介護者研究の意義を強調していますが、相次ぐ「介護殺人」のニュースや後記のような筆者の障がい者介護の経験に照らしても痛切な必要なのです。

1 「失われたとき」からのいくつかの示唆

私がここでマルセル・プルーストにあやかっていう「失われたとき」とは、もう八六年も生きてしまった歳月を指しますが、直接にはささやかな介護経験に欠けていたことへの反省を含み、それを口火にして「健康で文化的な」介護保障問題を模索したいと思います。

まず、精神障がいを負って三六歳で夭折（ようせつ）した長男の宏実を哀悼することから始めます。彼は、東京オリンピックが開催された一九六四年の一一月七日に、東京都豊島区椎名町の長尾産婦人科で生まれました。当時、妻の幸子は、上京した私を扶養するためもあって、当時は有楽町にあった東京都庁衛生局に転職していました。当時の東京には乳児保育所がほとんどなく、この産婦人科医院がそれを開設すると聞いて、わざわざその近くに引っ越して宏実の誕生を迎えたのです。難産であったせいか、妻は産後に一過性の幻覚を見ました。柱を蟻が登るというのです。私は、彼女を安心させるために、許可を得て一夜枕を並べました。

それにしても長男の誕生は、歓喜でありました。私は、喜んで保育に参加し、保育所への送り迎えに乳母車を押しながら「お父ちゃんの子」とくりかえし声を掛けながら歩くので、よそのお母さんからご挨拶を受けても気づかないほどでした。

こんなに溺愛した息子が、東京の私大の大学生になってから「統合失調症」を発症したのですから、動顚（どうてん）しました。しばらくは事態の意味もわからず、途方に暮れました。まだ病名もわからない時点でしたが、愚かにも、アメリカに留学できたら勉強するという本人の言葉に希望を託して送り出しました。しかし、かえって病状が悪化し、暫時音信不通になったあと帰国してから、入院させる羽目になってしまいました。

病んだ彼との付き合いはただただ苦しく、あらぬことさえ思ったこともありました。困ったことに、精神障がい者のケアは、実質的に看護を含んでいて、家族依存度がきわめて高いのですが、この種の病気の症状は複雑でケアは難しく、家族だけの手には到底負えるものではありません。息子は、病状が悪いと、「毒を盛った」などと言い募ったりしたので、悔しくてたまりませんでした。だから、うんと学習もし、訓練も積まなければならなかったのです。それでも家族は、肉親であるがゆえに、なおさら本人の不安に共振しやすいものです。ところが、それが禁物で、冷静な判断と対処が必要なのです。それはとても難しいものでした。

それにしても、彼と一緒に映画を観に行ったことも、音楽会にいったことも、思い出せません。新幹線に同乗して東京の大学まで通学することまでしました。楽しい思い出としては、かろうじて集団的な海水浴に一緒に行ったことや、塩竈から松島への遊覧船に同乗したことや、彼の運転で三陸海岸に一泊の家族旅行をした時のことなどを、懐かしく思い出せるだけです。

私たちは、家族介護の苦難のせいもあって、妻がやがて躁鬱（そううつ）病になり、私が不眠症になるほど苦しみながらも、心中するわけにもゆかず、結局共に生き抜くしかないと観念し、行政職員の援助を得ながら家族仲間を募って、一九九五年一一月に地域家族会を立ち上げ、今日に至る障がい者福祉活動に携わることになったのです。世間体を気にして他に誰も代表者になれないというので、やむなく私がそれを引き受け、しばらくは県連の会長も引き受け、活動を世間に公然化していきました。

会は、二〇〇二年にNPO法人格を取得し、政府の不採択通知を撤回させて、二〇〇六年に法定の地域生活支援センターなどを設置し運営してきました。施設の創設時におけるマスコミの報道援助も得ての我々の奮闘は、地域福祉史において画期的な歩みになったと自負しています。県議会も市議会も我々を支持して予算を計上し、多くの市民からたくさんの請願署名と寄附をいただいたのに、政府が不採択にしたので、それを撤回させるために全国の仲間とともに頑張ったのです。

ちなみに、私は、やがて二〇〇九年に、たまたま当時の勤務校であった高崎健康福祉大学からの推薦経由で、福島での精神障がい者福祉活動に対し保健文化賞を授与されました。この受賞は、間接に、会の仲間への表敬となり、息子が客観的に果たした社会貢献への顕彰にもなったと解釈しています。

息子は、最初の退院後に、前記のように親と共にかなり努力して大学を卒業し、会社にも就職しましたが、彼を受容できる職場ではなく、パワハラと連夜の長時間残業におしつぶされて病気を再発させてしまいました。彼が自室で人しれず涙しているのを垣間見ることもありました。

彼は、こうして苦闘をかさねたあげく、数十年ぶりの大雪が降った二〇〇一年二月一日の午前二時過ぎ、私の眼前で心筋梗塞を起こして倒れ、急逝してしまうのです。一三年間病んで三六歳での夭折でした。

私は、打ちのめされてしばらくは涙も出ませんでした。ほぼ二年後の、家族会主催のＳＳＴ（ソーシャ・スキル・トレーニング）に関する学習会の終了の挨拶を求められたとき、自分の苦しさにかまけて彼の苦悩に十分に寄り添えなかったという思いがこみ上げ、みんなの前で滂沱しました。もはや恥も外聞もありませんでした。もっともこの涙で息を吹き返した感もあるのですが。

可哀そうな彼は、結局、なんのためにこの世に生を享けたことになるのでしょうか。意味がなかったなどとは、絶対に思いたくありません。

あり得るその第一の回答は、彼がその誕生と生育によって、両親に無上の喜びを与えてくれたことです。彼を十分に愛したことが、生前供養にもなったと思います。第二の回答は、病気の彼がいたからこそ、私たち夫婦は精神障がい者とその家族の福祉のために挺身できたのであり、彼は、両親の福祉活動を通じて社会に貢献し、両親が生きた意義をも大きくしてくれたということです。

第三の回答は、統合失調症は、地球上どこでもほぼ住民一〇〇人当たり一人くらいずつ発病しているそうですから、息子がこの病気を引き受けることで、他の多くの人が発病せずに済んだことになるということです。柳田邦男氏は、やはりご子息の夭折を哀悼されて『犠牲（サクリファイス）』というご本を書かれています。そのひそみに倣（なら）えば、息子は、犠牲者としての十字架を背負うことで他の多くの人を救ったことになります。

およそ世の障がい者たちは、一面では家族と社会の世話を受けることもありますが、それ以上に彼らは、社会を担い、救っているのです。糸賀一雄の名言通り、「この子らを世の光に」、つまり名誉ある存在として人格を尊重しなければならないと考えます。

もう一つの話題は、亡妻、幸子への感謝を込めた哀悼と短期介護についてです。彼女は、一九三五年の三月一九日に山形市の小さな寺の長女として生まれました。私が山形工業高校夜間定時制在学時に一時止宿してお世話になったとき、彼女はまだ中学生で、片思いの人となりました。学校は違いましたが、共に仙台で在学中に再会し、思想的にも共鳴しあい、付き合いを始めたのです。そして彼女は、私の求婚に応じ、両親の快諾も得て、桜も満開の一九五七年四月一七日に、仙台市の隣の名取町（今の名取市）に就職したばかりの二二歳で、二四歳の極貧院生の私と結婚しました。そしてその五八年後の二〇一五年九月一日の午前二時ごろ、看取られることもなく急性心不全で忽然（こつぜん）と逝（い）ったのです。彼女が倒れているのに気付いたのは、朝の六時過ぎでした。哀惜に堪えません。

彼女は、その前年の市民検診で心不全と診断され、そのせいで足がむくみ歩行が難儀になり、介護保険で要介護二と認定され、通所デイケアとヘルパーの派遣を利用しました。家族介護といえばお風呂に入れて体を洗ってあげたぐらいで、さほど苦労した覚えがありません。一月と八月に入院しましたが、彼女の病気をさほど深刻には考えずに過ごしたのは、まったく迂闊でした。彼女の母親は一〇〇歳まで生きましたので、彼女がこんなに早く逝くとは全く思いがけないことで、死別の予感も覚悟も全くありませんでした。この間に映画にも音楽会にも連れ出さなかったのも悔やまれます。なんとも非文化的な家族介護でした。

彼女は、私同様、家計放漫、整理整頓苦手と、欠点も多い人でしたが、料理が上手で、死の前日まで私らの食事を用意してくれました。それに人柄がとてもよく、人徳豊かで、みんなから好かれ、家族と社会にわが身を顧みずに貢献する人でした。彼女は、一九五七年に結婚したあと、八年間も極貧の私を扶養し、一九八二年に海外研修中にイギリスで癌を発病し入院し手術を受けた私を助け、帰国直後に余命三か月と宣告された私に免疫療法を受けさせて救命してくれました。その一方で、選挙になると三〇〇票近く票を読みました。それができるほど地域活動を通じての知り合いも多かったのです。彼女は、「行徳院幸運大姉位」の戒名を贈られて市内の墓地に息子とともに眠り、東京青山霊園の無名戦士の墓にも合葬されました。

私は、お礼の言葉ものべずに彼女に逝かれたあと、拙著『日本社会政策学の形成と展開』(新日本出版社)を上梓したら空気の抜けた風船のようにしぼみ、腰まで曲がってしまいました。娘たちをはじめ、みんなが私の衰弱を心配しました。茫然としていると認知症を心配されて、受けさせられた脳機能検査は異常なしで、介護認定は最初要介護一となりました。こんなに弱るとは思いがけないことでしたが、このまま朽ちたくはなく、三回忌を超えたあたりから再生の気力をよみがえらせています。夫としてのまことは尽くしたつもりです。彼女もそれを認めていたのは、せめてもの慰めです。

2 介護ケアの社会化と資本制的自助原則

（1）介護保険は資本制的自助原則による社会保険中心の社会保障のなれの果て

資本主義は、労働力までも商品化された商品経済社会であり、そこでの営利経済成長＝資本蓄積と生活の原則は「自己責任」と「自助」であるといわれています。この資本主義社会を支配する資本家たちは、競争にも強いられる自助によって利潤追求と企業の拡大に努め、賃金労働者たちも企業による雇用を求めて労働力の自助的な販売競争を強いられ、生活の自助的なやりくりを強いられています。

資本主義社会において、文字通り経済的に「自立」＝独立するには、一般的な生産手段である資本または資産を持たなければなりません。それを持たない労働者たちは、本質的に不安定な雇用と賃金に依存してしか生活手段を得られないのであり、長く失業や病気をすると、生活保護のような公的扶助による保護が必要になる存在です。営利経済は、現役及び引退後の労働者たちなどの勤労者を、失業および半失業させ、公的扶助の受給者としたりして貧困と格差を増大させます。おまけに仮に雇用が持続しても、その賃金は長期の疾病、負傷、老後の生活などに充分に備え、必要な貯えを用意できるものではありません。それゆえに、労働者たちの生活にとって社会保障は必須なのです。

社会保障は、公的所得保障と社会サービスからなり、社会サービスには保健医療サービスと介護保障などの社会福祉サービスが含まれます。資本制社会保障は、典型的にはイギリスにおいて一九四二年に戦後再建計画として公表された『ベヴァリッジ報告』が、そしてその影響を受けつつ利用したわが国の社会保障制度審議会の一九五〇年「勧告」も、社会保険を中心にして最低生活を保障することを標榜しました。資本主義的な社会保険は、被保険者に保険料の拠出を内容とする自助強制的な「保険主義」とともに、それとは原理を異にする「社会的扶養」、すなわち公費負担と労働者である場合には使用者の保険料負担によって、保険事故の費用を補償するものです。

こうして社会保険の被保険者による保険料拠出の原則＝「保険主義」を、資本制的自助原則の組み込みに最適の仕組みであるとして、社会保険を社会保障の中心にすえたのです。「保険主義」は、保険料で経済的保障としての保険商品を買う私保険の思想と仕組みを受け継いでいます。しかし、社会保険は同時に、公費および使用者負担による「社会的扶養」をも含む点が重要で、その点で労働組合運動や社会主義運動などの社会運動が発達した労働者階級の社会的圧力に対応する、社会改良的な制度なのです。

ただし、社会保険は、その反面、潜在的には被保険者から保険料を強制的に収奪する機能をも備えており、それが典型的には戦時社会保険において軍事費の調達手段として期待され発揮されました。その機能は、わが国の長期積立方式を採用した年金保険制度（労働者年金法から厚生年金保険法への展開）において特に強く典型的でした。戦後には年金積立金が公共事業費に転用されました。また戦時の「職員健康保険法」は、二割の応益定率負担制を創始しました。歴史的系譜としてドイツ社会保険にもない、このわが国の社会保険に特有の応益利用者負担制は、戦時社会保険の悪しき遺産だと考えられます。

介護保障における公費負担の「措置制度」から「介護保険」方式への転換は、それが前提として導入した消費税による収奪とともに利用者負担による収奪をも図るものであり、日本的な社会保険方式のなれの果てなのです。ただし、これほどまでに徹底的な制度転換のもとでは、応益負担の廃止や家族介護手当の創設のような部分的な改良が優先課題であると考えます。

（２）介護福祉の救貧的な発祥から社会保障へ

介護福祉は、救貧的な医療と看護から派生した福祉的介護または救貧的介護に由来します。イギリスでも日本でも、医療と介護は、元は有産者による有料ケアの購買と無産貧民への救貧的施与の複線方式で行われたのですが、必然的に、後者は遅れて貧しく発祥しました。救貧的福祉ケアの施与は、救貧施設収容者への付随的、恣意的な慈恵に端を発しますが、その社会的必要が増大する中で在宅施与にゆだねた方が安あがりであるということで始められ、それがやがて社会事業として広がるのです。日本では信州上田の家庭奉仕員制度に始まったと聞いています。

社会保障的な介護福祉は、第二次大戦後に、介護ケアを受ける権利を社会保障として一般化させるものとして試みられ始めました。この分野については、浅学な私にその仔細について語れる力がまだなく、趨勢（すうせい）について試論するにとどめます。

アメリカでは、早くから支払能力のある階級・階層向けのナーシング・ホームが普及し、これを営利民営的に経営することでナーシングホーム・スキャンダルを多発させ、社会問題になりました。ヨーロッパにおいて介護の社会化がもっとも先進的なのは北欧諸国なのですが、それを別格とすれば、NHS（国民保健サービス）を中心に国公営のサービス供与が中心のイギリス型と、ビスマルク社会保険由来のドイツの社会保険型とがあります。イギリスでは、社会福祉の中心である公的扶助を管掌する自治体による介護ケアの提供が、障がい者福祉と老年福祉の双方において追求され、家族介護者への支援方法の開発も相対的に盛んであることは、三富紀敬氏らの研究も示すところです。ドイツでは、日本に先んじて介護保険制度が導入されましたが、たとえば家族介護の貢献をも社会的に評価して手当を支給するとか、応益利用者負担はなく一〇割給付である点や、新規に消費税のような間接税を追加することはしなかった点などが、日本の介護保険制度と異なります。ドイツと同様に応益利用者負担をなくすことはぜひ必要ですし、家族介護手当のような制度的配慮も大いに必要です。

健康権の保障にとって、NHSのように必要充分な現物給付方式の方が適しているように、介護保障においても自治体による直接サービス保障の方が、権利としての介護保障の方法としては優れています。また、その制度の運営に、住民と当事者の代表をぜひ参加させるべきでしょう。

とにかく国際的類型比較における日本介護保険制度の位置は、介護サービス提供事業の営利民営化という点ではアメリカ型に追随し、社会保険方式による点ではドイツのあとを追うものとなっています。そしてその運営に当事者が参加できず、運営が官僚主義的で非民主的なのです。

3　介護の社会化と社会変革

(1) 生活の社会化と介護の社会化

介護とは、被介護者の身体的および精神的な生活の欠損機能を、介護者が支援して補完することである、といえます。ですから、介護の一部または全部を家族の負担から解放して社会化し社会的に保障することは、生活の社会化による社会的保障の重要な一環です。現代の介護サービスは、社会福祉なので、原則的には社会的介護を現物給付として保障する直接的な社会化として行われるものですが、例外的には介護保険によって、介護費用の全部または相当部分を補償することで間接にサービスの利用を支援する間接的な社会化もあるのです。日本の介護保険は、民間介護サービス商品の契約販売を組織し、サービス代金の相当部分を補償する間接的な社会化の一形態です。

ちなみに、私は、一九七九年に上梓した拙著『現代社会と労働＝社会運動』（労働旬報社、一九七九年）において、かなり試論的に、協業を直接的な「労働の社会化」と呼び、社会的分業に基づく商品市場を通じての労働の社会的な相互依存・結合関係を、間接的な「労働の社会化」と呼び、それらが資本主義下では疎外された労働の社会化として行われているので、直接には長時間労働による超過労働の搾取と貧困の増大と格差の拡大を促しながら、同時に他方では、労働生産性の発達と社会の「富裕化」を促す契機にもなるととらえ、様々な賛否の評価を得ました。

この着想をもとに、江口英一先生との共編著である『現代の生活と「社会化」』（労働旬報社、一九八六年）の第一章に、拙稿「戦後日本の国民生活の社会化――その諸矛盾と対抗の展開」を発表し、そこでも、「生活の社会化」にも、「社会的共通資本」の共同利用による直接的な社会化と、商品市場を介しての間接的な社会化があり、その資本主義的な発展が生活の豊富化と貧困化を促すと述べました。

社会化の二面的作用という点では、介護保険による介護の社会化の作用も類似しています。介護保険制度は、一方で介護サービスの供給を民営化させ、そこに民間資金と介護労働力を誘導してそれを急増させ豊富化させながらも、同時に、新規にこの国営強制保険制度を導入して、所得税なみに介護保険料の賦課を一般化し、サービスの利用には応益利用者負担を課す収奪を制度化するとともに、この制度の導入を口実にして新規にもっとも逆進的な大衆課税である消費税を導入して、所得に逆進的な公租公課を飛躍的に増大させました。ＯＥＣＤ（経済協力開発機構）の相対的貧困率に関する報告は、日本では粗収入（第一次分配）のそれにくらべて公租公課控除（第二次分配）後の可処分所得の相対的貧困率の方が高くなるという真逆の再分配を指摘していましたが、介護保険と消費税は、まさしく真逆の再分配手段として貧困化と格差の拡大を促進する関係を典型的に代表するものだといえるでしょう。

それにしても、かかる介護の社会化のプラスとマイナスの二面的作用のもとでは、まずマイナス面を極力縮小することに広く社会的合意を得て、それを実現する運動をしつつ、抜本的な変革の必要性への社会的合意を得るための運動を進めるべきでしょう。とにかく応益利用者負担の廃止と介護保険料の減免強化などが喫緊の優先課題なのです。

（２）「健康で文化的な」生活保障と介護保障のための社会改革

利潤追求を本命とする資本主義の経済成長は、労働する勤労者と生活者の生活と再生産を困難にしています。日本での「少子高齢化」と人口減もその端的な表れです。とくに低賃金不安定就労者の老後の貧窮化と「受救貧民」化＝保護受給者化については、かつてチャールズ・ブースも全一七巻の

『ロンドンにおける労働者の生活と労働』（Charles Booth, Life and Labour in London）において実証していましたが、現代の日本でもその傾向が顕著なのです。近年の日本における高齢の生活保護受給者が「適正化」＝保護圧縮の政策にもかかわらず際立って増大していることが、それを雄弁に物語っています。ネオ自由主義的な「規制緩和と民営化」によって雇用と賃金の保障慣行が破壊され、穴だらけの「セーフティネット」である生活保護制度を筆頭に、社会保障制度が八〇年代以降に改悪され続けているからです。

一般に、老後不安を増大させ、老後の生活保障の一環としての社会的な介護保障を必須にする原因は、老後の体力低下と健康障害、低貯蓄ないし貧窮化にもありますが、そのほかに「独り暮らし高齢者」の増大に代表される、家族の縮小・解体による孤老化の増大の影響も大きいと思われます。この傾向は、究極的には、財界の雇用政策が家族扶養負担のない自由な、つまり典型的には無産の未婚の低賃金労働者を好んで選び雇用することによるといえます。この傾向に呼応して進められた、非正規労働者の激増に代表される雇用と賃金の保障解体と生活不安、生活難の増大は、結婚による家族の形成を困難にし、家族生計維持の困難化と離婚の増大を促し、少子高齢化を激化させ、孤老化を強め、家族介護力を縮小ないし解体させてきました。戦後日本において、とくに著しい少子高齢化は、戦後日本の財界とその代弁政党政権の雇用政策と雇用管理の産物なのです。

さて、この現状を打開するためには、もちろん日本の政治経済と社会保障を変えなければなりませんし、そのための統一的な運動を発展させなければなりません。その中で、介護保障と介護労働の改善を図らなければならないのです。概して賃金・労働諸条件が劣る当事者としての介護労働者を含む社会保障関係労働者の成長と、組織化による状態の改善、協同組合を含む社会保障関係諸団体の統一的取り組みの強化・発展が大事になってきます。

ただし、そのように一般的に言うだけでなく、かく言う自分自身を含めて、当事者としての自覚を強め、足元からできる発言と運動に積極的でなければならないと考えます。本稿もその一助になればと願っています。

個人的には介護労働者ともっと交わり、相互理解と連帯を図りたいと願う次第です。身辺では役員を務める団体施設の職員たち、障がい者たちと家族の皆さんと、より多く交わり、彼らの声を代弁したいと願っています。要は、我々自身が当事者であり、主権者であるとともに変革主体であることの自覚と能力を高め、統一と団結を発展させ、現状を変えなければならないのです。

そうすることで、広範な民主的連帯を高めて政府のエセ「地域包括支援」政策をひっくり返し、地域と全国を包括する社会保障と社会福祉、介護保障の発展を図り、民主的な「福祉国家」による「健康で文化的な」介護保障を実現したいものです。かかる課題は途方もなく大きく、手がとどかないように思えるかもしれませんが、仲間を増やして選挙で勝ち、団結と連帯をつよめ、労働および生活条件の改善を進める不断の営みを進める中で到達できる目標です。まず介護に関わる相互理解と仲間を増やしたいものです。

さて、すべてのケアは家族ケアに始まり、それに社会化されたケアが上乗せされてきました。家族ケアに込められる人間的な「思いやり」は、専門的に社会化されたケアにおいても是非とも活かされなければなりません。もちろん、家族ケアと専門的、社会的ケアとは大いに異なりますが、つながる点も多いので、ネオ自由主義的に公的保障を圧縮するため、社会的なケアから家族ケアへの無理な押し戻しが行われやすいのです。しかし、それでは「健康で文化的な」ケアの破壊となります。まして文化・芸術的なケアなど論外になってしまいます。その一方で介護保険における入所施設介護は、現状ではただ生かしておくだけにすぎない例も多いように思えてなりません。この状態も改善しなければならないでしょう。

戦後の対米従属的な独占資本本位の自己責任、自助強制的な競争を強いた政治経済によって、日本の家族と社会は縮小・衰退させられ、家族と地域の介護能力も削がれ、社会的・専門的な介護の必要性を激増させていますが、現行の社会的介護としてはほとんど介護保険しかなく、これを利用するしかありません。現行の介護保険サービスのように、高齢者に対する非文化的で幼児扱い的な処遇は改められ、人生経験豊かな高齢者の人格と経験を尊重し、社会的に活用することこそが、高齢者を励まし、社会の活力をも強めることになります。被介護者は能力が低下した人ばかりでなく、むしろ知的文化水準の高い人も増えているのです。

我々被介護者も、主権者として、健康で文化的な社会的介護の保障を社会保障による一般的な生活保障の重要な一環として求め、可能な限り、自ら発言する主体とならなければならないでしょう。その運動は、我々を包摂する介護保険体制の部分的改良を求めて運動しつつ、現行の介護保険体制を止揚し、真に「健康で文化的な」、直接的に社会化され協同化された介護福祉の保障に向かわなければならないと考えます。我々は、現行の介護提供体制の民主的改革をも重視し、その運営にも批判的に参加し発言すべきです。現在、介護保険体制が障がい者福祉をも飲み込もうとしていることを考えると、障がい者福祉に関わる自分自身にとって、介護労働者の待遇改善と応益利用者負担の廃止などはとても切実な課題となっています。

第10章　福祉文化と介護福祉
――健康長寿、学習社会への道を拓く

池上惇

1　現代日本の介護福祉――その光と影

現代日本の介護福祉において、光とは、クライアントそのものの存在かもしれませんね。かつて、一九七〇年代、滋賀の社会福祉家は、「障がい児に光ではなく、障がい児を世の光に」と私たちに画期的なメッセージを贈られました。なぜ、光なの？　それは「障がいと闘い克服するための経験」がクライアントに体得されて、この貴重な体験が支援者によって理解され、いずれはすべての市民に共有されるからですね。そうなれば、障がいを持つ人の体験から、すべての市民が〝学びあい育ちあう〟道が拓かれます。

それは、市民が、〝自分たちのこと〟として障がいを受け止めて、障がいの原因を研究し、ともに、学びあい、育ちあって、障がいを人間発達の機会に転換すること。この転換に当たって「介護福祉（医療・看護）などの場」を提供することができることを示しています。

さらに、市民たちは、日々、厳しい生存競争の只中に置かれており、いつ何時、事故にあい、過労死に直面し、あるいは、父母の介護のために、職場を離れて、低所得状態と孤独に直面するかもわか

りません。この事実を直視して、日ごろから、自分だけでなく、周りの家族や地域の人々とともに、障がいに備え、学習し、研究し、準備をする。自分と他者と、社会の人々の健康と自立、協働と連帯を心がけ、個性を尊重しあい、互いの生命と生活における発達を支援しあう。人権を互いに尊重しあう習慣と、このような習慣の永続的な発展が、人類共通の希望を育むのではないか。

障がい者と健常者がともに活動する中で「障がいを克服する力量」を身につけ、健康長寿を実現する。これらのこと、すべては、市民が人生における自分の可能性と向き合い、自分の真実の力量を発見し、それに気がついて、周囲の市民、さらには、地球市民と対話することを意味します。市民は、対話を行う「平和な社会的環境」の中でこそ、つねに、人間発達について考え、実行する機会を自らの力で拓く。このような状況を想像してみませんか。

このような「光」は、市民が互いの尊厳と個性を尊重しあい、信頼しあい、支援しあう未来の学習社会を展望するならば、一層、確実なものとなるかもしれません。この意味では、「学習社会の創造」こそ、人類共通の課題となるでしょう。

今、日本の福祉文化・介護福祉の現場において、多くの光が無数の星のように輝いています。それは、古代人の定住以来、日本人は、弱者を家族や地域で支え、地域社会の伝統である、「困ったときはお互い様」の精神文化を継承・発展させてきたからです。阪神・淡路大震災や、東日本大震災においても、このような文化と伝統が、一層の輝きを見せました。とりわけ、家族関係や地域や介護職場においては、いかに、心身に障がいを持つ場合にも、互いを思いやり、相互に支援しあい、先覚が介護体験の真髄を次世代に伝えつつ、介護する側が、対話や手話、歌謡などを通じて、クライアントからも人生を学び、ともに、育ちあう伝統を今に生かしてきました。

同時に、現代における大都市圏の形成は、各地の人間関係を希薄化し、人々を孤立に導き、一部の国際的な富裕階級の利益のために、大多数の市民を生存競争の最中に、巻き込んでいます。そして、格差と貧困が進行すればするほど、生命と生活の根底を脅かし、生命と生活を管理し、情報を独占して、一人ひとりの財産を奪い取り、学習機会を剝奪(はくだつ)し、貧困から脱出しようとしても、自己の個性を開発しつつ職業能力を身につける場を持つことができません。

とりわけ、障がい者と高齢者を、若者や次世代と対立させ、彼らには生産性がないとか、経済的な負担を若者に求めているとかの不当なキャンペーンがもっともらしい数字合わせと並行して進行中です。

日本人は、七〜八世紀のころから、国家権力やその出先に対して、民衆的な基盤を持った、独自の連帯組織を育てて持続的に発展させる力量を持っていました。このような力量は、連帯を生み出した象徴的な人物の名(行基、空海、世阿弥、梅岩、尊徳など)[1]とともに、歴史学の研究対象とされています。それは、支配者交代の歴史ではなく、民衆自体が各地に「講や惣(そう)などの地域コミュニティを創り、弱者を優先的に支援しつつ、個々人が対等に扱われ、先覚から生活や仕事、祭りや行事の習慣を学習する機会」を生み出してきました。ここには、宮本常一が指摘するように[2]、自由で一人ひとりの意見や提案を尊重しあう協議の場が存在し、共同体といえば、「身分制度のシンボルであり、個人の自由など存在しない〝村八分社会〟であるとの俗説」とは全く違う世界が存在したのです。「個と共同のバランスを実現しつつ連帯の組織を形成する力量が民衆の中にあること」が示されています。この歴史は、東日本大震災のような大災害の中で、多くの人命を失いつつ、障がいと闘いながら、地域社会を人々が再生する活動の中にも再現されています。◆3

福祉文化・介護福祉の現場は、一方では、地域における生存競争の最前線であり、他方では、日本における〝結や連帯〟の先進的な場であるといえます。この相克の中で、後者が主導権をもって、地域社会を再生し、持続的な発展の場に転換しうるかどうか――これこそが、今、日本の市民に対して問われているのではないでしょうか。

2　福祉介護ボランティアから専門職への道を拓く

日本の介護福祉を担う人材の中には、家族であれ、地域の市民であれ、誰に言われなくとも、自発的に、介護活動に参加する人が少なくありません。阪神・淡路大震災以降、ボランティア活動と、市民としての生き方・考え方が普及して、各地の介護の現場でも、なくてはならない貴重な存在に成長してきました。

介護の分野でも、ボランティア介護者は、現場における体験学習を通じて、生命と生活の尊さを学んでいます。そして、先覚としての専門職者から、彼らが体得した介護に関する知識や経験を学び、ボランティア自身のもの、ボランティアの文化資本として身につけてゆくのです。当初は、熟練や技巧や判断力に乏しい存在であっても、教師としての専門職者から学ぶ中で、専門職資格を持つ専門職者に近づいてゆきます。

しかし、生涯教育の視点から、高齢者福祉の現場において、社会人教育システムを生み出し、介護専門職者が同時に教師としての資格を持って、介護ボランティアを教育しながら、「尊厳ある介護教育労働」を制度化するには至っていません。そのために、介護労働は、看護や医療の領域と比べて、専門性がこれらに及ばないとみなされている側面がありますし、社会的な地位や経済的待遇も劣悪です。

このような状況を一刻も早く克服して、介護労働を医療や看護と対等な「尊厳ある労働」の位置に高め、経済的な待遇を根本的に改善するには、どのようにすればよいのでしょうか。それは、厳しい生存競争と、〝結〟に支えられた人間発達の場の相克の中で、介護福祉活動が主導権を獲得しうる機会でもあると考えられます。

この場合には、これまでの、人間発達の場を実現しようと努力してきた、社会的な活動の実践事例が、何よりも参考になります。障害児教育や学校における管理栄養士の教諭としての専門性を評価する制度の成立と同様に、介護専門職と生涯教育制度における教職を兼ねて、介護の専門性と教師としての専門性を確立してゆく運動を展開すること。このことが何よりも重要ではないでしょうか。

そして、このような介護のための学校は、生涯学習の一環としての新たな教育システムを創造することなしには、実現することができません。従来の、義務教育や、学校法人の大学にはない、独自の生涯教育システムを創造し、現場のベテラン専門職者と、福祉ボランティアが出会う場を生み出し、介護現場においても、勤務時間外の生活の場においても、教師と社会人学生としての「学びあい育ちあう場」をもつこと。これが切実に求められているのです。

専門職者と教職の二本足打法で

同時に、このような制度が確立するまでの間、介護職の社会的な地位を高め、経済的な待遇を改善するために、緊急に必要なことは何でしょうか。

それは、介護ボランティア・家族ボランティア（新語ですが家族が家族内の労働から、社会的な労働へと発展する時代にふさわしい言葉だと思います）らが熟達度の低い介護労働から、高度な熟達した介護労働への道を拓くこと。このような「場」を創造することです。

それには、介護職場を、互いの人格を尊重しあいつつ、「熟達した介護専門職者 兼 教師」から、ボランティアが教育を受ける場として位置づけること。これが緊急に必要とされています。そして、ボランティアが自分の将来像を「専門職者と教職の二本足打法で切り拓くこと」を展望するという課題に挑戦する必要があります。

このためには、①地域コミュニティの知識人、経済人、行政人などが、都市や農村の学術人や芸術家、職人などとともに、生涯教育組織を一般社団などの法人組織立の学校として立ち上げること、②介護ボランティアが授業料の負担なく、現場に居ながらにして、学校キャンパスの外にあって（オフキャンパス学生＝通信制教育）、熟達した教師集団から教育を受ける場を創造すること、③「尊厳ある労働」にふさわしい総合学術・芸術文化教育と専門的な介護職教育および専門職者としての教職教育が受けられるようにすること、④対面教育と、情報技術を活用した通信制教育によって新たな教育方法を開発すること、⑤各地域に、地域住民主体の民間地域ファンドを形成し、熟達した教師と社会人学生の教育の場に研究費を配分して介護福祉研究の場を拓くこと――などが必要です。後述する京都の一般社団法人「文化政策・まちづくり大学校」は、全く不十分なものですが、そこに至る一つの試みです。

マイクロ・ファンドで「学びあい育ちあいの場」を創造する

ここでは、高等教育における教養教育と、実習を伴う専門教育が通信制教育によって行われ、無償教育のための社会からの寄付活動、マイクロ・ファンド構築運動などが持続的に発展してゆくことが、重要な課題となります。それは、次のような理由からです。

無償教育の場合、一方では、教師としてのベテランや先覚者と、介護福祉ボランティアの「学びあい育ちあいの場」に「研究」という視点が必要になること。第二には、教師としてのベテランや先覚者が直面する、きわめて厳しい経済状況を改善し、報酬や待遇を向上させるには、授業料によらない、社会からの経済的な支援が必要ですが、この支援は、生活費ではなく研究費であることが、支援者の目から見て、重要な意味を持つからです。

いうまでもなく、文化的にして最低限度の生活の保障は日本政府の公的な責任です。いかに、財政危機であろうとも、最も貧困な階層への財政支援を、軍事費や公共事業費に優先して配分することは、政府の責任です。民間のマイクロ・ファンドが公共的な責任を分担するとすれば、それは、支援された人々が、創意工夫によって介護福祉領域の労働生産性を高め、仕事や生活の環境を整備し、クライアントと介護福祉関係者の「生活の質」を向上させる領域においてです。

文化的にして最低限度の生活を保障することが「市民のスタートラインにおける平等」を保障するとすれば、この基盤の上での公正な競争を実現して、生命や生活における潜在能力を開花させることこそ、マイクロ・ファンドの社会的な責任であり使命でしょう。教師と社会人学生の教育の場に研究費を「社会的な規模で集めて配分する」という習慣は、これまでの日本にはない、新しい考え方です。

ここで注目すべきは、一般社団法人という組織には、基金形成が制度化されているという事実です。一般社団法人システムには、民間主導の公共活動が認可制度ではなくて、要件を満たせば届け出によって創設できるという特徴があります。

これは、民間の公共活動にとっては画期的な意味を持っていました。なぜならば、日本社会には戦前から「官許」と呼ばれる「上から目線の」システムが支配的で、公益法人といえども、官側の認可を得なければなりませんでした。これは、「官」には逆らえないという暗黙の前提があったからです。

しかし、一般社団法人は公益法人ですが、認可ではなく届け出制です。まさに、民間主導の公益団体が創設しうる制度的な枠組みです。戦後民主主義が達成した、大きな実績といってもよいでしょう。同時に、一般社団法人では、認可される公益法人とは違って、いわゆる免税寄付の制度が適用されません。したがって、企業の大口寄付に依存する公益団体のようには運営できないのです。そこで、一般社団法人が社会貢献を行うには、単位が少額の寄付金を集める以外には活動の財政基盤を強めることができないのです。いわゆるマイクロ・ファンドです。

しかし、このことは、一面では、政府や自治体の財政には依存しない、独自の民間ファンドを形成しうる制度的な基盤が形成されていることをも意味しています。昨今の財政危機の時代において、福祉財政の縮減が大勢となる時代が到来しました。この時代において、あえて、福祉活動の充実を図るには、社会保障のための予算の抜本的拡充を求めるとともに、政府や自治体の財政システムから独立し、民間主導のファンドが福祉・介護産業領域に投資を行うこと、これによって民間人の創意工夫を引き出すこと、介護福祉労働の生産性を高めること——これらは、避けることのできない、きわめて重要な課題です。とすれば、それは、一般社団法人において、どのような姿を取ることになるのでしょうか。

マイクロ・ファンドの形成は、一口五〇〇〇円内外の零細な資金を国際的な規模で集めた基金によります。現代では、ノーベル平和賞受賞者、バングラデシュのユヌス氏による、マイクロ・ファンドの形成と、基金を活用した、地域産業開発、教育・福祉充実、の実績が積み重ねられてきました。このような実験は、国際的な経験として、広く認知されてきたといえるでしょう。日本においても、芸術文化関係の、東日本大震災からの復興支援や、人口減少地域に対する再生活動の一環としてマイクロ・ファンド事業が展開され始め、貴重な成果を上げつつあります。では、福祉・介護労働を、現代の産業労働として、位置づけたうえで、介護労働の専門性を高めるために、地域におけるマイクロ・ファンドを全国的、国際的な支援で形成したとすれば、それは、今後の福祉・介護システムに対して、どのような影響を与えるでしょうか。

市民大学院・ふるさと創生大学の福祉・教育活動

京都に、一般社団法人・文化政策・まちづくり大学校（略称：市民大学院）という教員、社会人学生数十人の小さな学校があります。この学校は、二〇一一年から、筆者が構想する大学院大学の入学生確保のために、先導試行学校として発足し、二〇一五年五月に一般社団法人となりました。

また、この市民大学院は、岩手県気仙郡住田町に本部を置く、「ふるさと創生大學（一般社団法人化を準備中）」と協力し合って「新しい通信教育システム」に取り組んでいます。

この新しいシステムは、各地の現場で、介護・福祉ボランティアや家族ボランティアが、実習を行いつつ、総合学術データベースを構築するものです。一〇〇人を超す教員集団が、総合的な学術・芸術・職人教育に役立つ教養科目群と、介護・教職分野を基軸とした、多様な領域（防災・環境、建築まちづくり、保育、観光、農林工芸など）の専門科目群をネット上で、社会人学生・学生を対象に、学習や研究のためのガイドや学術情報、芸術文化情報などの形で提供します。

教養科目群には、多くのライフ・ライブラリー（大震災被災者を含む）が含まれており、現場の社会人が、一～二年間で「自分が確立したテーマによる研究論文」を執筆しうる「参考となる基礎的な情報」が提供される構想です。社会人学生、学生には、一対一で対話（ネット上での対話と、対面直接対話の併用）のできる担当教員をつけ、各自の作成する研究計画に合わせて、年間十数科目程度の科目を履修させ、二万字内外の研究論文を作成できるよう指導します。研究論文が作成できれば、査読付きの学術誌に公表させ、実習の成果から各自の達成度を自己評価させます。これら二つを卒業の要件とする予定です。

卒業者には、「ふるさと創生大學教師」の資格を与えて、介護専門職と教職専門職など、専門職と教職の免許を取得できるよう、卒業後も、学習を支援できれば。地元に適切な専門学校・大学がない場合も考慮し、将来的には専門学校・大学を創設し、あるいは、既成の通信制教育システムを活用して、資格制度を生かした社会的な待遇を確保できるよう配慮することも展望しています。

このような通信制教育システムは、介護ボランティア・家族ボランティアなどへの教育研究指導を通じて、欧米では反転教育と呼ばれる総合学術・芸術・職人技と文化のデータベースを用いた教育から学んでいます。入学者が一人ひとりで自発的に学習しつつ、大学教員がサポートするシステムですね。

このような通信制教育が現場の体験学習と結合されると、キャンパス外での効果的な教育システムが誕生し、従来の学部や大学院相当の学習・研究の機会を、市民が「生涯教育の場」として獲得することになります。そして、当面は「ふるさと創生大學教師」ですが、将来は、現場を担う介護などの専門職者であり、同時に、教諭や、大学や大学院の教員として活動する知識人や文化人の層を厚くしていくことが期待されます。

ここでは、介護ボランティアは、熟達度の低い市民による無償労働の提供ではなく、介護現場の実習生として、教員である介護専門職者とともに、介護現場を担ってゆきます。介護の現場が、厳しい労働の場から、学術・芸術の総合的教育と、教諭、大学・専門学校などにおける教員への道を拓くならば、ここには「尊厳ある労働」の場が出現し、誰もが希望する職場となり、介護現場における人材不足状態も解決し、通信制教育の中で、介護の歴史や世界の介護現場と日本の現場との比較も学び、介護に必要な学術と芸術を総合的に活用する力量をも身につけることができます。介護専門職者らの社会的な待遇も、教員待遇プラス実習指導にふさわしいものとなり、画期的に改善される可能性があ

ると考えて努力中です。◆4

日本人は、農山漁村において、体験を基礎にして、天候を読み取り、災害を予知し、稲や野菜、果樹を育てる科学的な技術開発を行ってきました。食文化の高い水準は、このような蓄積が生かされた結果です。そして、科学・技術だけでなく、芸術・文化においても、独自の創意工夫を行ってきました。厳しい重労働であった「田植え」には、田植え歌を歌い、木を伐るときには、「木やり歌」、酒をつくるときには、ともに、伝統の歌を歌って、苦しみを文化に転換してきました。二宮尊徳は仕事の時に歌う「道歌」を多数、創作して、ともに、働く農民たちを励ましてきました。◆5 現代においても、この貴重な伝統は継承されています。この伝統が、ボランティアの活動する現場を実習の場に転換しつつ、通信制総合学芸・職業教育システムを通じて継承されるならば、地域コミュニティを基礎とした「ふるさと創生」が実現されるでしょう。この意味から見れば、日本の福祉文化は素晴らしいし、健康長寿も夢ではないと考えます。

闇を生み出すもの

同時に、もしも、市民たちが、相互不信と孤立化に陥り、生存競争の世界に直面するならば、学びあい育ちあう場が失われてしまいます。日本社会は、「影」あるいは、「暗闇」の世界に一変してしまうでしょう。

現代社会、とりわけ、日本社会にとっての悲劇は、障がいを持つ身体になることは、生存競争の犠牲となって、ますます、厳しい状況に直面することを意味するので、状況は、一層、深刻化し、そして、市民全体に、重い経済的な負担をもたらすでしょう。猛悪な優生思想が台頭して、障がい者層、子どもを産まず働けない階層を、社会から排除しようとする思想と行動が正当化され始める恐れがあります。これらは、「障がい者同士を生存競争させ、現役勤労者層と高齢者層を生存競争させ、〝生産力のないもの〟は、生きている市民にとっての〝迷惑〟だから死んでもらう」という優生思想の土壌となりかねません。さらに、介護保険料を高齢者の負担にするとなれば、今度は、高齢者同士を生存競争に追い込むことにもなります。さらに、沖縄における基地の存在と住民の生命と生活を危険に直面させる差別と抑圧の体制は、戦争準備態勢による障がいの発生・拡大と紙一重の危うさを孕(はら)んでおり、現代日本における闇の象徴となっています。

光と闇の交錯の中で

今、介護福祉の現場は、光と闇が交錯しています。このような厳しい状況を前にして、「光」をさらに充実しつつ、闇を制御し、克服する道は何でしょうか。

この問いに対して、多くの先覚者が、道を拓かれました。それは、多くの市民とともに、最初は、ささやかでさわやかな〝せせらぎ〟のように静かな動きでした。そして、徐々に、それは、現場の一致した意見となり、自治体の方針を転換させ、政府の方針をも変更させていったのです。

藤井克徳さんが、近著、『わたしで最後にして――ナチスの障害者虐殺と優生思想』(合同出版、二〇一八年)で、先生自らの〝歩み〟を振り返りながら「あとがきに代えて――少し長めの自己紹介」のなかで語っていることを参照したいと思います。

ここには、戦後日本の福祉文化の思想が凝縮されていました。それは、一方では、国際的な、あるいは、国内外の権利条約や憲法などの人権ルールを自治体や政府に守らせる活動です。一九六〇年代には、「障がい児の全員就学を」という、当然の人権ルールを自治体や国が守っていませんでした。そこで、東京都立小平養護学校での職員会議での清水先生の意見表明から始まり、それが職場の意見となり、自治体の方針となり、政府の政策となってゆく過程が示されています。藤井さんによれば、それは、日本国憲法に保障された人権の学習が基礎となり、日本市民や地球市民が障がい者とともに、障がいの原因と闘いながら、法や人権ルールをつくりあげてきたという事実です。

二〇〇六年八月二五日、国連の障害者権利条約に関する特別委員会が、各国の政府代表・NGO、傍聴者を含む、地球市民の拍手と歓声の中で同条約の原案を採択しました。障がい者にとっては、「私たち抜きに私たちのことを決めないで」(Nothing about us without us!) という合言葉が世界に広がる瞬間でもありました。国連の障がい者権利条約が成立し、各国での批准が続き、日本においても、二〇一三年一二月、国会で満場一致、議決されました。

この貴重な経験は、封建社会の人頭税のように、障がい者の命と暮らしに対して応益原則での負担を求め、障がい者の尊厳を傷つけた「障害者自立支援法」に対する撤廃の運動に継承されました。ここでは、障がい者が原告となって裁判を提起し、日本国憲法に保障された「最低限度の文化的な生活を営む権利を侵害したもの」として、世論や政府を動かし、当時の民主党政権は首相官邸における障がい者の「生の声」、現場の声を聞き入れたのです。

合意文書において、政府は、裁判所の和解勧告に従い、障がい者の尊厳や生活を傷つけたことを反省しています。その後、この法律は廃止され、法の実施によって、尊厳や生活を傷つけられた障がい者の深刻な犠牲を伴いながらではありますが、憲法を暮らしの中に生かす経験は、貴重な成果を残しました。

人権ルールは、先覚の知恵と活動や多くの犠牲が背景にあってこそ「人権」として確立されてきました。その意味では、「人権ルールを自治体や政府に守らせる活動」こそ、先人の知恵を生かし、差別や偏見をしぼませる力や世論となってゆくのです。現代の日本社会や国際社会は、非常に多くの「職場」を持っていますが、このような職場の中での「人権ルール」の確立は、福祉文化の確立にとって、大きな一歩となります。

健康・福祉文化総合大学による「福祉文化を担うまちづくり人材」の育成

現代日本の介護福祉の現場において、「守らせるべき人権」は何でしょうか。それは、どのようにすれば、守らせることができるのでしょうか。それは、医療・看護に対してあまりにも格差のある、介護専門職の待遇・仕事の環境・教育期間などなど、端的にいえば、人的能力への投資・体得すべき文化資本投資の貧弱な水準であり、介護人的能力への差別的な評価基準において問われています。

日本の医師養成システムにおける長期間の教育機関と熟達した技能・技術を習得する現場実習期間、博士学位を取得するまでの高い学識の到達点は、他のあらゆる職業分野のモデルとなりうるほど、長期間にわたって、整備されてきました。これは、対人サービスの最高位に位置し、生命と生活を預かる立場にふさわしいものといえるでしょう。医師の人権は、これほどまでの「社会からの手厚い資源配分」があってこそ、守られてきたのです。

医師の養成は、大学教育研究におけるシンボル的な位置に置かれています。そこには、実習の場としての大学病院があり、実習生としての医学生が大量に医療労働を提供してきました。現場の医師や看護師は、教師であるとともに、勤務者です。ここに、彼らの待遇や仕事の環境整備が、彼らの人権を保障できるほどに高い水準にあること、この保障なくしては、クライアントへの治療やケアはありえないことが示されています。

また、大学病院は、健康保険制度によって、医療費などの支払いが公的に保障されており、事業として経営的に成り立つ基盤が社会保障制度によって確保されてきました。介護保険制度が成立するときの議論の中に、「なぜ、ドイツのように、医療保険のなかに介護保険制度を組み込まないのか」という意見がありました。しかし、日本の立法関係者は、介護保険制度を医療保険制度から完全に分離し、財源を独自に、高齢者層からも徴収して、自治体ごとに、保険料の水準を変更できる制度としてきました。このことが、財政危機のたびに、保険料を値上げして、介護サービスの水準を限定するなどの措置をとらせ、介護現場でのクライアントの健康と介護専門職者の待遇を低下させる原因となってきたと考えます。日本の介護保険制度は、高齢者相互の生存競争の場に転換される危険を内蔵させられていたのです。

介護福祉の現場における生存競争を停止させ、クライアント、高齢者層、介護専門職者の人権を守るには、医師養成の経験から学んで、日本に健康・福祉文化総合大学を設立することが、喫緊の課題ではないのでしょうか。従来の大学が経営・技能・技術教育偏重の傾向を持つのに対して、経営文化や、総合学術、総合芸術文化の教育研究を重視し、（介護保険制度を医療保険制度に総合化して医療・看護・介護総合大学を創設する構想を持ちながら）当面は、介護保険制度を活用しつつ、附属病院のように附属介護施設を持つ、あるいは、独立した介護施設と連携した健康・福祉文化総合大学（あるいは専門学校）を設立するのです。この大学は、医療・看護・介護に関する総合学術データベースをもち、単なる介護の専門家ではなく福祉文化による〝まちづくり〟を担う人材を通信制教育によって育成し、介護専門職者としての力量に地域づくりの力量を加えます。

ここで養成される人材は、介護専門職者であるとともに、高齢者福祉文化の担い手としての総合学術能力と、総合芸術文化力を身につけ、市民、家族、医療専門職者、看護専門職者、介護専門職者などのネットワークを組織しうるコミュニケーション能力を体得しつつ、それを地域レベルで実践しながら学習の場を拓く力量を持ちます。

彼らの力量は、地域における学習・研究活動の〝核〟となるでしょう。それは、おそらくは、「市民一人ひとりが生涯学習・生涯研究する新しい社会の創造」への道です。人生一〇〇歳時代において、厳しい災害や環境問題に対応し、社会的な格差や差別と闘い、企業経営における健全な人権ルールを確立しつつ、「働きつつ学ぶ権利」を保障して、新しい介護専門職者が「核」となって、市民の「学びあい育ちあう場」を生み出すのです。介護専門職者は、介護の専門家であり、同時に、次世代を育成する教師として、正当な待遇を受けることができるでしょう。これは新しい「学校づくり活動や社会運動」の新時代だといえるのではないでしょうか。

3 「攻めの権利」「創造する福祉」

先ほどふれた藤井克徳さんは、一九四九年福井県生まれ。青森県立盲学校を卒業し、東京で、都立小平養護学校に勤務しました。在職中、日本初の精神障害者の共同作業所づくりや「共同作業所全国連絡会」（現きょうされん）の活動に参加しました。

二〇一〇年代には内閣府障害者制度改革推進会議議長代理、同、政策委員長代理を務め、二〇一二年に、国連ＥＳＣＡＰチャンピオン（障がい者の権利擁護推進）賞を受賞、二〇一四年には、国連障がい者権利条約第七回締結国会議日本政府代表団顧問を務めました。

藤井さんは、共同作業所活動を通じて、障がい者が障がいの原因、とくに、社会的な支配構造や排除・抑圧の歴史や現実を直視することの大切さを指摘してきました。先生の眼は「見えないものを観る」ことができます。その理由は、障がいの原因を科学的に解明して、医学研究と社会研究（障がいにとっての社会環境）の両面から、総合的に解明する場を創ってきたからです。

藤井克徳『障害者をしめ出す社会は弱くもろい』（全国障害者問題研究会出版部、二〇一七年）で指摘されているように、障がい研究には、医学モデルと、社会モデルの双方からの解明が必要です。日本社会では、医学モデル優先の風潮がありますが、両者の的確なバランスを保つ努力の必要性を強く指摘しています（一五〜一六ページ）。医学の研究を専門家とともに深めるとともに、社会の研究をも、市民とともに深めてゆくことです。そして、先生は、障がいを医学研究者や社会研究者、市民、健常者とともに克服する場を創出しました。さらには、「人間発達の場としての共同作業所」など、人々が自由に生きる場を生み出して、それらを持続的に発展させ、世界的なネットワークを構築しています。

この運動を通じて、藤井さんは、日本と世界の地域と社会を変革する道を一貫して追求してきました。そして、貴重な体験の中から、創造的な権利をつくりだす「運動は裏切らない」ことを身をもって実証してきたのです。

この道は、以下の大道に通じています。経済学の研究にとっても、新たな視点として注目される視点でした。

第一に、障がい者と健常者の学びあい・育ちあいの人類史から学び、「障がい者をしめ出す社会は弱くもろい」という社会的合意を実現することです。『障害者をしめ出す社会は弱くもろい』の「はじめに」では、長年、積み上げられてきた合意（同書一二六ページ以下に詳しい）が、アメリカ大統領選挙に象徴されるように優生思想や排外主義によって否定される危険に直面していることが鋭く指摘されています。この強い危機意識を持つことが、これからの道を拓くのです。

第二に、社会的合意の基礎となる、「他の者との平等」を、日々の運動と実行によって、制度的にも法制度などの改正を通じて実現し、人権の擁護と、人権を支える経済的な基礎を社会の合意として実現してゆくことです。

これらが欠如する社会は、非常に不安定なのです。たとえば、日本社会では、大災害時の障がい者の死亡率が健常者の二倍であったので、平等な生活条件にはなかったことが実証されたといっていいでしょう。また、年収一一二万円以下が障がい者の八五パーセントを占め、家族依存が多いのです。一般雇用と福祉的就業では、収入に二〇倍の差があることも紹介されています。そこで、障がい者運動は、「あきらめない、こびない、ぶれない」粘り強さで、足元の生活の場から、日々、障がいの社会的原因の究明を科学的に行い、障がい発生の原因に対する認識を市民や専門家が共有することが大事なのです。

たとえば、藤井克徳さんは、自身でドイツの歴史家を訪問されてユダヤ人虐殺への道となった、ナチス政権当時の「障害者安楽死計画＝T４作戦」の実態を解明し、そこで、生産力を持つもの＝健常者、と、生産力を持たないもの＝障がい者という選別が行われていた事実を解明しました。そして、「津久井やまゆり園」障がい者殺傷事件における犯罪者の行動と、その思想的背景を解明し、障がい者の殺害をもたらした点で、ナチス政権当時の思想に通じうる危険な性質を明らかにしました。ナチス政権時には人の生命を守るべき医師が殺害の執行者となっており、介護の専門家や知識人の思想的な背景や変化にも注目しています。この視点から観れば、日本社会は、優生思想の復活に通じる暗部を持つ社会であるとの事実認識を持つべきでしょう（前掲書、2章、6章参照）。

第三に、障がいを克服して健康を回復するには、学習によって人間発達を実現する場を障がい者運動によって実現してゆく必要があることです。人としての権利・信頼関係・専門家との協力関係などによって共同作業所など、多くの「場」を実現してゆくことです。

この際には、健康障がいを生み出す「自然環境破壊の元凶」や「生存競争を激化させて人々を孤立化させ障害を生み出す利権集団」など原因者を特定して公正な負担を求めること、とりわけ、国家組織や官僚制と癒着(ゆちゃく)した利権集団に対して「公的責任」を徹底的に負わせてゆくことこそ、問題を解決しうる大道です。とりわけ、障がいの克服には多額の費用を必要としますので、健康回復費用や学習・研究費用を計算し、障がい者を生み出すことによって利益を得てきた利権集団を科学的に研究して、公正な負担のシステムを発見し、実行することです。

第四に、藤井さんの活動は、きょうされん専務理事という要職を務めるだけでなく、世界的な広りとつながりを持つ「障がい者と健常者の社会的な連帯」のシンボルをも生み出しています。とりわけ、日本障害フォーラム（二〇〇四年一〇月三一日）の設立は、障がい種別や分野別（教育、労働、まちづくりなど）の差異を越えて障がい者のつながりと広がりを実現した点で画期的な「一つの土俵＝場」を生み出すことになりました。

第五に、前掲書では、貧困問題の研究者に対して、最重要な課題の一つを提起しています。それは、障がいを持つ人々の所得水準が低い問題に関することです。すなわち、所得貧困の現実と、社会的な差別によって人間としての健康や潜在能力を発揮する場を奪われている問題、つまり、能力貧困の現実です。

この二つの貧困を克服するために、前者については、最低賃金制度や所得補償制度などが研究者によって提起され、後者については、職業選択の自由や職業能力の開発機会を生み出すことなどが研究されてきました。これらは、いずれも、貴重な貢献ですが、藤井さんは、さらに、これらに加えて、市民のなかに、障がい者と健常者の〝つながり〟と〝ひろがり〟を生み出す場を各地につくり上げてネットワーク化すること、それを世界の場にも広げる必要性を指摘しています。

藤井さんは、『見えないけれど観えるもの』（やどかり出版、二〇一〇年）で、まさに「見えないものが観える」力量が人間にはあるのだと指摘されました。この場合、「見る」と、「観える」は意味が根本的に違っているのではないでしょうか。「見る」のほうは、「視覚＝目で見る」の意味であるが、「観える」とは、「物事の内側や奥のほうを推し量る」（同書三ページ）ことでした。

著者は指摘しています。「さまざまな現象や物事というのは、決して外見や表面だけでは判断できないのだ」「いや判断してはならないのだ」。いつの世でも、「事物の本質や本源に迫ろうとする姿は、何にも増して人間らしい行為ということになるのではないでしょうか」（同書五ページ）。

このような姿、それは、著者が、日常の仕事のなかで、自然に体得されたものでしょうか。その仕事とは、〝障がい者の発達保障、共同作業所づくりを通じた〟共に生きる社会の実現であり、共同作業所を「仕事おこし、地域づくり、人間発達、固有文化の再生」の貴重な場として位置づけることでした。障がいと闘う〝人間発達の共通基盤づくり〟です。著者は、視覚を失うという尊い犠牲を払いながらも、人間を主体とした社会の再生をめざす志向、多様な知識を探求する強い意思、そして、骨身を惜しまない努力によって、熟達した職人技を身につけ、全国各地に無数の作業所を拓く動きを創造しました。

「この子らを世の光に」とは、故・糸賀一雄さんの遺訓ですが、私たちは、障がいの根源を発見し、それを超えて、希望、創造、無限の潜在力を生み出す人々、その尊厳に満ちた姿を、この本に見いだします。そして、ともに生きる歓びを実感することもできるでしょう。藤井さんは、障がいと向き合うなかで、見えない美と、見えない根、創造や発展の根源を発見したのです。

4　展望——健康長寿地域の経験から学習社会を創造する

現在の日本社会は、アメリカ発の金権政治秩序が、日本市民の間に厳しい生存競争システムを持ち込み、これを受け入れる「旧式の日本」と、生存競争を公正競争に転換して人間発達を保障する市民活動＝「もう一つの日本」が、対峙（たいじ）し相互に浸透しあいながら主導権をめぐって智慧（ちえ）を絞っている状況にあります。

「旧式の日本」は、原子力エネルギーと軍事力に依存しながら、国民経済を支配し、市民の生命や生活に関する貴重な情報を独占的に「大量データ」として集積し、市民に必要な情報を公開せず、医療技術を支配し誤った医療情報による情報操作の手法を用いて「市民の生命・生活を管理するシステム」を構築します。操作手法の核心は、「障がい者・高齢者には生産する力がない」との虚偽情報を普及させ、福祉財政が危機に陥るのは高額医療費が原因であるかのような情報を市民に受け入れさせようとする点にあります。福祉、介護の現場において、劣悪な労働条件と低い経済的報酬が常態化しがちであることもあいまって、追い詰められた市民が、障がい者・高齢者に否定的な感情を持つということもありえます。

このような風潮を背景にして、機能障がいを持つ人や、高齢の精神障がい者に対する差別が実際に行われる事例が後を絶ちません。障がい者や高齢者に対する殺人事件にも、そういった構図が影響している場合があるのではないでしょうか。

とりわけ、高齢の精神障がい者については、地域社会において、存在を受け入れ、地域コミュニティ全体の問題として、みんなで考えケアを実行する動きがある一方、医師の判断によってテストなどを行い、その結果によって、「判断能力がない」と認定し、法的にもそのような扱いを合法化しようとする動きもあります。後者の方向性は、非常に大きな危険を伴うと考えます。もしも、裁判所など法制度を守るべきところが、医師の判断に従って、現場の支援者や家族の判断よりも、それを優先したとすれば、障がい者差別が現実のものとなる危険が大きくなります。

精神に障がいをもつ場合においても、障がいの克服への道は閉ざすべきではなく、医療技術のみならず、心の通うコミュニケーション関係の重要性をこそ認識すべきでしょう。このようなコミュニケーション関係をつくりうるのは、幼少時から生活を共にした家族である場合も多いと思います。家族が高齢者の財産を占有するなどのことがあれば財産を守る仕組みは必要ですが、家族関係には多様性があって親身な家族もあれば、冷淡な家族もあります。法制度で一律に対処するには多くの困難が伴うと思われます。

このような意味では、介護福祉には、心のケアを欠くことができませんし、現行の福祉制度では、介護度などの判定に身体機能の評価はあっても、心のケアにまでは及びません。しかし、精神障がいの場合には、心のケアを行えるコミュニケーション環境を整えることを実現してゆく必要があります。その意味では、地域コミュニティの中で、障がい者と健常者が学びあい育ちあう雰囲気を、いかにして、実現するのかが問われることとならざるを得ないでしょう。

この場合には、医師だけでなく、介護ボランティアや家族、町内会構成員、幼児から小中学生、高校生、大学生、父母、教師、地域の知識人、行政人、クライアントと日常的に接する商人やサービス事業者などなど、地域を構成する関係者たちが、クライアントの人権を尊重しながら、ともに、意思決定し、相互に、責任を持ち、人としてのモラルをもって、個人を尊重しつつ支えあう関係が必要です。このような関係を生み出せる場をつくり上げることが求められているとすれば、今の日本で、このような実例は、どこにあるでしょうか。

生命と生活の蘇生――地域構想学から

岩手県気仙郡住田町にふるさと創生大學の学舎を開いたのが二〇一八年です。地元の「地域構想学」を千葉修悦さんから教えていただきながら、この地の地域構想学が「生命と生活の蘇生」を可能にする「地域づくり」を構想しようと試みてきたことを知りました。五葉山（ごようさん）を登山しながらの各自の人生をめぐる対話の中で、各自の人生の価値に気づき、他人の人生との共感を広げる場づくりを実行してきたことを知りました。

「生命と生活の蘇生」とは、京都の「市民大学院」を通じて、私たちも「生涯学習社会の創造」「人間発達の経済学」の中で追求してきたテーマでもありました。学習社会の創造は、これからの社会を、若いころから構想するときに、いつも、立ち返ってきた基本的な課題です。

それは、人間が現代社会の苦しみやつらさに直面した時、学習によって活路を見いだそうと考えてきたからです。学習というのは、単に、本を読むとか、知識を先生から授けていただくという意味ではありません。誰しも学生生活でアルバイトをした機会や、就職して企業や官庁で働きながら、ふと、虚しさや苦しみを感じて「私の人生、これでよいのか」と思うことがあるはずです。そのとき、知識を得るためではなく、元気を出す目的で、あるいは、自分の可能性を試す目的で、本を読む機会を創り、あるいは、先覚の話に耳を傾けながら、「自分は、これから、どのように生きてゆくのか」を考えるのです。あるいは、「自分の持つ可能性を生かすヒントを発見して試してみよう」と思うこと、これが学習の第一歩です。

そして、多くの友人や家族の助言を参考に、これまでの自分の人生における経験を基礎として、自分の意志で行動を始めること。これが学習の第二歩です。英文で表現すれば、learning by doing と表現できるでしょう。

このような行動には、たとえばアルバイトの職場で働く者が、生きがいを持てるよう仕事のやり方を変更するよう提案して実行することや、別の仕事を探して、生きがいの持てる生き方を追求すること、学習の場を求めてインターネットで検索し、友人から信頼できる情報を得るよう努力しつつ「場」を発見して学習を体験することなども含まれるでしょう。「生命と生活の蘇生」には、このような意味での学習、人生体験を伴う学習が欠かせません。

生命と性の自由を

もともと、私はミシェル・フーコーの理論に対して、哲学の知識を得たいという教養充実への関心から接近していました。[◆6] しかし、このような関心と並行して、私の専門領域でもあった「人間発達の経済学」に関する学術的な視点からの興味を持つに至ります。そのきっかけをつくってくれたのは、若き日の川本隆史教授の労作でした。教授は、『現代倫理学の冒険――社会理論のネットワーキングへ』（創文社、現代自由学芸叢書、一九九五年）において、権力による「生」の管理システムに言及し、現代国家が臓器移植や人工授精、他人の子宮を利用した胎児の成育や出産などに法を用いて対処していること、そこには、「生」や「性」に関する国家の介入が正当化されていること、本来は自由の象徴である「生」と「性」が現代社会では不幸にも管理の対象に転落していることを厳しく指摘していました。

そして、かかる管理システムへの鋭い警告者として、フーコーの名が挙がっていたと記憶しています。私が「人間発達の経済学」に関心を持って、アダム・スミスからアマルティア・センにいたる経済学者の学説を吟味していたとき、彼らが必ずしも正面からは取り上げていない問題として、「人間の死」と、死に向き合う中での「人間発達の可能性」がありました。ガッティングによるフーコー入門書も強調しているように、フーコーの理論の特徴は、人間の死を単なる「生」の終わりとはみなしません。それは解剖学の発展によって脳生理学から、各種の筋力の制御にいたる多様な「生」に関わる知識の総体を生み出し、人間の今後の「生」にとっての貴重な情報をもたらします。[◆7] あるいは、彼や彼女の生き方が、次世代への参考として、語り継がれてゆきます。知識や、その人が歩んだ道は、今後の「生」にとって欠くことのできないものです。東日本大震災の被災地においても、津波で生を奪われた方々の記憶は、これから生きる私たちにとっての貴重な資産です。

生の管理を抑制するには――古代人への回帰＝個と共同のバランス

同時に、解剖学をはじめとする臨床医学の情報を人間が管理し、さらには、死後の臓器を活用して移植したり、異常な場合には、商品化したりする可能性もあります。最近話題となった「再生細胞」などの研究は臓器再生の可能性さえ示唆していますから、この領域への研究投資は莫大な金額になるでしょう。もしも、権力者が意図的に「生と性の管理」に関心を持ち、それを権力支配や金銭的価値の増加の手段としたならば、それは、もはや、人間の自由、人間の社会とは両立しません。

では、豊かな解剖学的知識や医科学の発展にもかかわらず、その成果が権力や金銭力に従属しないようにする方法は何でしょうか。それは、権力者による生の管理に対し、市民が厳しい監視の目を向けるとともに、人間が古代にあって自然に直面し、「自然体」で自然に適応しながら自然を活用したように、「あたかも古代人になったかのように」生命や生活を再生し、各人が自由に生きながら、自己や自我、個性を誇大化させず、互いが育ちあい、ともに生きるという「公共文化」の中に自己を位置づけることです。

この考え方は、気仙の地において、佐々木俊三さんが、被災地の住宅の中で発見したことと同様です。そこでは、希望の灯の周りに集まり、高齢者や幼少のものも対等に、平等に待遇し、互いの「個」を認め合いながら、限られた食物・衣料・医療福祉サービスを分配し、互いに自分の力量を生かしあって、支援しながら生きる人間が存在するのです。

硬い自己を柔軟に育て上げて変化する自己とは

そこでは、人類は、自然環境を維持し、景観を守り、謙虚に学びあうことを生活の基本とするのです。学術と芸術を愛し、近隣を大事にし、家族、夫婦、親子関係を尊重しあうのです。

それは高度な科学・技術に通じ、豊かな情報を獲得すれば、他人を支配しようとすればできる可能性がある多くの機会を持つにもかかわらず、「個性を磨きながら個性にこだわり過ぎない自己」であり、「硬い自己を柔軟に鍛え上げて変化する自己」でもありましょう。さらには、「開かれた学芸を背景にして、独自の人生を歩み、個性を育てつつも、それを自然や社会との調和を持った適正な規模（たとえばエネルギーを浪費せずエントロピー＝環境・健康・生命破壊などを増加させないような）と健全な内容（有機的なバランスなど）を持たせ、決して、局部を肥大化させせない」人間像です。いわば、美と知を楽しむ優れた器量を持って「節度や慎重さ、寛容の徳」を持った人間存在といえるでしょう。生殖細胞の技術が活かしうるのは、この限定された範囲内のことです。

このような人間存在に気づかせてくれたのは、フーコーその人です。彼もまた、著者としては多様性の塊のようで、絶えず、自己変革を繰りかえしうる「仕掛け」を組み込んだ循環・発展型の論理運びを得意としました。この論理はＤＮＡの構造のように、らせん型をしていて、循環するたびに、より高次の知的・創造的レベルの循環運動をつくり出すことができます。しかし、よく見ると、常に素朴な古代人の生や性に立ち返って、その営みを蘇生させているのです。

自然・コモンズ（生態系を持続しうる生命・生活の共同体・自然環境と共生する地域コミュニティなど）に根を持った暮らしとは何でしょうか。それを高度の科学・技術を踏まえつつ、濫用（らんよう）を戒めた節度ある活用によって、よりよきものとすることはできないものでしょうか。この問いかけは、「人間発達の経済学」にとっても、「文化による〝まちづくり〟」「地域構想学」にとっても根底的なものでしょう。

◆1　池上惇『文化資本論入門』（京都大学学術出版会、二〇一七年）九七頁以下参照。
◆2　宮本常一『忘れられた日本人』（岩波書店、一九八五年）。
◆3　佐々木俊三『遠来の跫音――随筆と語り』（荒蝦夷、二〇一四年）。
◆4　総合学術・芸術・職人データベース事業創設の試みは、二〇一八年五月に発足した、岩手県気仙郡住田町における「文化政策・まちづくり学校（略称・ふるさと創生大學）」の通信制教育システムの一環として準備されてきた。基本的な構想としては、約一〇〇人程度の教師が、「現場の体験学習にボランティアとして参加する社会人学生、学生など」に、総合学術データベースを提供し、無償教育を行う（ふるさと創生大学のホームページ（http://bunkaseisaku-machidukuri.com/）に掲載される、時評や、書評などについて、対話するシステム）。実習の領域は、介護、保育、教職、防災・環境、建築まちづくり、観光、農林工芸などを予定し、一～二年間で、ボランティアが自分で研究テーマを決めて、データベースを活用しながら、二万字内外の学術論文と、実習現場における到達度の自己評価を行う。論文が合格すれば、学会誌（審査がある）に掲載する。
◆5　二宮尊徳については、池上惇『文化資本論入門』（京都大学学術出版会、二〇一七年）参照。
◆6　ガリー・ガッティング著、井原健一郎・神崎　繁訳『フーコー』（岩波書店、二〇〇七年）。

◆7 ガッティング前掲書、一〇頁。

参考文献

池上惇『文化資本論入門』(京都大学学術出版会、二〇一七年)。

ガリー・ガッティング著、井原健一郎・神崎繁訳『フーコー』(岩波書店、二〇〇七年)。

川瀬光義『基地と財政——沖縄に基地を押しつける「醜い」財政政策』(自治体研究社、二〇一八年)。

川本隆史『現代倫理学の冒険——社会理論のネットワーキングへ』(創文社、現代自由学芸叢書、一九九五年)。

藤井克徳『障害者をしめ出す社会は弱くもろい』(全国障害者問題研究会出版部、二〇一七年)。

藤井克徳『障害者権利条約を地域のすみずみに』(きょうされん第四一回全国大会in京都実行委員会、二〇一七年)。

藤井克徳『わたしで最後にして——ナチスの障害者虐殺と優生思想』(合同出版、二〇一八年)。

藤本文朗・阪本健補・石部和人「滋賀県障害児者教育実践歴史ノート」『国際文化政策』第九号、二〇一八年九月。

丸山啓史『私たちと発達保障——実践、生活、学びのために』(全国障害者問題研究会出版部、二〇一六年)。

第11章　高齢者の発達保障
──自らの問題として

藤本文朗

一般的に〝発達〟といえば子どもや青年のことで、高齢者は退行して「子どもにかえる」ともいわれます。私は、電話がかかってきて「元気ですか」と言われると、ヘソマガリなので「八三歳、あとは死ぬだけです」と答えますが、本音は「死ぬまで発達するぞ」と思っています。この章では、①私の来歴に少しふれ、六五歳ごろからの二〇年間の高齢期の体験をふりかえり、この問題の切り口とします。つづいて、②高齢者の発達を保障する環境づくりについて考えたいと思います。関連して障がい者の発達を保障するための住空間、まちづくりについても述べたいと思います。③全国的に取り組みが進められている〝高齢者大学校〟で、とりわけ老年学会の研究者の協力のある大阪の場合などを取り上げます。④まとめとして、今後深めるべき高齢者の発達の理論的討議、たとえば〝ヨコの発達〟、学び合う、その後の社会参加などを考えることとします。

1　高齢期の私の体験から

私の六五歳ごろから八三歳の今日までについて、少し自己分析を通して高齢者の発達保障を考えてみましょう。

私は生涯を通して多忙な国立大学の教員（自分の意識としては、教育は義務であり、研究が生きがいと思っています）で、とりたてて入院生活をしたこともありませんでしたが、六五歳の退職前、退官論文集『座して障害者と語る』[1]の〝臨床教育〟をめぐる小論を執筆後、第一回の脳梗塞（こうそく）になりました。幸い、医師が研究室に来てくれ、ただちに入院となりましたが、この時は、神経内科の治療でほとんど後遺症なく一週間で退院できました。

退職後は、近くの女子短大の介護福祉士養成コースで、認知症など高齢者の心理を担当し、その授業のため、自己の脳梗塞についての論文づくりもしました。その後、大阪の短大で介護福祉士養成コース（昼間部八〇名、夜間部四〇名）のある新設校に移り、そこの学科長もつとめていた頃、三回の脳梗塞と鬱（うつ）病を三年患いました。しかし、仕事は職場の理解もあって続けることができ、七五歳で無事退職、自分の生地の京都の実家に帰り、自分の長年やりたかった研究を少しずつ始めました。（地元の人々による歴史研究運動などです）。

具体的には、京都東山区の歴史『京都東山　福祉の源流を探る』[2]、『谷善と呼ばれた人』[3]など、いずれも集団研究、分担執筆の研究を行いました。この時期、日本の高齢者時代が進み、高齢者の医療・介護の財政的負担がマイナスの社会問題になっていきましたが、一方で〝老人力〟という言葉が流行もしました。かつて、国連のハマーショルド事務局長の、「老人が一人死ぬことは地域の図書館を一か所失うことになる」との発言をきっかけに、私たちも〝高齢者も発達する〟という研究会（全国障害者問題研究会京都サークル）などを行いましたが、長続きしませんでした。しかし、本書の編者の一人である石田一紀氏は、以前から高齢者の発達保障論を提起されていたので、私も共同研究をして、少しずつこの問題を深める努力をしてきました。

同時に自分自身の人生を振り返ってみると、障がい児教育の専門家といわれ、一応、博士（教育学、東北大）も一〇年近く（四〇代後半から五〇代前半のことです）かかって取り、社会的には認められてきたものの、退職後、研究者として、そして人間としての一般教養の弱さに気付くに至りました。そこでまず、図書館通いを始め、さまざまな分野で一般教養を吸収するための読書にいそしむとともに、貧困問題研究会、自治体問題研究所（京都）の会員になり、学び合いつつ、経済学、文化論などに関心を深めていきました。やはり本書の編者の一人である京都大学名誉教授の池上惇先生を中心につくられた京都の通称「市民大学院」（第一〇章参照）の学生として、経済学、文化論を学ぶ「学生」になると同時に（五年間継続）、教育学のゼミを担当して教えることもしました。ゼミで学ぶのは三〇代の若手教職者などの教育関係者です。この「学校」はまさに自由な学びの場です。「学生」は、高齢者（退職者）、若者、企業経営者などで、小人数ですが（全体で約一〇〇名）、授業料は原則ありません。教員は交通費を含めボランティアでの参加で（三分の二は大学の教員歴を持つ人たちです）、アダム・スミス、アマルティア・センなどの古典を含む文献学習、文化資本論、地域経済学、京都学などの現代的課題の授業があります。土日は会社勤めの男女の学生も参加します。異年齢の学生の交流も楽しく、ここに在籍しながら博士号をとった人もいますが、大部分は自主的学習で学び合うことが楽しいと感じている人が多いと思われます。私自身も七五歳から、学ぶ楽しさを知り、それを通して学問があらためて好きになり、発達したと思います。

もう一つ私の発達保障（とりわけ理科系の一般教養において）を支援してくれたのは日本科学者会議（ＪＳＡ）の人々でした。今、多くの「民主的」といわれる研究会、団体で——私の誤解もあるかもしれませんが——発言すると「ご苦労さん」といわれるのみのことが多く、論争して互いに発達し合えることが少ないです。ＪＳＡは全国の集会に出ると、高齢者、若手の研究者間で論争がなされ（科学論など）、多少びっくりもしましたが、楽しいです。特に、私自身が弱い分野である理科系の人々の発言は、ズバリ本質を突く指摘で、しかもイヤミがない場合が多いです。会の運営も民主的と感じ、この会に参加しています。毎月発行される『日本の科学者』は、この一〇年で高齢者介護問題の特集が二回ありました。それへの読者からのまじめな批判、論評もありました。

私はこの活動を通して、本当の研究者の姿を見た気がしますし、論争を通してあらためて科学を学び発達したように思います。誰の言葉か思い出せませんが、「否定面の理解をともなわぬ肯定は弱いものであるように、肯定面の理解をともなわぬ否定は弱い」ということを感じました。私も多少、論争の弁証的理解ができたと思います。

もう一つ、私の研究者としての弱点は外国語の力の弱さだと思っていたのですが、この分野でも私なりに学ぶことができました。私は英語、ドイツ語は大学の学部、大学院、大阪第一日赤病院の医局での研究で学び、ロシア語も独学で多少かじりました（ヴィゴツキーの翻訳もあります）。さらにベトナム語については三か月の留学に加え、ベトナム現地の枯葉剤被害の調査などで四〇年関わった関係で、ベトナム語の論文も三本あります。しかし会話となると全くと言っていいほどできないのです。特にベトナム語については音調が難しく、一度ベトナム語で講演（ベトナム語原稿を配りました）した時、親しいベトナム人に「勝手なベトナム語をつくるな」と苦言をいただいた苦い思い出があります。そこで、まずは国際語といわれる英会話に絞ってマスターを試みました。

今では京都に多く来る観光外国人に“May I ask you question?”“Where do you come from ?”と話すことが楽しいです。そんな中で、思うところあり、外国人にアンケート調査を行って、下記の論文づくりをすることができました。

「地域課題としての『ひきこもり』――それは日本特有の現象か　外国人観光客対象のアンケートを通して考える」[◆4]。無論、上記のアンケート調査には英語の質問を用意しました。必要に応じて会話し、わからないときは、英語で書いてもらいました。今でもこのアンケートの質問をしています。少しは私の英会話の力がつきました。

外国語については、使うことでなじんでくるものですから、私なりに知っている独、仏、ロシア、中国、ハングルを、それらを理解するいとこと話すようにしています。相手の反応も良く、それによって私もうれしくなり、発達しているかもしれません。まずは英語のヒアリング能力の発達に力を注ぎたいと思っています。私にとって「ヨコ」（一般教養）の発達を通して、「タテ」（専門のテーマ）の発達も進んだと思います。

この節の最後にふれておきたいのは、発達の基礎ともいえる「健康に生きる力」の問題です。前述したように、六〇代半ばから一〇年にわたり、脳梗塞を四回、鬱病を三年患いました。ただ、七五歳で退職後、地元・京都市東山に帰り、風邪や検査入院（一週間以内）はしたものの、一〇年以上、大病にはなっていません。反省を踏まえつつ、それはなぜかについて考えると、以下のようなことに思いあたります。

・研究と執筆活動のため、図書館利用も含め歩くことです。

・歩くことも関わって近くのお寺を自然と探し、自然の美しさに親しみます。小さい庭のミカン、柿、草花の水やりも楽しいことです。

・主治医（山本宣治の孫）との信頼関係がよく、定期的に血液検査を行い、それまでの生活習慣病（高血圧、糖尿病）の改善に努めつつあります。

・一日の生活リズムをつくり、無理はせず、早起き、仏事、水やり、昼寝、執筆活動をしていること、などです。

親しい研究者の仲間からは、「生きているだけでも価値がある、他人の批判など余計なことはいわずに」といわれています。

2　発達を保障する環境とは

（1）福井での経験などから

一九七〇年代、私は福井大学で教員をしており、全国障害者問題研究会（全障研）のメンバーとともに、福井で「障がい者も住みよいまちづくり」に取り組んでいました。同県嶺南地方の小さな村で車いす生活の河原正美さんが、福井大学の聴講生として福井県嶺南地方の若狭町から一日泊まりがけで福井市まで来られていて、車いすでタクシーにも乗れないというので、福井大の建築学の研究室の人々や福井市議会議員（当時、私の妻はただ一人の女性市議会議員でした）と協力して、河原さんら障がい者の人々と「障がい者も住みよい街づくり運動」のフィルードワークをしていました。

そんな中で新しい市民会館づくりに際して、障がい者が利用しやすいようにとの要望書を市に出しました。当初は冷たい反応でしたが、高齢者の市長は「障がい者だけの問題でなく、高齢者の問題」と要望を実現しました。しかし、民間バス、交通機関に、今でいうバリアフリーのための対応を要請した時、「国か地方自治体の補助金があれば」といわれ、実現が難しいといわれました。公共性の問題であり、今日では国レベルの制度ができ、障がい者、高齢者への「合理的配慮」があたりまえになっています。障がい者問題と高齢者問題が結びついて、こうした成果に実を結んだことは喜ばしいことです。

しかし、一方「心の壁」が広がっているともいえます。今、私が住んでいる京都市の市バスや地下鉄で、若者（とりわけ学生）がプライオリティシート（優先席）によく座っていて（多くは携帯電話を見ています）、私が前に立っていても席を譲ってくれるのは一〇人中一、二名です。外国人は英語で話すと「ソーリー」と笑顔で代わってくれますが。ただ、私は八三歳ですが、夜一〇時ごろなどに、疲れたサラリーマンの姿を見たりすると、彼らに席を譲ることにしています。これが正しい意味の忖度（そんたく）といえないでしょうか。

こうしたことを話題にすると、子どもの道徳教育の問題であるという人がいますが、それほど単純ではありません。子どもの道徳教育については、形式的な教材では競争主義教育（「いい点」を取る子どもづくり）の中で押しつぶされているといえます。道徳が「教科」になったことで、その弊害はいっそう大きくなりました。大事なことは、子どもたちの実生活、実社会のありようの中で道徳性を育むことです。共生社会、インテグレーションの教育は、高等学校、大学でもやっていいのではないでしょうか。

話を障がい者の発達を保障する環境の話題に戻しますと、一九八〇年、私が滋賀大学教育学部（教員養成系）で車いすの学生を受け入れたことがありました。教授会でその学生に対する対応を聞いた時、良心的な学部長は「差別なし、平等にあつかいます」といいました。私の提案もあり、この学生の支援委員会がつくられ、いざ附属中学校で教育実習となると、新しく校舎を改築してエレベーターをつけざるを得なくなりました。「差別なし平等」ではなく、今や障がい者権利条約の理念に従えば「特別な配慮」をしないということは差別なのです。

今後、社会人入学として車いすの高齢者が入学した場合、上記のさまざまな特別な配慮が求められると考えられます。

二〇一七年、神戸大学の人間発達学部のグループが、「高齢者の発達を支援する環境づくり」[5]という本格的な研究成果を出しました。私たちが学ぶ点が多いと思います。とりわけアマルティア・センの潜在能力論が取り上げられています。そして、発達心理、経済学、建築学、医学、高齢者福祉学、家政学の研究者らが参加した、三年にわたる共同研究です。

（２）教育と福祉の実践から考える

日本の障がい者教育の理念にも高齢者の発達保障、支援の理論があるのではないかと思います。私が五〇年近く関わってきた全障研の発達保障の理念を理論化した一人、田中昌人氏の理論などは、高齢者の発達に直接触れているわけではありませんが、多くの参考になります（たとえば田中昌人『人間発達の科学』[6]）。中心は乳児から青年期（〇歳～一八歳）の発達保障論です。

ここで取り上げるのは、同じ全障研の発達保障論で、京都府の与謝の海養護学校づくりに中心的に関わった教育実践運動家の青木嗣夫（一九二八～九五年）の理論です。氏の著書『未来をひらく教育と福祉──地域に発達保障のネットワークを築く』[7]を参考に紹介します。

著者は与謝の海養護学校設立の基本理念（「三つの理念」）を次のように示しています。

①すべての子どもにひとしく教育を保障する学校をつくろう。

②学校に子どもを合わせるのではなく、子どもに合った学校をつくろう。

③学校づくりは箱づくりではない、民主的な地域づくりである。

これは高齢者制度にも大いに参考になります。「子ども」を高齢者と考え、「教育」を「発達、支援」と「学校」を「高齢者施設」と読み替えれば基本的に理解できると考えます。次に氏の発達論は以下の通りです（四七頁、発達の四原則）。

①発達は権利である。

②発達は無限の可能性をもつ。

③発達は要求から始まる。

④発達には集団が必要である。

高齢者の問題にひきつけて氏の説明を付記すると、①は「発達はすべての人たちが持っている権利である」と書かれていますが、当然、高齢者の発達、生涯発達についても同様に考えていました。著者との個人的交流の中で、その点は確認しています。

②については、「とにかく発達はここまでだというものではない。発達の様相、内容はさまざまです。人によってそれぞれの人の学習なり、あるいは経験によって違ってくるでしょうが」とあります。高齢者の発達にまさにあてはまる、やさしい言葉といえます。

③の「発達は要求から始まる」を、高齢者の要求に関して考えてみましょう。高齢者には、たとえば町内のゲートボール、ボランティア活動、高齢者大学校、年金者組合の活動などに、積極的に参加する人がいる一方、ゴミだらけの家で一人生活している孤立高齢者、認知症のお年寄りなど、あまり活動的でない人も少なくありません。後者については、プライバシーの問題もあり、その要求を掘り起こすことも難しい場合があります。そういう場合は、信頼関係づくりからの対話、いわば〝話を聞いてほしい〟との思いを引き出すことから始めねばならないことを、私は経験から感じます。時間がかかります。そのうえで、支援のためのネットワーク、集団につなげねばなりません。

（３）ドクさんを支援した経験から

私は一九八〇年代に「ベトちゃん、ドクちゃんの発達を願う会」をたちあげ、ベトナム戦争における米軍の枯葉剤被害によって生まれたとみられる結合双生児を支援する活動を進めてきました。この会は現在はＮＰＯとして活動をつづけています。

グエン・ドクさんは一九八一年二月、兄のベトさんと結合した形でベトナムで生まれました。二人は後に分離手術を受けましたが、ベトさんはその後亡くなっています。ドクさんは分離手術以降、一本足で車いす生活をしていましたので、私たちは彼に義足をつけることを考え、人類最高の技術の義足をつけようと、一九九〇年に神戸で開かれていた世界義足学会の会長にお願いしてOKをとりつけました。一九九二年、ドクさんはコンピューターを内蔵した最新式の義足をつけることに成功し、日本の兵庫リハビリセンターで一年滞在しながらリハビリに励みました。この義足はパラリンピックの選手がつけている義足と基本的に同じものだったと思います。マスコミの報道もあって、この件は広く知られ、ドクさんは日本の友人ができました。

しかし、結論的にいうと、ベトナムに帰っての生活では、この義足はあまり使われませんでした。初め、学校の卒業式では、この義足を利用したとのことでしたが、一〇歳ころからサッカーに関心を持ったドクさんは、義足ではなく松葉づえでサッカーを楽しむようになったのです。日常生活においても松葉づえを使うことが増え、自転車、三輪バイクで自由に外出もできるようになりました。友人もでき、今の奥さんとも恋愛結婚しました。すべて、松葉づえ生活の中でのことです。二〇一八年に来日し会ったときも彼は松葉づえ姿でした。三八歳、体力が落ちているといっていましたが、いい笑顔のドク教授でした（日本の大学で特任教授として集中講義をしたりしているのです）。

まさに発達は要求から始まります。ドクさん本人の日常生活においては、義足ではなく松葉づえの方が便利だったのです。われわれの思い込みではなく、生活を通しての本人の思いを大切にして支援してこそ発達保障がより豊かになるといえましょう。高齢者の場合は、いっそう豊かな人生経験を持っているので、その主体性を大切にして、住環境、福祉用具など利用すべきです。本書の第一部でも高齢者の体験、自己開発の努力について述べた体験談がありますが、当事者の要求が発達の出発点になるということは高齢者にも当てはまると思います。この点をふまえた専門家の協力こそが大切だといえるでしょう。

(4) 生活空間を豊かにすることの意味

前述したように、私は障がい者教育の研究(一九五九~二〇〇〇年)の後、高齢者介護の研究に関わるようになりました。歴史的には、発達保障という言葉は糸賀一雄が『福祉の思想』[8]で初めて記しています。

「この重症心身障害児が普通児と同じ発達のみちを通るということ、どんなにわずかでもその質的転換期の間で豊かさをつくるのだということ、治療や指導はそれへの働きかけであり、それの評価が指導者との間に発達的共感を呼び起こすのであり、それが源泉となって、次の指導技術が生み出されてくるのだ。そしてそういう関係が問題を特殊なものにするのでなく、社会の中につながりを強めていく契機になるのだということ。そこから全ての人の発達保障の思想の基盤と方法が生まれてくるのだということをつかんだのである」。

私は、この理論を高齢者介護につなげるべく、若い研究者・実践家と一〇年弱にわたって研究会をつくり、その成果を、北垣智基、鴻上圭太、藤本文朗編著『未来につなぐ療育・介護労働』[9]にまとめることができました。その中で、私なりの仮説を述べています。以下引用します(同書一六七~一六八頁)。

「筆者は不就学在宅障害児の実態調査や、障害者とまちづくり運動などをとおして、障害者の発達と空間づくりについて実践的、理論的に研究してきました。すなわち、障害児を取り囲む空間の貧困化（量・質ともに）が障害児の発達を侵害し、発達退行、種々の問題行動を生じさせしめ、時には死にいたらしめる実態を明らかにしてきました。同時に、障害者の発達を保障する生活空間づくり、学校づくり、まちづくりにおいても明らかにしてきました。そのなかで、ひとつの理論的仮説として、障害児にも『発達に必要な矛盾のある空間を発達しうる形で保障する』ことを提起しました。

また、重症心身障害児の発達に必要な空間のありかたについての研究は、一九六〇年代後半ごろから島田療育園、びわこ学園につづいて全国各地の国立療養所の重症心身障害児の病棟ができる（一九七七年一月当時で七八か所、約一万人収容）なかで、初めて組織的に取り組まれました。そしてこの病棟の空間を基礎に重症心身障害児者の生命と健康についての科学のメスが入れられていきました。当時の施設の現状からみて、全体の療育活動の課題は、一九七五年のある研究会での、平野よし（当時、国立療養所長良病院保母）の発言にまとめられています。

『子どもたちの日常療育のなかでは、生命維持に必要な基本的生活の世話に一日の看護量の大半を費やしている現状から、子どもたちの発育発達に必要な訓練や生活指導面の貧弱さが痛感させられる。今までの生活の世話主体の収容から、今後は子どもたちの成長発達の段階の中で同一世代の一般の子ども同様に子どもたちの人格をみとめた療育内容こそ重要な課題である』

これらの研究から、終日ほとんどベッドという〝点〟の空間で過ごすなど、限られた空間で長時間過ごすという重症心身障害児者の施設生活実態が明らかとなり、それは重症心身障害児の発達要求とのあいだでいろいろな歪みを生じ、発達障害をも生じせしめていました。空間の移動も含め環境の変化には重症心身障害児は敏感で健康、発達に影響しやすい、ということが認識されました。

これらの研究が基点となり、重症心身障害児の発達要求にもとづいて、点から線、さらには面へと生活空間を豊かにするために、重症心身障害児の健康と発達への科学的理解に立ちつつ、現場の職員集団によって障害の程度と発達に応じたきめ細かい配慮にもとづいた自助具、補助具、遊具、空間づくりが、各施設の独創性を生かしてすすめられていきました。

また、このような重症心身障害児の生活空間を広げる取り組みは、その教育権保障を実現する中で学校教師の協力のもとですすめられていった経過がありました。それは国立高知療養所の施設内分校『つくし学園』の実践でした。

この実践研究は『(この子らにこそ)教育環境を豊かにし、要求を生み出す基盤を与えてやらねばならない事を知りました』とし、具体的に、〝日光の風をこの子らにも〟と、生活空間をひろげるために重症心身障害児をリヤカーにくくりつけて外出、散歩を試みました。この実践では『ベッドの上に身を横たえることしかしない障害児(者)の眼は広いところへ向き、息づく空間は日々広められるようになりました。』」

私の仮説を、多少体系的に記している著書『障害児教育の義務制に関する教育臨床的研究』[10]からも、少し付記します。

まず、一九七九年度以前、教育権を奪われていた在宅不就学障がい児の実態調査の死亡率の高さ(一般の就学児に比べ在宅の不就学障がい児の死亡率は八五~五八〇倍)です。このことは以下のことと関わっていると述べています。

「憲法第二五条は『すべて国民は、健康で文化的な最低限度の生活を営む権利を有する』として、国民の生存権保障について述べているが、その生存権を個人の能力に内実させるために、憲法第二六条に『すべて国民は……ひとしく教育を受ける権利を有する』と定めていると解される。『教育をうける権利』を奪われた障害児が死亡していくというこの実態は、まさに憲法第二五条・第二六条の構造的理解の必要性を一面で実証したといえよう。すなわち、教育権を奪うことにつながるということである。」

しかし、今日、二一世紀に入って高齢者の「孤立死」は団地、過疎地で多く、年間三万人以上といわれ、その一つの原因は、情報化社会の中で人間的関係性の貧困にもあるのではないかと考えます。いずれにせよ、この実態を弁証法的に発展させて、発達保障の環境を創造的に考える出発点とする必要があるといえます。

もう少しつけ加えると、L・S・ヴィゴツキーの子どもの発達と環境の関係に関する論文をふまえて、高齢者の発達とそれに資する環境の問題を考えることもできるのではないかと思っています。

一九三三年、ヴィゴツキーは、「子どもの精神発達における遊びとその役割」（藤本文朗他訳、一九七一年『国民教育』第九号一九一～二一二頁）という講演を行っています。ここで、彼は、遊びをとおして子どもが周りの物的な空間による束縛から解放され、より自由な思考ができるようになるプロセス・精神発達について詳細に述べています。これは、子どもの精神発達にとっての遊びの必要性を理論的に明らかにした今日でも注目すべき論文といえます。以下、少し引用しつつ解説します。

「遊びには虚構（fiction）があり、虚構は子どもが守らねばならないルールをともない、そのルールを守ることや集団的なゲームなどで、子どもの自己コントロール力や内的モラルが形成される」と述べています。

そして、子どもの精神発達における遊びの役割としては、はじめにレヴィンの学説を紹介しつつレヴィンのいう子どもの物への状況的束縛（幼児特有の感情と知覚が統一された状態）から、すなわち物そのもの（たとえば、棒）に束縛される段階から、遊びをとおして、物そのものよりも子どもにとってもつ物の意味が重要になってくる、たとえば、「棒を馬として遊ぶなかで、棒が馬として遊びのなかで機能し、物からなかば独立した〝馬〟が子どもにとって本来の棒より有意になってくる」と述べています。その結果子どもは、まわりの環境に束縛されることが少なくなって、遊びをとおしてフィクションの世界（いつでも現実の事物になかば根ざしているが）に生きられるように発達し、より自由な思考ができるようになり、創造的になっていきます。

「遊びは発達の源泉であり、発達の最近接領域をつくりだす。想像的場面、虚構的場面での行動、随意的企画の創造、生活のプランや意志的動機の形成など、これらはすべて、遊びのなかで発生し、子どもを発達の高い水準にひきあげ、波頭にもちあげて、比較的に静かではあるが深い水のすべてがもちあがることによってできる就学前の子どもの発達の第九の波（もっとも強く危険な波）をつくりだす」。

要するに、子どもの要求とそれを満足させえない矛盾のなかで、三歳児ごろより時間の軸が入り、遊びが発生し、その遊びをとおして環境の物的束縛性からより自由な思考が発達するといえましょう。

ヴィゴツキーは、子どもと環境の関係を弁証法的に理解するなかで発達論をうちたてた最初の人ではないかと考えられます[11]。高齢者の人生、介護のプロセスにおいての遊び、文化、スポーツなど学ぶ上で参考になるといえないでしょうか（後述の高齢者大学のカリキュラム参照）。

（5）介護労働と福祉用具

高齢者介護は対人格労働であり、介護労働者は高齢者の発達を保障するうえで重要な役割を果たします。しかし、それはあくまでも当事者、利用者の支援であり、共に発達する関係が望まれます。

この分野の研究者の第一人者ともいわれる垰田（たおだ）和史氏（滋賀医科大学）は私たちとの共著『介護福祉学への招待[12]』の中で、下記の基本問題を記しています（一七六頁）。

「高齢者や障害児のケアを担う労働（介護労働）はヒューマンサービス労働に分類できる。ヒューマンサービス労働は、国民の『生存』や『発達』に関わる専門的な労働で、ケア労働以外に医療や教育労働も含まれる。ヒューマンサービス労働には、労働者の働き方や生活を規定する次のような共通する特性がある。（イ）労働の対象、つまり、高齢者や障害者や患者や生徒・幼児が『人権』の主体者であるため、労働者の権利が主張しにくいこと。（ロ）労働の機械化が難しく労働者の人間性や感性が労働の質に直結すること。（ハ）三六五日、二四時間途切れることが許されない業務が多く、夜勤などもあり、休息や睡眠が阻害され易いこと。（ニ）『このぐらいで終わってよい』という、仕事の限度が設定しにくいため、肉体的にも精神的にも過労におちいり易いこと。（ホ）専門的な知識や技術の研鑽が常に求められること。（ヘ）賃金などの労働条件が法律や制度で決められており、雇用主の裁量範囲が狭いこと。つまり、職場だけの判断では大幅な労働条件の改善が難しいこと。
ヒューマンサービス労働者はこうした特性と奉仕的労働観に由来して心身の過労を来しやすいため、不適切な労働条件や職場の安全衛生体制が未整備な状況下では、腰痛や頚肩腕障害やメンタルヘルス問題に代表される健康問題が高率に発生することになる。健康問題の解決のためには、労働条件の改善と実効性の高い安全衛生の取り組みが不可欠である」。

そこで問題になるのは福祉用具でありますが、上記の垰田氏らの人間工学を含めて、今日、街で多くの高齢者がその人々にあった歩行補助用具を利用して一人で「歩行」している姿が、日本でも数年前から見られるようになり、共生社会は進展しているといえます。しかし、若い人から、「無理せず自宅でゆっくりしていた方がいいのではないか」との声も聞かれます。私は、自らが障がいや発達に応じて自立して街に出る姿に共感を覚えます。

私は、人間は「発達に必要な矛盾」を食って太り人格発達すると考えていますが、高齢者が福祉用具を利用して行動するのもそうした姿の一つだと思います。自宅でも軽度の障がいでなんとか歩行できる人は、車いすでなく、手すりをつけるなどの工夫で「発達」するといえましょう。本人の要望を十分に聞き、専門家（建築、福祉などの研究者）の支援を得るとともに、福祉制度と補助金を受け、こまめに改善することが望まれます。

科学・技術（とりわけ人間工学）によって、福祉用具として、（ア）スライディングボード、（イ）スライディングシート、（ウ）移動式リフトなどが開発されています。これらは同時に介護労働者の腰痛予防対策にもなります。いわば、両者の発達保障に資するものです。欧米では手を使っての介護は、在宅では基本的に禁止されているといわれています。私の体験では、脳梗塞で入院している時、入浴といってシャワー室へベッドで寝たまま移動させられ、十分な説明もなくいきなりシャワーをあびせられ、びっくりしたことがありますが、日本の介護はいろんな意味で遅れているのでしょう。

ロボットがすべての介護をやってくれるわけではありませんし、介護労働者が手足を使った介護労働を提供することなしにやっていけるとも考えられません。とりわけ移動障がい＋視覚障がい＋認知症が重なると、介護労働者には工夫が求められますが、難しさがあるのも事実です。いずれにしろ、両者がコミュニケーションを十分にとり、きめ細かい信頼関係が築かれた中でこそ、福祉用具も意味を持つといえるでしょう。

3　大阪での高齢者大学校の取り組みに学ぶ

京都の「市民大学院」での私の体験について前述しましたが、全国的にはどうなっているでしょうか。文献的には瀬沼克彰『高齢者の生涯学習と地域活動——二一世紀の生涯学習と余暇』[13]が参考になると思います。「社会参加と生きがいづくり」がキーワードであると述べられています。具体例として、シルバー大学（町田市、小田原市、大阪市、明石市）が取り上げられています。その他の生涯学習を含め、地域の活性化づくりにつながっていると述べています。

この節では大阪のＮＰＯ「大阪高齢者大学校」の挑戦、『高齢者が動けば社会が変わる』[14]の関係資料から学びたいと思います。

教育基本法に「すべて国民は、ひとしく、その能力に応じた教育を受ける機会を与えられなければならず」（第四条）とされ、生涯学習については「あらゆる機会に、あらゆる場所において」（第三条）学習ができ、その成果を生かすことのできる社会の実現が必要だと述べられています。文科省も生涯学習の機会を保障する方向をうちだしています（予算面では厳しいのですが）。各都道府県、地方公共団体に取り組むことを求めています。

ところが二〇〇九年三月、三〇年近い歴史を持つ、府が補助してきた大阪府老人大学（学生二七四人、目的は老人自身の生きがいと地域活動のリーダー養成、一年、有料）が、財政赤字を理由とした「行政改革」で、当時の橋下徹知事のもと、閉校が決まりました。しかし、その三〇年

高大の一日

	おはよう!!
9:30〜10:00	登校・挨拶
10:00〜12:00	授業
12:00〜13:00	昼食
13:00〜15:00	本科　クラスミーティング
	実践　自主活動
15:00〜15:30	休憩
15:30〜17:00	クラブ活動（任意）

クラブ活動の例

- みんなのコーラス
- ハイキング
- 史跡めぐり部
- 将棋を楽しむ会
- ハーモニカでも吹こう会
- 社交ダンスで生き生き人生
- みんなでオカリナを楽しむ会
- 英会話を楽しむ会
- 高大デッサン研究部
- スマホクラブ
- 高大エッセイ同好会
- 高大駅伝部
- 高大楽歩部
- 高大朗映詩吟クラブ　等

間の受講生らの手で、新しくNPO法人がつくられ、府下の大学の教授陣の協力で生まれかわった大阪府高齢者大学校が二〇〇八年に発足、今日、学生は三〇〇〇人超へと増えつづけ、学生中心の大学づくりが高齢者の力で発展しています。弁証法的なできごとといえましょう。

その理念は下記の六点（受講生募集パンフ三頁）です。

「二〇〇九年に次の『理念』の基、NPO法人大阪府高齢者大学校が設立されました。

1　私たちは仲間と楽しみながら学習します。

2　私たちは何よりも自らと仲間の趣味を大切にします。

3　その趣味を仲間と共に深め、更に拡げて外部の人と共に楽しみます。

4　地域のまちづくりを行政、市民などと協働して実施します。

5　私たちは活動を通じて、自らの健康づくり・生きがいの充実を図ります。

6　そして、私たちはシニア世代の責任として地球環境問題に積極的に取り組みます。」

クラスは五〇人以下、コースは、Aシルバーアドバイザー養成（国際文化交流科など三科目五〇人）、B本科五〇科目（歴史社会、大阪再発見、語学交流、美術、芸術、パソコン、科学、技術、文化・文学・芸能、自然とのふれあい、運動・スポーツ・健康、高齢者の生活課題）、C実践研究部（語学交流、美術・芸術、パソコン、文化・文学・芸術、自然とのふれあい）です。この大学校のすぐれた点は以下といえます。

・学生が主体での大学校（とりわけカリキュラム）。

・クラスが五〇人以下。

・授業料が安い（年間五万二〇〇〇円、教材費一四〇〇〇円）。
・授業の選択は自由。
・自らが学びたい要求で卒業しても資格はない。

大学が学ぶべき点も多いといえます。この大学校の理論的指導者で、日本でただ一つ、老年学の講座のある桜美林大学特任教授の柴田博の論文（『高齢者が動けば社会が変わる』第六章担当）は、日本がこの分野でいかに遅れているかを述べつつ、高齢者の教育・学習の意義を記されています。国際的（老年学）には一九七〇年以後、人格発達と同時に言語性知能（別名結晶性能力）は、高齢者といえども生涯発達するとされています（アメリカのデューク大学の六〇〜九四歳の追跡調査などによる）。

＊

高齢者の発達は、自らが生きがいを持ちたい、健康に生きたい、余暇を楽しみたい、豊かに社会参加したい、などの要求と結びついているといえましょう。その実現のために、介護労働者との関係性、福祉用具、生涯学習の場などが必要であることも述べてきた通りです。高齢者の孤独死など、悲しいできごとがしばしば話題になりますが（新井康友〔佛教大学〕の論文「孤立死〔孤独死〕の研究の一〇年」が参考になります）[15]、そうした状況を変えていく上でも、高齢者の発達保障という観点が大事になっていると感じています。

◆1　藤本文朗他編著『座して障害者と語る』（文理閣、二〇〇〇年）。
◆2　東山の福祉と革新の源流を探る会著『京都東山　福祉の源流を探る』（宮帯出版社、二〇一一年）。
◆3　谷口善太郎を語る会編『谷善と呼ばれた人』（新日本出版社、二〇一四年）。
◆4　藤本文朗他編著「地域課題としての『ひきこもり』――それは日本特有の現象か　外国人観光客対象のアンケートを通して考える」、『創発』大阪健康福祉短期大学紀要第一七号（二〇一八年）。
◆5　城仁士編著『高齢者の発達を支援する環境づくり』（ナカニシヤ出版、二〇〇五年）。
◆6　田中昌人『人間発達の科学』（青木書店、一九八〇年）。
◆7　青木嗣夫『未来をひらく教育と福祉――地域に発達保障のネットワークを築く』（文理閣、一九九七年）。
◆8　糸賀一雄『福祉の思想』（NHKブックス、一九六八年）一三八頁。
◆9　北垣智基、鴻上圭太、藤本文朗編著『未来につなぐ療育・介護労働』（クリエイツかもがわ、二〇一四年）一六七～一六八頁。
◆10　藤本文朗『障害児教育の義務制に関する教育臨床的研究』（多賀出版、一九九六年）三四二～三四三頁。
◆11　藤本文朗『障害時教育の義務制に関する教育臨床的研究』（多賀出版、一九九六年）。
◆12　垰田和史他編著『介護福祉学への招待』（クリエイツかもがわ、二〇一五年）。
◆13　瀬沼克彰『高齢者の生涯学習と地域活動――21世紀の生涯学習と余暇』（学文社、二〇一〇年）。
◆14　NPO大阪府高齢者大学校編『高齢者が動けば社会が変わる』（ミネルヴァ書房、二〇一七年）。

◆15　新井康友『孤立死（孤独死）の研究の一〇年』（私家版、二〇一七年三月）。

執筆担当

第一部

端啓一郎　京都市在住
三輪道子　京都市在住
石神恭子　京都市在住
増本千佐子　滋賀県大津市在住、大津市介護家族・要介護者を支える会会長
富田秀信　京都市在住
川端潤也　大阪府吹田市在住、ケア・マネージャー
佐々木政布　大阪府吹田市在住、介護福祉士

第二部

第１章　矢部広明　全国老人福祉問題研究会。月刊『ゆたかなくらし』編集長
第２章　石田一紀　経歴は奥付参照
第３章　同上
第４章　鴻上圭太　大阪健康福祉短期大学教授
第５章　堅田知佐　島根総合福祉専門学校校長
第６章　津止正敏　経歴は奥付参照
第７章　志藤修史　大谷大学教授
第８章　二宮厚美　神戸大学名誉教授

第三部

第９章　相澤與一　福島大学名誉教授
第10章　池上惇　経歴は奥付参照
第11章　藤本文朗　経歴は奥付参照

池上惇（いけがみ・じゅん）

1933 年、大阪市生まれ。京都大学名誉教授、福井県立大学名誉教授、京都橘大学名誉教授。経済学博士。一般社団法人「文化政策・まちづくり大学校」（通称「市民大学院」）を主宰。京都大学卒業、同大学大学院博士課程単位取得退学。京都大学経済学部長などを歴任。『文化資本論入門』（京都大学学術出版会、2017 年）、『文化と固有価値のまちづくり』（水曜社、2012 年』 など著作多数。

石田一紀（いしだ・かずき）

1951 年広島県生まれ。保健福祉学博士。立命館大学産業社会学部卒業、日本福祉大学大学院修了。医療ソーシャルワーカーを経て、長野大学教授、京都女子大学教授。『介護労働の本質と働きがい』（萌文社、2015 年）、『老人福祉論』（編、みらい、2015 年）など著作多数。

津止正敏（つどめ・まさとし）

1953 年、鹿児島県生まれ。立命館大学教授。社会学修士。立命館大学卒業、同大学大学院博士課程前期課程修了。京都市社会福祉協議会の地域福祉部長、ボランティア情報センター長を経て 2001 年から現職。「男性介護者と支援者の全国ネットワーク」事務局長。『ケアメンを生きる』（クリエイツかもがわ、2013 年）、『ボランティア教育の新地平』（2009 年、ミネルヴァ書房）など著作多数。

藤本文朗（ふじもと・ぶんろう）

1935 年京都府生まれ。滋賀大学名誉教授。教育学博士。東京教育大学卒業、京都大学大学院修了。「ベトちゃん、ドクちゃんの発達を願う会」代表。全国障害者問題研究会顧問。『ベト・ドクと考える世界平和』（共編著、新日本出版社、2017 年）、『晃平くん「いのちの差別」裁判』（共編著、風媒社、2016 年）など著作多数。

長寿社会を生きる——健康で文化的な介護保障へ

2019 年 4 月 30 日　初　版

編著者　池上　惇、石田一紀
津止正敏、藤本文朗

発行者　田　所　　稔

郵便番号　151-0051　東京都渋谷区千駄ヶ谷 4-25-6

発行所　株式会社　新日本出版社

電話　03（3423）8402（営業）
03（3423）9323（編集）
info@shinnihon-net.co.jp
www.shinnihon-net.co.jp

振替番号　00130-0-13681

印刷・製本　光陽メディア

落丁・乱丁がありましたらおとりかえいたします。

ISBN978-4-406-06346-3 C0036　　Printed in Japan